모든 것 위에 계신 하나님

KB190164

모든 것 위에 계신 하나님

최광규 선교사 지음

나침반

가슴에 묻어 두었던 하나님 이야기

오래간만에 지인들에게 연락을 하니 약속이라도 한 듯 비슷한 대답들을 합니다.

"아직도 도미니카에 있어요?"

잠시 숨을 고르고 달력을 봅니다. 이곳 도미니카에 도착한 것이 바로 엊그제 같은데 해수로 25년이 되었습니다.

앞만 보고 열심히 달려온 길이었습니다.

지난 25년 동안 이곳 도미니카공화국에서 삶과 사역을 할 수 있었던 것은 정말 주님의 은혜입니다. 여전히 부족한 사람을 충성되이 여기시고 일할 수 있는 기회를 주신 주님을 생각하니 너무나 감사합니다.

그리고 많은 분들에게 사랑의 빚을 졌습니다.

우리 주님은 필요할 때마다 적절한 사람을 만나게 하셨고 여기까지 올 수 있게 하셨습니다. 그 분들의 이름을 일일이 기록한다면 이 책의 마지막 페이지까지라도 지면이 부족할 것 같습니다. 우리 주님께서 그분들의 이름을 일일이 기록하셨을 것이기에 저는 가슴에 담겠습니다.

내가 가야 할 도미니카공화국에는 아는 사람이 한 명도 없었습니다.

반겨줄 친구도 날 도울 친척도 없었지만 그곳에 주님의 뜻을 두셨음을 믿었습니다.

"너는 이제 가라!" 그 명령을 제게 주셨다는 것만으로 벅찼고 확신과 기대를 가질 수 있었습니다.

그리고 25년 이제는 도미니카공화국에 많은 친구가 있고 삶을 나누는 가족 같은 형제들이 있습니다. 매 순간 도미니카에 두신 주님의 뜻을 발견했습니다. 그 25년 동안 주님께서 하신 일들을 기억나는 대로 정리했습니다.

가능한 한 사람이름과 교회이름은 언급하지 않으려고 애를 썼지만 부득불 몇 분의 실명과 교회이름이 언급된 것은 상황을 표현하는데 필요해서 사용되었음을 양해해 주시기 바랍니다.

지난 25년 동안 도미니카공화국에서 함께 하나님을 경험한 사랑하는 아내요 동역자인 주선자 선교사와 딸들 지선, 지애, 지원에게 미안함과 감사함을 전하고 싶습니다. 그리고 오늘이 있기까지 국내외에서 함께 힘써 섬겨준 하나님의 사람들… 그분들로 인해 주님께 크게 감사하며, 그 동안 제 가슴에 묻어두었던 이야기들을 세상에 내놓도록 격려해주신 나침반출판사 김용호대표님, 원고를 열심히 정리해준 조진주 자매님에게 감사의 인사를 드립니다.

다시 25년을 향하여!

최광규

목차

프롤로그 / 가슴에 묻어 두었던 하나님 이야기 ⋯ 5

1부 ⋯ 9

지시하신 땅으로 가게 하시다!

도미니카에 도착하다 / 돈데 에스타 슈퍼 / 크리스천을 위한 구두(?) / 반석 같은 은혜 / 하나님의 대사 / 저는 선교사입니다 / 선교사를 꿈꾸게 되다 / 도미니카 1호 한국인 선교사 / 하나님 안에서 고비는 있어도, 실패는 없다 / 루디아로 거듭난 검순이 / 예비하시는 하나님 / 기회의 문이 열리다 / 여호수아 리더십 / 두 번째 교회를 개척하다 / 선교사님의 하나님께 기도하세요 / 모든 것 위에 계신 하나님 / 마지막 광야

2부 ⋯ 187

지시하신 땅을 축복 하시다!

하나님께 맡겨라 / 길거리 예배 / 누군가 널 위하여 기도하네 / 가나안 교회 / 오늘은 도미니카! 내일은 세계로! / 가나안교회 사람들 / 은혜로 채우시는 하나님 / 소망의 사다리 / 도미니카 유소년 전도 / 학교를 세우다 / 제자훈련 / 노방 전도로 교회를 개척하다 / 로스 알카리소스에 부는 변화의 바람이 되다 / 시험에 들다 / 갑상선 암 / 0점 아빠, 100점 아버지 / 다시 부흥 / 신문과 방송에 보도

3부 ⋯ 315

지시하신 땅을 번성케 하시다!

너를 온 이스라엘의 목전에 세우리라 / 기도군대 / 7.7.7 프로젝트 / 오직 기도 / 허리케인을 잡다 / 아이티 지진 / 너는, 이제 가라

에필로그 / 지시하는 곳에서 제물이 되게 하옵소서... 368

1부

지시하신 땅으로 가게 하시다!

도미니카에 도착하다 / 돈데 에스타 슈퍼 / 크리스천을 위한 구두(?) / 반석 같은 은혜 / 하나님의 대사 / 저는 선교사입니다 / 선교사를 꿈꾸게 되다 / 도미니카 1호 한국인 선교사 / 하나님 안에서 고비는 있어도, 실패는 없다 / 루디아로 거듭난 검순이 / 예비하시는 하나님 / 기회의 문이 열리다 / 여호수아 리더십 / 두 번째 교회를 개척하다 / 선교사님의 하나님께 기도하세요 / 모든 것 위에 계신 하나님 / 마지막 광야

도미니카에 도착하다

1988년 9월 2일 새벽3시, 나와 아내 그리고 세 딸, 이렇게 우리 다섯 식구가 도미니카에 도착했다. 한 살 배기 막내를 아내의 등에 업혀주고, 짐 가방을 등에 멘 다음 세 살배기 둘째를 품에 안고 다섯 살 첫째의 손을 잡은 다음에야 출구로 향하는 사람들 행렬에 꼈다. 오랜 비행시간에 모든 승객들이 지쳐있었고, 다들 조금이라도 빨리 내리려고 서둘러 줄을 서는 바람에 이것저것 챙길 게 많았던 우리 부부는 한 참 뒤로 밀려 맨 꼴찌로 비행기에서 내렸다.

출구를 나서자마자 더운 공기가 훅 끼쳐온다. 비행기와 공항을 연결하는 트랩이 없어, 걸어서 활주로를 통과하는데 잠깐 사이에 온 몸이 땀범벅이 됐다. 새벽임에도 불구하고 한국 삼복더위 중 한날처럼 찐다. 주위를 둘러보니 우리 가족을 제외한 전부가 흑인, 나는 나도 모르게 '여기가 아프리카가 맞기는 맞구나.'라고 중얼거렸다.

그때 난 도미니카가 아프리카 어디쯤 될 거라고 생각했다. 그먼 곳으로 선교를 떠나면서도 지도 한번을 확인 할 틈 없이 그냥 '도미니카' 이 네 글자만 머리에 넣고, 비행기 티켓을 끊고 짐을 꾸려 한 걸음에 달려온 탓이었다. 나는 여행을 가는 게 아니고 선교를 가는 것이니 어디쯤 있는 나라이고, 어떻게 준비해 가면 편한지 이런 걸 계산할 필요가 없다고 생각했다. 나는 오직 하나님께 모든 것을 맡긴 채, 미지의 나라 도미니카에 첫발을 내딛었다.

도미니카의 첫 인상은 더운 날씨와 몹쓸 냄새였다. 각 나라마다 사람들의 체취가 있다고 하는데, 더운 나라라서 그런지 유독 심했다. 게다가 당시에는 공항임에도 불구하고 위생상태가 좋지 않아 곳곳에 쓰레기에, 정체를 알 수 없는 악취까지 났다. 좁은 입국장에 사람은 몰리는데 환기시설이나 에어컨 시스템이 없어서 냄새와 더위를 고스란히 참고 기다려야 했다.

아무것도 모르는 큰 아이는 엄마한테 계속 쓰레기 냄새가 난다고 칭얼거렸다. 주위 사람들이 한국말을 모르는 게 이런 땐 다행이다 싶었다. 아내는 공항 밖으로 나가면 괜찮아질 거라고 아이를 달랬다. 하지만 아직 세관이라는 절차가 남아 있었다.

하나님께 부름을 받고 나선 길, 살아도 도미니카에서 살고, 죽어도 도미니카에서 죽겠다는 결심으로 항공권도 편도로 끊어 왔다. 몇 년 파송이 아닌 평생 파송을 생각하고 영영 살 작정으로 온 것이니 짐이 많았다. 이민가방으로 총 9개였는데 안에는 교회로 들어온 구제품 중에서 골라낸 옷들이 대부분 이었다.

세관원은 처음부터 탐탁지 않은 얼굴로 우리를 맞이했다. 짐이 너무 많다는 게 이유였지만 짐을 뒤지면서 자꾸만 쉽게 나갈 수도 있다는 말을 흘렸다. 뇌물을 바라는 눈치였다. 하지만 선교사 훈련을 받을 때 선교지에서는 통상적인 관행이라 하더라도 뇌물이나, 뒷돈은 안 된다는 교육을 받은 뒤라 그냥 못들은 척 무시했다. 그러자 세관원이 동료들을 여러 명을 불러 9개의 짐 가방을 바닥에 엎다시피 하며 짐 검사를 했다. 그렇게 낱낱이 뒤져도 전부 낡은 옷가지뿐이라 거의 통과 되었는데 마지막 가방에 들어 있던 비디오플레이어를 트집 잡았다.

우리는 이곳에 살러 왔고, 한국에서도 여러 해 사용하던 살림의 일부라고 설명해도 막무가내로 노를 외쳤다. 한참을 실랑이를 하다 아내와 아이들을 보았더니 고압적인 분위기와 숨 막히는 더위에 반 탈진 상태였다. 나는 비디오플레이어를 포기하겠다고 말하고 주변에 흩어진 옷가지들을 챙겨 가방에 넣고 입국장으로 나왔다.

그러나 입국장을 나와서도 냄새와 후끈한 열기가 계속됐다. 공항 전체의 청소상태며 에어컨 시스템이 열악한 탓이었다. 나는 아내에게 아이들을 맡기고 잠시 화장실을 다녀왔다. 화장실도 상태가 썩 좋지 않았다. 그래도 한 나라에서 제일 좋은 건물하면 공항과 백화점을 꼽는데, 공항 상태가 이렇다면 다른 곳들은 이보다 못하겠구나 하는 생각에 나도 모르게 한 숨이 나왔다. 손을 씻으려고 세면대로 갔지만 물마저 나오지 않아 휴지로 손을 닦고 화장실을 나왔다.

하품을 하며 깨끗하지 않은 손으로 눈을 부비고 있는 큰 아이의 보니 걱정하는 마음이 들었다. 아내가 둘째 이마에 흐르는 땀을 닦아주며 다시 걱정을 했다.

"한국에 있을 때도 유행하는 감기는 한 번 씩 다 거쳐 앓는 아인데..."

그 말을 들은 나는 나도 모르게 아내의 양 어깨를 꽉 붙들었다. 아내가 놀라 나를 쳐다봤다.

"이제 공항을 나가면 우리 그 말은 하지 맙시다."

성격이 급한 탓에 주어와 목적어는 다 빼고 결론만 말을 해버렸다. 아내가 의아한 표정으로 다시 물었다.

"그 말이라뇨?"

나는 급해진 마음을 가라앉히기 위해 심호흡을 한 후 이번에는 천천히 말을 이어 나갔다.

"한국에 있을 때... 그 말, 앞으로 수없이 그 말이 하고 싶을 거야. 한국에 있을 때는... 한국에서는... 하지만 여기 온 이상 한국 자체를 잊어야 해요."

잠시 말이 없던 아내가 대답했다.

"네, 우린 선교를 왔으니까요."

그 말을 하는데 아내의 눈이 대번에 붉어졌다. 아내는 얼른 눈을 부비더니 저쪽이 나가는 문 같다며 앞장을 섰다. 나에게 우는 모습을 보이고 싶지 않아 안간힘을 쓰는 모습이 안쓰러웠지만 나는 아내를 잡지 않고 두어 걸음 뒤쳐져 걸었다. 아내의 얼굴을 보고 싶지 않았다. 지금 보게 되면... 나도 울컥하는 마음이 들 것 같았다.

선교사의 사명을 확신하고, 선교교육원을 마친 뒤 근 1년 3개월 동안 '제발 선교지를 주소서.'라고 기도했다, 하나님께서 도미니카로 가라고 명하셨을 때 나는 응답을 받았다는 생각에 마냥 기뻤고, 오직 믿음으로 가겠노라고 기도했다. 그리고 아무 계산 없이 모든 걸 버리고 떠나왔다. 응답을 받은 후부터는 마음에 온통 도미니카뿐이었기 때문이다. 매일 새벽 기도 할 때마다 도미니카를 부흥의 성지로 만들겠다는 열망이 타올랐다.

한 시라도 빨리 도미니카로가 복음을 전할 생각뿐이었다. 때로는 입국장부터 복음의 불길이 일어나는 상상을 하고 그 새벽에 홀로 기뻐 찬양을 한 적도 있다. 나는 도미니카에 도착만 하면 내가 부흥을 일으키게 될 것이라고 믿어 의심치 않았다.

그러나 막상 도착한 지금 내가 한 일이라곤 아내의 눈에 눈물 바람을 일으킨 것뿐이다. 말할 수 없이 착잡한 기분이 들었다. 그런데 옆에 있던 딸애가 내 손을 잡더니 졸린 표정으로 "이제 정말 도착한 거야....?"라고 물었다. 그런데 그 말이 "광규야, 너... 이제 도착 한 거야!"라는 하나님의 음성으로 들렸다. 그 순간 마음에 다시 힘이 났다.

'그래 하나님께서는 나에게 도미니카로 가라고 하셨지, 도미니카에 가기만 하면 입국장부터 기적을 보여주시겠다고 하진 않으셨다.'

나는 잠시나마 내 기대와 하나님의 뜻을 혼동하고 좌절했다는 것을 깨달았다. 아무것도 잘 못 되지 않았다. 나는 예정대로 도미니카에 도착했고 아직 이곳의 환경을 모를 뿐이다. 지금 이 순간부터 보이는 그대로, 있는 그대로 도미니카를 알아가는 것이면 된다는 생각이 들었다.

나는 큰 아이의 걸음을 재촉해 아내의 곁으로 가서 섰다. 그리고 아내의 손을 꽉 잡았다. 아내의 손을 잡고 밖으로 나서니 어슴푸레 동이 트는 게 보였다.

"하나님 저희 도착했습니다!"

내가 크게 외치자 아내가 빙긋 웃더니 손나팔을 만들어 "도미니카야 우리가 왔다."라고 외쳤다. 우리는 누가 먼저랄 것도 없이 서로를 잠시 안아주었다.

돈데 에스타 슈퍼

공항을 겨우 빠져 나오니 저만치 한국 분 한 명이 보였다.

나는 반가운 맘에 손을 흔들고 다가가서 인사를 했다.

"한인회 총무님이신가요?"

"네."

짧은 대답에 순간 머쓱해졌다. 원래 과묵한 성격인지 아니면 세관 통관하느라 시간이 많이 지체 되어서 기분이 상하신 건지 알 수 없었지만 재차 미안한 마음이 들어 다시 인사를 드렸다.

"이렇게 공항까지 나와 주셔서 감사합니다."

총무님은 사과를 받는 대신 차를 가져오겠다는 대답만 남기시고 주차장으로 가셨다.

"가방들 먼저 실으세요."

총무님이 가져 오신 차는 소형 트럭이었는데 좌석이 운전석과 조수석 두 자리 뿐이었다. 뒤편에 짐을 실으니 공간이 아주 협소해졌다. 원래는 내가 아이들을 안고 짐칸에 타려고 했는데 내 키가 176cm에 체격도 큰 편이라 짐 틈에 끼어 앉을 수가 없었다. 하는 수 없이 아내가 첫째, 둘째를 데리고 짐칸에 타고, 나는 막내를 안고 조수석에 타게 됐다.

"오자마자 고생시켜서 미안해."

"괜찮아요. 이럴 때는 내 키가 작은 것도 하나님 은혜네요."

늘 그랬듯 아내는 씩씩하게 대답하며, 짐칸에 자리를 잡고 왼쪽에 작은 아이를, 오른편에 큰 아이를 앉힌 다음 어서 출발하라고 싸인을 줬다.

숙소로 이동하는 길에 총무님은 도미니카에 대해 간단한 설명을 해주었다.

"도미니카 인구는 830만 명 정도 되고요, GNP는 아직 650달러 정도밖에 안됩니다."

"한국 GNP가 4,400달러 이상 되니까 GNP로만 따지면 도미니카보다 한국이 여섯 배 부자라는 얘기네요."

"목사님 말씀이 맞습니다. 이제 한국은 올림픽도 할 테니 더 부자가 되겠지요. 그러고 보니 보름만 있으면 올림픽 아닙니까? 개막식이라도 보고 오시지 그러셨어요."

나는 개막식이야 TV로 보면 된다고 말한 다음, "저는 목사가 아니고 선교사입니다."라고 말했다. 총무님께서는 고개를 갸웃거리시더니 목사와 선교사가 다른 거냐고 물으셨다. 나는 한인 분들을 위해 온 것이 아니라 도미니카 현지인들을 위한 교회를 세우고 복음을 전하기 위해서 왔다고 했다. 그런 얘기들이 오가는 사이 숙소에 도착했다. 총무님은 우리가 짐을 내리자마자 아파트 호수만 알려주시고 급한 일이 있으신지 바로 가셨다.

다시 우리 식구만 덩그러니 남겨졌다. 사방을 둘러보니 낯설고 고요했다. 무엇을 먼저해야할지 아무생각이 나질 않았다. 잠시 그대로 있는데 기도를 해야겠다는 생각이 들었다.

"잘 도착했으니 감사기도부터 합시다."

그런데 아무도 대답을 하지 않았다. 아내는 너무 지쳐 말 할 기운도 없어 보였고, 아이들은 이미 졸고 있었다.

"일단 올라갑시다."

우선 아이들을 침대에 눕혀 놓고 짐 가방을 옮겨다 되는 대로 현관에 쌓아 놓았다. 그리고는 아내와 아이들이 있는 침대로 가픽 쓰러졌다. 그대로 오전이 가고, 오후가 될 때까지 정말 죽은 듯 잤다 그러다 배고픔을 먼저 느낀 막내가 깨어나서 울고 그 울음소리에 나머지 가족들이 깼다. 부엌으로 가보니 찬장도 냉장고도 전부 텅 비어 있었다. 아내는 아이들을 욕실로 데리고 가 씻기고 나는 먹을 것을 구하기 위해 밖으로 나왔다.

주위를 아무리 둘러봐도 식료품점이 보이지 않았다. 보도를 따라 한 참을 걸어 내려가는데 아파트, 주택만 번갈아 있고 상점 같은 건 하나도 없었다. 혹시 아파트 단지 안에 가게가 있을까 싶어 아파트로 돌아왔는데 단지라고 할 것도 없이 나란히 몇 동만 단출하게 지어져 있고 편의 시설이라고 불릴만한 것이 하나도 없었다. 굶고 있을 식구들 생각에 마음이 급해진 나는 길을 건넜고, 건너편 거리를 뒤지기 시작했다 한참을 걷다 길이 끝나는 곳 쯤 다다랐을 때 모퉁이에 세워놓은 과일 리어카가 보였다.

나는 속으로 '하나님 감사합니다!'를 외치며 얼른 리어카로 갔다. 가서 보니 처음 보는 과일들 사이에 노란 바나나가 보였다. 영어로 바나나를 달라고 했더니 못 알아듣는 눈치였다. 대충 손짓발짓으로 바나나를 달라고 하고 1달러짜리 하나를 꺼내 보여 줬다. 아직 환전을 하지 못해서 가진 돈이라곤 달러뿐이었다.

혹시 안 받으면 어쩌나 걱정했는데 상인이 기분 좋게 OK를 외치고 1달러를 받았다. 그리고 봉투를 꺼내 바나나를 담는데 세어 보니 24개나 담아줬다.

한국을 떠나오기 한 달 전쯤 호된 감기를 앓던 큰애가 바나나를 찾아서 사준 적이 있는데, 한 개 가격이 천원으로 자장면 값에 맞먹었던 것에 비하면 정말 싼 가격이었다. 바나나가 가득담긴 비닐봉지를 받아들고 기분 좋게 아파트로 돌아왔다.

그날은 바나나로 늦은 점심과 저녁을 해결했다. 그리고 다음 날, 그 다음날까지 배가 고프면 1달러를 갖고 나가 바나나를 사다가 끼니를 해결했다. 처음엔 맛있다고 좋아하던 아이들도 3일째 저녁이 되니 슬슬 물리는지 한 개를 다 못 먹었다. 그러자 아내가 내일은 자기랑 같이 나가서 다른 과일을 사자고 하더니 이틀날 아침부터 나갈 채비를 하고 날 기다렸다. 아내도 바나나에 그만 질린 것 같았다.

아내와 함께 과일리어카로 가니 상인이 묻지도 않고 바나나를 담으려고 했다. 나는 '스톱'이라고 외치고 손짓으로 다른 과일들을 보겠다고 한 후 아내에게 골라보라고 했다. 한참동안 살피던 아내는 "전부 처음 보는 과일이라... 모르고 샀다가 맛이 이상해서 못 먹게 되면 아까우니까 그냥 바나나를 사야겠어요. 대신 저쪽에 초록색 바나나 저건 얼마나 하나 물어봐주세요."라고 말했다. 상인에게 초록색 바나나 가격을 물었더니 15개정도 달린 큰 송이 두 개에 1달러라고 했다. 아내는 노란바나나보다 저게 훨씬 싼 것 같으니 초록색 바나나를 사자고 했다.

집으로 돌아와서 껍질을 까보니 끈적끈적하고 맛이 이상했다. 나와 아이들은 처음 한 입 맛을 보고 곧장 내려놓았고, 아내는 반 정도 먹다가 도저히 못 먹겠는지 부엌 냉장고에 전부 넣어버렸다. 오늘부터는 다른 과일을 먹게 될 거라고 잔뜩 기대했던 아이들은 실망감에 배고픔에 눈물을 뚝뚝 흘리며 슈퍼에 가자고 졸랐다. 속이 상한 아내가 그만 그치라고 첫째 엉덩이를 때렸다. 그 모습을 보니 '내가 지금 무얼 하고 있는 건가?'라는 생각이 들었다. 도미니카에 도착한지 벌써 사흘째인데 내가 한 일이라곤 짐을 정리하는 것과 집 앞 과일리어카를 오고 간 것뿐이다.

이대로는 아무것도 안되겠다는 생각이 들었다 나는 아내에게
아이들 옷을 챙겨달라고 하고 가방을 뒤져 도미니카 지도를 꺼냈
다. 우리가 있는 지역을 찾고 주변 지역을 확인했지만 도로번호
와 지역명만 나와 있을 뿐 어디가 번화가이고 어디가 상점인지는
적혀있지 않았다. 그래도 지도가 있으면 밖에 나가 헤매더라도
집은 찾아 올 수 있겠다는 생각이 들었다. 나는 지도를 뒷주머니
에 넣고 아내와 아이들을 데리고 밖으로 나왔다.
아파트 앞에서 다 같이 손을 잡고 잠시 기도했다.
"하나님 오늘 안에 슈퍼를 찾게 해주세요."
어찌나 간절했던지 큰 아이가 길이 떠나가라 "아멘!"을 외쳤
다. 그 모습을 보는 순간 '그래 무슨 일이 있더라도 오늘 아빠가
슈퍼를 찾아주마!'라는 결심이 생겼다. 갑자기 두려울 것이 없어
졌다. 저 작은 아이가 저렇게 간절히 소망하는데 아빠가 되어서
그 소원하나 못 이루어 준다는 게 말이 안 된다는 생각이 들었다.
나는 지나가는 사람들을 붙들고 '돈데 에스타 슈퍼?'를 외치
기 시작했다. '돈데 에스타'라는 말이 이곳말로 '어디 있나요?'
란 뜻이므로 내 나름대로는 '슈퍼 어디 있나요?'라는 내용의 회
화를 한 것이다. 그런데 이렇게 간단한 질문에 다들 모르겠다는
대답뿐이었다. 표정이나 제스처로 봐서는 매우 호의적이고, 몇몇
사람은 어떻게든 알아들으려고 애를 썼는데 '슈퍼'도 '슈퍼마
켓'도 못 알아들었다.
나중에 알고 보니 '슈퍼마켓'을 '슈퍼'로 줄여 부르는 건 순
전히 한국식 영어였고, 도미니카 사람들은 슈퍼마켓을 '수페르

메르까도'라고 했다. "슈퍼마켓은 어디 있나요?"라고 물으려면 "돈데 에스따 수페르메르까도(Donde esta supermercado?)"라고 했어야 맞았다. 하지만 당시에 그걸 알 리가 없었던 나는 계속 "돈데 에스타 슈퍼"만 외쳤다. 그래도 다행히 그 중 한 사람이 눈치로 알아듣고 슈퍼마켓으로 가는 길을 알려주었다.

　35도를 웃도는 날씨에 무려 40분을 걸어 슈퍼에 도착했다. 저쪽에 슈퍼가 보이는 순간 우리 가족 모두 '만세! 할렐루야!'를 외치며 얼싸안았다. 다 같이 한 걸음에 달려가 슈퍼로 들어갔다. 그러자 슈퍼 안에 있던 사람들이 일제히 우리를 쳐다봤다. 난데없이 나타난 동양인가족 그것도 하나같이 땀에 쫄딱 젖어서는 입을 헤 벌리고 행복한 표정으로 서 있으니 그 모습이 신기하기도 하고, 우습기도 했을 것이다.

　그런 시선을 느낄 겨를도 없이 우리의 온신경은 선반에 진열된 음식들에 가 있었다. 우선 제일 만만해 보이는 식빵을 카트에 담고 잼을 찾았다. 그리고 중국말이 쓰여 있는 라면처럼 생긴 봉지도 몇 개 골라 담았다. 그다음 피클종류를 찾아 냉장고 앞에 서있는데 "아빠!"하고 부르는 소리가 들렸다. 쳐다봤더니 둘째가 양손에 과자봉지를 들고 그걸 어떻게든 카트 안에 넣으려고 까치발을 세우고 카트 옆구리에 매달려 있었다.

　과자를 얼른 받아서 카트에 넣어주니 손뼉을 치며 좋아하는데, 그 모습이 귀엽기도 하고 얼마나 먹고 싶었으면... 하는 생각이 들어 안쓰럽기도 했다. 카트가 절반쯤 차자 아내가 이걸 다 들고 40분을 걸어 갈 수 있겠냐며 걱정했다. 나는 팔이 부서져도 좋으니 아이들 먹고 싶은 거 다 담게 하라고 큰 소리를 쳤다. 진심이었다, 카트 안에 담긴 음식들을 보며 좋아하는 아이들을 보니 팔이 빠져도 좋다는 생각이 들었다.

카트를 밀고 계산대로가 계산을 했다, 180페소 정도의 금액 나왔다. 당시 1달러가 6.28페소 였으니 28달러 정도 된다는 계산이 나왔다. 그러고 보니 집 앞 리어카에서 바나나 4개를 1페소에 팔고 있었으니, 180페소면 정말 많은 음식을 담은 거긴 했다. 나는 지갑을 열어 100달러 짜리를 냈다. 카운터 직원이 돈을 확인하고 놀라더니 급하게 매니저를 데리고 왔다. 매니저가 영어로 설명을 하는데 가만히 들어보니 화폐개혁을 한 후라 달러를 쓸 수 없다는 얘기였다.

나와 매니저가 얘기를 나누는 사이 카운터 직원이 우리 물건을 제 자리에 돌려놓기 위해 카트에 도로 담기 시작했다. 그걸 본 아이들이 놀라서 나를 쳐다봤다. 매니저에게 방법이 없냐고 물으니 죄송하지만 은행으로 가서 환전해 오는 수밖에 없다고 했다. 나는 그럼 환전해 올 테니 이 물건들은 그냥 두라고 했다. 그러나 매니저는 은행이 문을 닫았을 시간이라며, 내일 다시 오라고 했다.

하는 수 없이 그냥 나오는데, 슈퍼 문턱에서 둘째가 울음을 터트렸다. 그때까지는 상황을 보고 참고 있다가 정말 아무것도 못 사는 거구나란 생각이 들었는지 엉엉 울기 시작했다. 빈손으로 40분 거리를 돌아가야 한다는 생각에 우는 아이를 달래주지도 못하고 멍하게 서 있었다. 쨍하게 내리쬐는 해 아래 긴 회색길이 보였다. 길 위로 아지랑이가 피어올랐다. 덥고 목이 마른데, 주머니에 있는 돈으로는 물 한 병 살 수가 없었다. 속에서 천불이 난다는 게 이런 때 쓰는 말이구나 실감이 났다.

본래 나는 나쁜 것도 좋은 것도 빨리 넘기고 다음을 생각하는 성격이다. 좋게 말해서 진취적이고 나쁘게 말하면 매사 급한 편이다. 그런 성격 탓에 원망에 빠지는 일도 적고, 들뜬 기분에 취하는 일도 드물다. 그런데 이 순간만큼은 하나님 나한테 왜 이러시냐는 소리가 저절로 나왔다.

'하나님 이럴 줄 알았으면 저 혼자 오게 하시지, 아이들까지 다 데리고 왔는데… 저 어린 아이가 쥐고 있던 과자를 뺏겼습니다. 영문을 알 리 없고, 마음이 얼마나 상했겠습니까… 그냥 저만 겪게 하시지… 아버지 그냥 저만 겪게 하셨으면 좋았을 것 같습니다.'

집으로 돌아오는 길, 한 참을 걷는 동안 아내도 나도 서로 말을 걸지 않았다. 아내는 더위에 지쳐 그런 것 같았고…

나는 그때 문득 출애굽기를 떠올리고 있었다.

이제 우리가 가야 할 길 이래봤자 고작 40분의 길이니 40년 광야와는 비교조차 될 수는 없지만, 나는 오늘에야 이스라엘 백성들의 기분을 알 것 같다는 조금은 엉뚱한 생각을 하고 있었다. 신학 대학을 마치고, 다시 선교사 과정을 공부하면서 수 없이 성경을 보았다. 당연히 출애굽말씀도 여러 번 읽었다. 그런데 매번 출애굽을 읽을 때마다 이런저런 요구사항이 많은 이스라엘 백성을 이해하지 못했었다.

하나님께서 친히 가나안으로 인도해주고, 자유를 주겠노라 말씀하셨는데 그런 큰 역사는 제쳐두고 "당장 오늘 물을 달라, 음식을 달라." 조르는 모습이 답답하다는 생각을 한 것이다. 아니 조금만 기다리면 가나안의 축복을 누리고, 자자손손 노예로 살 운명에서도 자유로워지는데 고작 물, 고작 끼니 때문에 하나님을 원망하고, 불순종을 일삼다니 참 어리석다고 생각했었다. 그런데 도미니카에 도착한 첫 날부터 오늘까지의 내 행동들을 돌아보니 이스라엘 백성들보다 나은 것이 하나도 없었다. 공항에서는 화장실 불평에, 도착해서 딱 3일 바나나를 먹고는 슈퍼마켓에 있는 음식들을 허락해 주지 않았다고 하나님을 원망하는 모습이 만나를 먹다 고기를 달라고 불평하는 이스라엘 백성들의 모습과 일치했다.

나는 조금 전에 하나님을 원망한 것을 회개했다. 그리고 도미니카에 온지 4일 만에 출애굽기 말씀 속 이스라엘 백성들의 한마디, 한 마디를 입체적으로 실감할 수 있게 된 것에 감사드렸다.

선교사의 사명을 받은 후 출애굽을 읽을 때에도 나는 오직 모세의 마음에만 관심이 있었고, 이스라엘 백성들의 마음에는 관심이 없었다는 걸 깨닫게 됐다. 그러나 이제부터 내가 만나고, 소통해야 하는 사람들은 이곳의 지도자들이 아닌 서민들이다. 아직 복음을 잘 모르고, 하나님의 존재를 반신반의 하는 사람들에게 다가가 먼저 친구가 되고 복음을 전하는 것이 내 사명이라는 것을 이제 알 것 같았다.

하나님께서는 내가 이스라엘 백성 정도의 믿음을 가진 사람이라는 것을 아셔서 나를 이곳으로 보내신 것 같다는 생각이 들었다. 목이 마르고 배가 고픈 상황에서도 기쁨으로 단을 쌓고 찬양할 수 있는 위대한 믿음의 사람이었다면, 가난하고 배고픈 도미니카 사람들의 마음을 이해하지 못했겠지… 그랬다면 친구가 될 수 없었겠지… 친구란 다른 어느 것보다 '이해'를 토양으로 성장하는 관계이다. 그런데 내가 이미 믿음에 정통한 사람이라면 그들을 내려 다 보는 입장 일 테니 진정한 친구가 될 수 없었을 것이다.

그러나 나는 부족한 사람이다. 그래서 하나님 나를 선택해 이곳으로 보내셨고 이들과 어우러지고 같이 성장하길 바라신다는 확신이 들었고, 도미니카에 도착해 오늘까지 나는 아무것도 하지 않은 것이 아니라 훈련을 받았다는 걸 알게 되었다. 3일간의 강력한 훈련을 통해 불편과 배고픔에서 쉽게 약해지고, 반대로 그런 것들이 해결 되었을 때 큰 고마움을 느끼는 인간의 본성에 대해 깨닫는 기회를 주신 것이다.

나는 마음속으로 감사기도를 드렸다.

'하나님 오늘 이곳에서 광야를 보았고, 이스라엘 백성의 마음을 느꼈습니다. 그리고 지금까지 말씀을 읽는 동안, 오직 모세의 시선으로만 출애굽기를 읽었음을 깨달았습니다. 이제 다시 말씀을 읽을 때에는 이스라엘 백성들의 마음도 헤아리며 읽겠습니다. 그리고 앞으로 어떤 계획을 세우든지 이곳 서민들의 입장이 되어 생각하겠습니다. 이들에게 정말 필요한 것이 무엇인지 알아가고, 채워주며 먼저 다가가겠습니다. 하나님 나는 선교사로서 내가 앞장 설 생각만 했습니다. 하지만 이제 알겠습니다. 나를 도미니카 서민들의 중앙으로 보내주세요. 이들의 한 복판에 어우러져 마음을 이해하는 것 그것이 내가 할 일임을 알게 하심을 감사드립니다.'

'성경은 반드시 입체적으로 이해되어야 한다, 로고스의 말씀이 레마의 말씀이 되어 체험되어야 한다.'는 이야기를 수없이 들었고, 기회가 될 때마다 많은 사람들에게 그 가르침을 전했는데 오늘 이곳 도미니카에서 예수님의 마음도 모세의 마음도 아닌 이스라엘 사람들의 마음을 체험하게 하신 하나님. 위대한 모세만 생각하고 달려온 나에게는 뜻밖의 깨달음이었지만, 꼭 필요한 깨달음이었다.

도미니카에 온지 이제 4일, 나는 아직 이끌 성도가 없다. 그러니 벌써부터 모세의 마음을 알 수도 없고, 알 필요도 없었다. 지도자의 마음을 갖고 싶어 한 건 성급한 내 생각이었고, 백성의 마음을 깨닫게 한 건 한 치의 오차도 없으신 하나님의 판단이셨다. 나는 다시 한 번 하나님께 감사드리며 도미니카에 복음의 불길을 내겠다는 내 포부를 내려놓고 하나님 원하시는 '한 걸음'에 집중하기로 했다.

'그래, 내가 할 일은 내가 만든 기대를 잠시 내려놓고 가벼운 걸음이 되어 나를 이끄시는 하나님께로 기쁘게 나아가는 것이다. 내가 이곳에 왔으니 보란 듯 성과를 내야 한다는 조바심을 내려놓자, 지금 내게 허락된 건 여기 내 앞에 펼쳐진 집으로 돌아가는 외길이다.'

이제 걸어 집에 도착한 후 하나님을 묵상하며 보낼 오늘밤을 생각하니 마음이 평온해졌다.

그러자 내 옆에서 함께 걷고 있는 아내와 아이들이 있음에 기뻐할 겨를도 생겼다. 집에 돌아가 잠시 휴식을 취한 후 오늘 내가 받은 은혜를 나누어야지라고 생각하니, 오늘 이 귀한 깨달음의 현장에 모두 함께 있을 수 있었다는 게 큰 감사로 느껴졌다. 나는 걸어가며 자꾸 조는 둘째 아이를 번쩍 품에 안았다. 몸과 마음에 힘이 솟았다.

"나의 갈길 다가도록 예수인도하시니

내 주 안에 있는 긍휼 어찌 의심하리요

믿음으로 사는 자는 하늘 위로 받겠네

무슨 일을 만나든지 만사형통하리라…"

찬양을 시작하니 곧 아내가 따라 불렀다 큰아이도 함께 불렀다. 어느새 땅거미가 지고, 미지근한 바람이 은근하게 불어왔다. 이거야 말로 만사형통이라는 생각이 들었다. 이 짧은 하루에 너무 많은 일을 겪고, 낯선 슈퍼를 찾는 모험에 기대 그리고 실망까지 정말 '만사'가 일어났지만 이렇게 은혜로 깨달음 얻고, 새 힘을 얻었으니 '형통'이었다.

'돈데 에스타 슈퍼'를 외치며 슈퍼마켓을 찾아 나섰는데, 오늘 우리 가족이 찾은 건 진짜 '슈퍼'였다.

초자연적인, 놀라운 하나님의 슈퍼 은혜!

결국 하나님은 '슈퍼'를 찾게 해달라는 우리 가족의 기도를 들어 주신 것이다. 나는 이런 내 생각을 아내에게 이야기했다. 아내도 정말 그렇다며 박수를 쳤다. 내 품에서 졸던 둘째가 박수소리에 부스스 일어나더니 우리 집이 저기 보인다고 박수를 쳤다.

"그래, 우리 집, 여기가 우리 집이다."

나는 둘째의 뺨에 얼굴을 비볐다. 무사히 돌아왔다는 안도감, 그리고 쉴 곳이 있다는 감사. 이 이상 충만할 수 없었다. 우리는 고작 빵과 과자를 기대하고 나갔는데, 하나님 이토록 놀라운 은혜로 채우심에 감사했다. 그날 밤 우리 다섯 식구는 나란히 누워 하루의 은혜를 나누고, 다시 찬양을 시작했다. 창문을 여니 여전히 미지근한 바람이 불었다. 하지만 이제 그 바람마저도 포근하게 느껴졌다.

# 크리스천을 위한 구두(?)

다음날 사람들 출근시간을 맞추어 일찍 거리로 나왔다.

다행이 어제보다는 거리에 사람들이 많았다. 이번에는 "돈데에스타 방꼬(Donde esta Banco)?"라고 물어봤는데 금방 알아듣고 알려주었다. 걸어서 가겠냐고 해서 그렇다고 했더니 1시간쯤 걸릴 거라고 얘기했다. 어제 갔던 슈퍼보다 멀리 있다는 얘기였다. 잠시 고민을 했다. 슈퍼를 지나 20분을 더 가야 은행이 있는 코스였으므로 돌아오는 길에 슈퍼를 들리는 게 맞았다. 그런데 나 혼자 간다면 돌아오는 길에 슈퍼도 혼자 들러야 한다는 얘긴데, 아내도 아이들도 물건을 직접 고르고 싶어 했다. 결국 오늘도 다함께 움직이기로 했다.

한 살짜리 막내를 내가 안고 첫째와 둘째는 아내 손을 붙들고 걸어갔다. 아직 3살인 둘째가 다리 아프다고 하면 아내에게 막내를 맡기고, 내가 둘째를 업었다. 그런데 한 시간을 꼬박 걸었는데도 은행이 보이지 않았다.

"분명 이 길로 쭉 가면 된다고 했는데..."

다행이 길은 외길이라 헷갈릴 일은 없었는데 처음 알려준 사람의 말에 의하면 분명 이쯤에 도착했어야 하는데, 앞을 봐도 뒤를 봐도 회색길만 기다랗게 놓여 있을 뿐 오가는 사람도 지나다니는 차도 없는 한적한 도로였다. 어쩌다 택시가 지나가는 걸 보긴 했는데, 전부 손님이 타고 있고 빈 차는 한 대도 지나가지 않았다. 하는 수 없이 무작정 걸었다. 그렇게 30분을 더 가니 저쪽에 시가지가 보였다.

나중에 알게 된 사실이지만 우리가 머무는 아파트가 있는 지역은 도미니카 지역 중에선 부촌으로 속하는 곳이라 한국으로 치면 일산이나, 분당처럼 신시가지로 분류되어 타운 형태로 동떨어진 지역이었다. 즉 그 타운 지역을 빠져나오는데 걸음으로 1시간이 걸린 거고, 30분을 더 나온 끝에 일반 시민들이 사는 주거지역에 다다른 것이다. 그러니까 얘기인즉 도미니카에 도착한지 5일째 되던 날에야 보통 사람들이 사는 마을을 구경하게 된 것이다.

사람들이 분주하게 오가고, 자전거와 오토바이도 종종 보였다. 건물들은 높아야 3층, 대부분 단층이거나 2층 정도였다. 외관은 별도로 채색하지 않은 시멘트벽 색깔이고 오래된 연립주택 형태'가 많았다. 이 지역을 보고나니 우리 아파트가 있는 지역이 잘 사는 축에 드는 지역이겠구나 하는 감이 잡혔다. 지나가는 청년에게 은행의 위치를 물었는데 영어를 거의 못했다, 두어 사람 더 거친 후 교복을 입은 학생을 만났는데 다행히 그 학생이 영어를 조금 할 줄 알았고, 아직 20분은 더 가야 한다고 알려주었다.

"여보, 20분은 더 가야 한다는데, 택시를 잡아 볼까?"

"이왕 여기까지 온 거 조금만 참고 가죠 뭐... 그리고 오면서 저도 봤는데 빈 택시가 없어요. 괜히 차 잡는다고 시간 버리지 말고 그냥 가요."

"하긴, 여기 기사들이 달러를 받는지도 확실치 않고... 그래 조금만 더 힘내 봅시다."

다행히 그 뒤 20분은 낯선 동네 구경을 하느라고 재미있게 갔다. 길가에 나와 땅에 줄을 긋고 땅따먹기를 하는 아이들의 모습이나, 비닐봉지에 푸성귀를 담아 오고가는 주부들의 모습은 내가 자란 시골동네 풍경과 비슷했다.

은행에 들어서니 시원한 에어컨 바람이 나왔다. 아내와 아이들은 대기석에 앉아 잠시 휴식을 취하고, 나 혼자 창구로 가서 환전을 했다. 그런데 은행직원이 영어를 잘 못했다 나도 잘하는 편이 아니니 의사소통이 쉽지 않았다. 내가 200달러를 내밀고 페소로 바꿔달라고 하자, 은행직원이 나에게 이것저것을 묻는데 익숙하지 않은 영어로 빠르게 말 하니 알아듣기가 어려웠다.

결국 보디랭귀지가 동원 되었다. 은행직원이 먼저 배낭을 메는 시늉을 하면서 여행객이냐고 물었다. 난 아니라고 했는데, 자꾸만 여행하기에 200달러는 너무 많다고 이야기 하는 것이다. 짐작하건데 은행직원은 나를 여행객으로 생각하고, 현지 여행경비로 200달러로 환전하는 건 많다는 얘기를 하고 싶은 모양이었다.

나는 은행직원에게 최대한 천천히 '나는 여행 온 것이 아니라 이 나라 도미니카에 당분간 살러왔다.'고 이야기를 했다. 그러자 은행직원의 목소리가 더 커졌다. 정말이냐고 여러 번 묻더니, 환영한다며 악수를 청해왔다. 내가 악수에 응하자 힘껏 위아래로 흔들더니 다른 손으로 내 어깨까지 툭툭 두드렸다. 나름 환영의 뜻인 것 같아서 나도 웃음으로 응대하고 환전할 돈을 내밀었다. 좀 어수선하긴 했지만 무사히 돈을 환전했다. 200달러를 페소로 바꾸니 갑자기 돈이 많아 진 것 같은 기분이 들었다. 이제 정말 식료품을 살 수 있다는 생각에 나마저 들떴다.

아내와 아이들을 데리고 신나게 은행을 나서는 데 그 순간 우르르쾅! 소리가 들렸다. 뭔가 큰일이 났다는 생각에 반사적으로 아이들을 껴안고 웅크리는데 좌아.... 소리를 내며 비가 쏟아졌다. 놀라 고개를 들어보니 어느새 사방에 깜깜 할 만큼 먹구름들이 밀려와 비를 내리고 있었다. 정말이지 순식간에 일어난 일이었다. 돈을 바꾸고, 은행 문을 나서기 직전 창문을 통해 본 바깥 날씨는 분명히 맑았는데, 은행문과 건물 현관을 통과해 나오는 사이 태풍같은 비구름이 몰아쳐 온 것이다. 말로만 듣던 '열대성 스콜'이었다.

빗줄기의 굵기가 옛날 우리 어렸을 때 수돗가 호스에서 뿜어져 나오는 굵기는 되어보였다. 다시 현관에서 오도가도 못 하는 신세가 됐다. 나는 새카매진 하늘을 보며 기도를 드렸다.

'하나님 제발 저 비를 그치게 해주세요. 저희는 지금 우산도 없고요, 가는 길에 슈퍼에 들러야만 식사를 할 수 있습니다. 제발 도와주세요.'

간절하게 기도하는데 비가 그칠 기미가 보이지 않았다. 그래도 방법은 기도밖에 없어서 기도를 드리는데, 아무래도 비가 길어질 것 같았다.

나는 작전을 바꿔 아내와 아이들에게 함께 기도를 드리자고 했다. 현관 구석 쪽에 나란히 앉아서 서로 손을 잡고 기도를 시작했다. 한참을 더 기도를 드린 후 '예수님 이름으로 기도드렸습니다. 아멘!'을 외치는데, 정말 거짓말처럼 부드러운 음성으로 "May I help you?" 라고 묻는 소리가 등 뒤에서 들렸다.

돌아보니 점심을 먹고 창구로 돌아오던 은행직원이었다. 여직원이었는데 영어 실력이 유창했다. 내가 좀 부족하게 영어를 해도 그녀가 워낙 영어를 잘하니 의사소통이 원활하게 이루어 졌다. 우리 가족의 사정을 들은 여직원은 택시를 불러주겠다고 했다, 나는 수고스러우니 우산만 좀 빌려주면 내가 나가서 택시를 잡겠다고 했다. 그러자 여직원이 웃으며 전화로 부르면 된다고 대답을 했다. 알고 보니 도미니카는 대부분 콜택시라, 길에서 차를 잡는 경우가 드물다고 했다. 그제야 오는 동안 빈 택시를 볼 수 없었던 게 납득이 갔다.

친절한 여직원은 전화를 걸어 택시를 부른 다음 우리에게 집 주소를 달라고 했다. 그리고는 택시가 올 때까지 기다렸다가 직접 흥정까지 해서 태워줬다. 처음 택시기사가 불렀던 가격보다 30%나 할인된 가격으로 흥정이 됐다. 나는 그녀에게 감사인사를 하고 아이들과 택시에 올랐다. 걸어 올 때는 2시간이나 걸렸는데 차를 타고 이동하니 약 20분의 거리였다. 그래도 택시 요금은 꽤 나왔다. 아직 TV가 사치품인 상황인 때라 택시 역시 고급 서비스에 속하는 편 인 것 같았다. 어쨌든 집까지는 무사히 도착했다. 그러나 여전히 빈손이었다.

"아빠가 슈퍼 다녀올게, 얼른 올라가서 시원한 물로 샤워해!"

아내와 아이들만 올려 보내고 나는 다시 슈퍼를 향해 걸었다. 올라가면 씻고 싶고, 씻으면 쉬고 싶을 것 같아서였다. 오전 내내 굶은 아내와 아이들을 생각해야 했다. 나 혼자 뛰다 걷다를 반복하며 갔더니 30분 만에 슈퍼에 도착했다.

제일 먼저 과자 진열대로 갔다. 어제 아이들이 골랐던 과자들을 카트에 담고, 빵과 과일 잼, 우유를 샀다. 그리고 야채 코너로 가 고구마와 감자를 담았다. 아직 주방 도구도 변변히 없는 상황에서 고구마와 감자는 삶거나 굽기만 하면 먹을 수 있으니 좋은 식량이 될 것 같아서 최대한 많이 샀다.

계산을 하려고 카운터로 가니 매니저가 기다리고 있었다. 매니저가 계산대에 올려놓은 물건들을 하나하나 꺼내 값을 확인하고 봉투에 넣는 동안 다른 직원들도 슬금슬금 내 쪽으로 와서 내가 계산하는 것을 구경했다. 값을 확인하고 지갑에서 페소를 꺼내자 다 같이 안도하는 표정이었다. 혹시 내가 말을 못 알아듣고 오늘도 달러를 가져와 물건을 못살까봐 걱정들을 한 것이다.

그 모습을 보는데 괜히 코끝이 찡한 게 기분이 묘해졌다. 걱정하는 말이 오고 간 건 아니었지만 마음은 충분히 느껴졌다. 어제 은행 여직원부터 오늘 슈퍼 직원들까지 도미니카 사람들은 친절하고, 순수하다는 생각이 들었다. 나는 슈퍼 안에 있는 모든 직원들이 다 듣도록 큰 목소리로 감사인사를 하고 슈퍼를 나섰다.

양손에 든 봉투마다 감자, 고구마, 우유, 잼 등이 들어 있으니 무게가 꽤 나갔다. 한 십 분을 걸으니 티셔츠가 땀에 젖어서 몸에 척척 감겨 더웠다. 그래도 마음은 가벼웠다. 오늘 만큼은 식사다운 식사도 하고, 아이들에게 간식도 줄 수 있다고 생각하니 이정도 고생쯤은 아무것도 아니란 생각이 들었다.

집에 도착하자 아이들이 만세를 부르며 맨발로 현관까지 뛰어나왔다. 아이들은 내 목을 한 번씩 끌어안아 반가움을 표시하고는 얼른 봉투를 붙들고 앉아서 저희들 좋아하는 과자를 찾아냈다. 과자를 집어든 아이들의 얼굴이 기쁨으로 반짝반짝 빛났다 그런 모습을 보니 오는 동안 힘들었던 기분이 한 번에 확 날아가는 기분이었다.

초반에 몇 번 오고 갈 때는 길을 잃어버릴까봐 긴장해서 지루한 줄은 모르고 다녔는데, 그 후에는 빤하게 긴 30분 거리를 왕복하는 거라 지루하고 힘들었다. 택시를 타고 싶다는 생각이 굴뚝 같았지만, 아직 사역도 시작하지 못했고, 이곳 상황도 모르는 터라 선교비를 아껴야 한다는 생각에 최소한의 경비 외엔 돈을 사용 할 수가 없었다.

그러던 어느 날 슈퍼를 다녀오는 길, 그날따라 날씨가 너무 더워 걸음을 내딛을 때마다 먼지가 풀풀 일어나는데, 그만 식료품 봉투까지 터져버렸다. 잼 병이 굴러가고, 식빵봉투가 저쪽으로 구르는데, 나는 어느 것도 잡지 못하고 그대로 멍하게 서있었다. 데굴거리며 굴러가던 잼 병이 도로 턱에 부딪혀 깨져버렸다. 그리고 그 순간 맥이 확 풀리는 느낌이 들었다. 나는 양손에 들고 있던 봉투를 툭 놓고 바닥에 털썩 앉아 버렸다. 그리고는 그대로 가만히 있었다. 잠시 그러고 있는 사이에 알 수 없는 불안과 실망감이 마음에 척척 쌓였다. 머릿속으로는 계속 별일 아니라고 되뇌는데도 마음에 낙망이 들었다. 도대체 내가 무얼 하고 있는 거냐는 생각도 들고, 선교를 하겠다고 여기까지 날아와서는 택시비 몇 푼에 벌벌 떨다 잼도 깨트리고, 이런 궁상맞은 상황을 당한 게 전부 내 탓 같아서 답답하고, 초라했다. 마음에서 자꾸 나를 비난하는 소리가 들렸다.

"최광규, 꼴좋다. 겨우 장바구니 나르려고 여기까지 온 거야? 제대로 선교할 자신이 있었다면 비용이 들어가도 얼른 택시를 타고 다녀온 다음 선교를 해야지, 선교비 아낀다는 핑계로 이렇게 시간을 버리며 세월아 네월아 게으름 부리려는 거 누가 모를 줄 알고!"

물론 아니었다. 전부 내 마음, 내 진심과는 무관한 소리였는데 자꾸만 반복되니 죄책감이 들고, 혼란스러워졌다. 나는 즉시 무릎을 꿇고 기도를 시작했다.

"하나님 지금 이 마음에 틈탄 모든 악한 것으로부터 자유롭게 해주세요. 하나님 나에게 도움의 손길을 주시려고 이 모든 상황을 주관하셨음을 믿습니다. 하나님 안에서 이유 없는 일은 없다고 믿습니다. 하나님 나에게 도움의 위대함을 알게 하시려고 이렇게 먼저 시련 주셨음을 믿습니다. 아버지 제게 좋은 것을 허락해주시려 먼저 어려움에 처하게 하셨음을 믿습니다. 마음에 모든 실망감을 떨치고 하나님 예비하신 은혜를 충만히 받기를 소망합니다. 아버지 내 마음을 만지시고 깨끗케 하신 후에 하나님 원하시는 좋은 것을 담아 주시기를 소망합니다. 이 문제를 해결해주세요, 택시도 좋고 친구도 좋습니다. 도움의 손길을 허락해주세요. 하나님, 하나님께 기도 드렸으므로 이미 해결 된 줄로 알겠습니다. 예수님 이름으로 기도 드렸습니다. 아멘."

기도가 흐르는 가운데 마음에 다시 평정이 찾아왔다. 기도를 마칠 즈음에는 마음이 온전히 회복되었다. 잠시였지만 정말 강렬한 혼란이었고, 그것을 잠재운 은혜는 그보다 더 크고 강력했다. 하지만 기도를 마치면서 나도 모르게 피식 웃었다.

'택시면 택시지, 친구를 보내 달라고 기도하다니, 이억 만 리이 타국 땅에 친구가 어디 있단 말인가... 다급하니까 별 기도가 다 나오네.'

주위를 둘러보니 나무도, 길도 새삼 더 낯설게 느껴졌다.

한국에 두고 온 친구들, 가까이 지내던 선교원 동기들 얼굴이 하나씩 스쳐 지나가는 데 이 더운 날씨에도 마음에 휑 하니 찬바람이 에이는 기분이었다. 쓸쓸한 기분을 떨치려고 얼른 물건을 챙겨 담고, 봉투를 품에 안았다.

다시 먼지가 나는 길을 걷기 시작하는데, 내 옆으로 차 한대가 멈춰서더니 경적을 울렸다. 쳐다보니 차 창문이 내려가고 스페인계로 보이는 젊은 남자가 자신의 차로 오라고 손짓을 했다. 다른 날 같으면 괜찮다고 사양하거나, 안전한지 확인을 하고 탔을 텐데 덥기도 너무 덥고, 방금 차를 보내 달라고 기도를 했다는 생각에 배짱 좋게 차를 탔다.

알고 보니 남자는 나와 같은 아파트에 사는 이웃으로, 차를 몰고 오고 가는 길에 슈퍼마켓 봉투를 들고 걸어가는 나를 몇 번 봤다고 했다. 처음엔 운동 삼아 걸어 나온 줄 알고 그냥 지나갔는데, 오늘은 상황이 심각해 보여 아는 척 했다며 실례가 되지 않냐고 물었다. 그 말을 들은 나는 나도 모르게 '상황이 아주 심각하다'라고 말해 버렸다. 그리고는 처음 보는 사람에게 대뜸 '상황이 어렵다'고 말해버린 나 자신에게 스스로 놀랐다.

그런데 정말 내 의지와는 상관없이 이런, 저런 힘든 속내들이 술술 나왔다.

"상황이 아주 많이 심각합니다. 사실 저는 선교사인데 이곳 온 지 몇 주가 되어 가도록 복음전파는커녕 현지인들과 사귈 기회도 얻지 못한 채 이렇게 좌충우돌 하고 있습니다. 이곳 문화를 모르니 무작정 문 두드리고 들어가 복음을 선포 할 수도 없고 참 답답합니다."

내말을 들은 남자는 펄쩍 뛸 듯 놀라며 말했다.

"선교사님 그렇게 행동하면 절대 안 됩니다. 여기서는 보기 드문 동양계 외국인에, 도미니카의 문화에 대해 아직 잘 모르는 상태로 그들과 섞이는 건 위험하다고 봅니다. 이곳 사람들이 호의

적이고, 유쾌한 편이지만 동시에 분위기를 잘 타고 욱하는 성격이 있어 오해나, 싸움이 생기면 아주 과격합니다. 그러니까 이곳 문화를 익히고, 충분히 적응 할 때까지는 치안이 좋은 지역에서 거주 하시는 게 나을 겁니다. 그래도 이 동네는 순찰차도 많이 다니고, 거리에서 불법마약 거래 같은 건 없으니까요."

"마약이요?"

두 번째 충격이었다. 마약이라니!

그것도 거리에서 마약 거래가 이루어진다니. 이런 얘기는 금시초문이었다. 남자의 얘기를 듣자 마음이 더 급해졌다. 배움이 부족하고, 마약거래가 성행하다니 다른 어느 곳보다 하나님의 은혜가, 성경의 가르침이 필요한 지역이라는 생각이 들었다. 그런 생각을 하는 사이 차가 집 앞에 도착했다. 남자에게 감사 인사를 하고 아파트로 들어가 엘리베이터를 타는 데 남자가 내 뒤를 따라 들어왔다. 알고 보니 남자는 우리 집 바로 위층인 4층에 살고 있었다. 이 사실을 남자도 몰랐었는지 그도 깜짝 놀랐다.

"아파트 입구에서 몇 번 본적은 있었는데, 바로 위, 아래층이라니 정말 놀라운 인연인데요,

그리고 보니 우리 아직 서로 소개도 안했습니다. 제 이름은 끄리스띠안싸빠또입니다."

남자의 말을 들은 나는 잠시 내 귀를 의심했다. 왜냐하면 스페인어로 '싸빠또'는 '구두'라는 뜻이기 때문이다. '끄리스띠안'이라는 말이 '크리스천'이라는 뜻이니 남자의 성과 이름을 합하면 '크리스천의 구두'라는 뜻이었다. 내가 이런 생각을 하는 사이 남자가 내 이름을 물어왔다. 나는 웃음을 가까스로 참으며 내

이름을 말해주었다.

"네, 저는 베드로 최입니다."

"반갑습니다. 베드로 초이!"

"초이가 아니고 최입니다. 최!"

"네, 그러니까요. 초이!"

안타깝게도 남자는 '최' 발음을 제대로 내지 못하고, 초이라고 불렀다. 어쨌든 남자와 악수까지 잘 하고 헤어져 집으로 왔다. 그런데 집에 들어오자마자 참았던 웃음이 터졌다. 놀란 아내가 무슨 일이냐고 물었다.

"아니 글쎄 내가 오늘 친구 한명을 사귀었는데, 그 사람 이름이 크리스천의 구두지 뭐야!"

"하하하, 크리스천의 구두요? 참 신기한 이름이네요, 당신은 크리스찬이고 그분은 크리스천의 구두이니까 아무래도 사이좋은 친구가 될 모양이네요, 축하해요."

들고 보니 맞는 말이었다. 오늘 처음 만난 날부터 그에게 도움을 받았으니 참 고마운 인연이다. 그런데 문득 아까 기도 드렸던 게 떠올랐다. 봉투가 터져 당황해 기도를 드릴 때 '하나님 날씨도 덥고, 아직 갈 길도 많이 남았습니다. 이 문제를 해결해주세요, 택시도 좋고 친구도 좋습니다. 도움의 손길을 허락해주세요.'라고 기도를 드려놓고 다시 혼자 생각하길 아무리 다급해도 그렇지 이억 만 리 타국에서 무슨 친구 타령이냐고 혼잣말을 했는데, 하나님은 택시도 아닌 고급차를 허락하시고, 친구까지 허락해주셨다. 그제야 나는 그것이 엉뚱한 기도가 아니라 성령님의 강력한 계획과 도우심 아래 이루어진 온전한 기도였음을 알게 되었다.

밤이 되어 아내도 아이들도 잠든 고요한 시간 나는 홀로 거실에서 성령님께서 인도해주시는 기도에 대해 다시 한 번 묵상하는 시간을 가졌다.

"이와 같이 성령도 우리의 연약함을 도우시나니 우리는 마땅히 기도할 바를 알지 못하나 오직 성령이 말할 수 없는 탄식으로 우리를 위하여 친히 간구하시느니라"(로마서8:26)

로마서 중 '성령이 말할 수 없는 탄식으로 우리를 위하여 친히 간구하시느니라'는 구절이 마음에 강렬하게 와 닿았다.

'그래! 내가 오늘 친구를 구하는 기도를 드린 건, 엉뚱한 기도가 아닌 성령님의 강한 역사하심이다!'

봉투가 찢어져 식료품들이 사방으로 뒹굴 때, 나는 단순한 낭패감이 아닌 마음이 무너지는 실망감을 느꼈었다. 지금 돌이켜보면 그냥 잼 한 병 깨진 게 내가 입은 손해의 전부였고, 언제든 일어 날 수 있는 해프닝에 불과했다.

그런데 낮에는 봉투가 터지고, 잼 병이 산산 조각 나는 걸 보며 마치 나의 사역 전체가 파괴된 듯 강력한 실망감과 불안에 사로잡혔었다. 그 느낌을 느끼는 동안에 내 머릿속에 '별일이 아닌데 왜 이런 기분이 들지? 이상하다.'라는 반문이 들 정도로 그 순간 내 마음에 일어난 낙망은 상식 밖의 이상한 것이었다.

그래서 곧장 무릎을 꿇고 기도를 했고, 그 순간 정말 강력한 하나님의 역사가 일어난 것이다. 성령 하나님은 나의 기도를 도우셨고, 나는 나에게 필요한 것을 정확하게 구하게 된 것이다. 나에게 정말 필요했지만, 나는 구하지 못했던 나의 필요는 바로 '친구'였다는 것을 이 시점에야 깨달았다.

그래! 나에겐 수시로 소통할 수 있는 현지인 친구가 필요 했다.

'끄리스띠안 싸빠따'와 조금 더 일찍 친해졌다면 슈퍼를 찾고, 은행을 찾는 일이 그렇게 복잡하고 힘들진 않았을 것이다. 그러나 처음부터 모든 일이 그렇게 술술 풀렸다면 나는 그동안 배고픔과 시행착오를 겪으며 깨달은 지혜와 은혜들을 누리지 못했을 것이다. 그런데 하나님께서는 이 모든 걸 이미 아시고 적당한 시련을 먼저 겪게 하신 후, 내가 이 귀한 사실을 깨달은 후에야 끄리스띠안을 만나 교제하게 하신 것이다. 그것도 내가 기도를 드려 구하게 하신 후, 채워주심으로 응답이라는 선물, 하나님과 소통하고 있다는 안도도 함께 채워 주신 것이다. 참으로 신묘막측한 하나님의 은혜였다.

나는 끄리스띠안에게도 축복이 임하기를 기도했다, 그리고 은행에 갔던 날 우리를 도와준 여직원을 위해서 한참 기도했다 그 다음은 슈퍼 매니저와 직원들을 위해 그 다음으론 지금 이 순간 도미니카 거리 어디선가 마약을 팔고 있을 이 땅의 형제자매를 위해 간절히 기도했다. 기도를 하는 동안 성령님께서는 내 마음에 도미니카를 향한 사모함을 주시고, 이 땅에 더 나은 교육환경과 복음을 선물로 주고 싶다는 소망을 주셨다.

사랑하게 되면 상대에게 좋은 것을 주고 싶어진다. 오늘 내가 먼 길 마다 않고 슈퍼에 다녀 온 것은 내 딸들에게 신선한 우유와 맛있는 식사를 선물해 주고 싶어서였다 그것과 동일한 마음이 도미니카를 향해 솟아나고 있음을 느껴졌다. 내 아이들에게 좋은 것 주고 싶은 그 심정을 도미니카를 향해 품게 된 것이다.

나는 눈물로 기도했다.

'아버지 이 땅의 청년들이 혼란 속에 밤거리를 헤매지 않게 되길 소망합니다. 그들에게 복음을 전하고 성경을 가르쳐 비전과 소망을 알게 하고 싶습니다. 하나님 나를 드려 소망합니다. 이 땅의 하나님의 백성들에게 '복음'과 '교육'을 선물할 수 있도록 길을 열어주시고, 능력을 부어주세요. 아버지 우유보다 건강한 배움을, 양식보다 소중한 영의 양식을 공급하는 일꾼으로 저를 사용해주세요. 그래서 도미니카의 모든 사람들이 하나님 안에서 확고한 비전을 갖고, 영의 양식으로 의롭고 건강하게 성장해 이 나라에 복음의 바람과 하나님의 은혜가 충만하게 해주세요. 아버지 반드시 그렇게 이루어 주실 것을 믿습니다. 아버지 저는 준비가 됐습니다. 하나님 보내시는 곳 어디로든 가겠습니다. 아버지 나를 보내 주세요! 아버지 나를 사용하여 주세요!'

간절히 기도하는 가운데 하나님 나에게 에스겔 골짜기의 생기를 보게 하셨다. 메마른 땅위에 쓰러진 뼈들에 생기의 바람이 불자 그 땅이 살아나고 그 땅 위에 뼈들이 살아나는 환상을 마음에 그리게 하셨다. 나는 하나님의 역사가 이미 시작되었음을 느낄 수 있었다. 나는 보지 못하고, 듣지 못하고, 아직 상상도 할 수 없지만 하나님은 이미 일하고 계심을 강하게 믿게 되었다. 밤이 지나고 동이 틀 무렵까지 기도했다. 그리고 그 시간은 마치 1시간과 같이 느껴졌다. 나는 그렇게 온전히 성령님의 인도하심에 이끌려 내 마음을 통해 내 온몸으로 퍼져나가는 은혜의 기도를 드리는 체험을 했다.

기도를 마치고 잠시 눈을 붙이기 위해 침대로 들어갔다. 잠에서 깬 아내가 무슨 일이냐고 물었다. 나는 아내의 베개를 바로해주며 '은혜'라고 대답했다. 아내는 눈을 감은 채 "그래요, 나는

하나님이 당신에게 은혜주시라고 기도 했는데, 제게도 응답이네
요.... 할렐루야..."라고 하더니 다시 잠에 빠졌다. 창문으로 비쳐
드는 새벽 여명에 잠든 아내와 아이들의 얼굴이 보였다. 나는 그
얼굴을 보며 기도했다.

'아버지, 이제 이 땅이 이들과 같이 제게 사랑스럽게 되었음에
감사합니다.'

나는 최대한 팔을 길게 뻗어 아내와 세 아이들을 품에 안았다.
나는 내 품이 더 넓어지기를 기도했다. 하나님께서 나에게 맡겨
주실 영혼들을 위하여 더 큰 품과 팔을 갖게 되길 소망하며, 그런
소망을 품게 하심을 감사하며 이른 아침 단 잠에 빠져들었다.

반석 같은 은혜

한 달 정도 지나자 도미니카의 한인들 사이에 우리가 왔다는 소문
이 났다. 그러자 이곳저곳에서 한인 성도들이 모여들기 시작했
다. 아직 도미니카에 한인교회가 세워지지 않았던 때라 우리가족
이 몇몇 분과 같이 주일 오후에 예배를 드린다는 소문에 각지에
흩어져 계셨던 한인 성도 분들이 모여 들었다. 그러나 마냥 반길
수 없는 상황이었다.

한국을 떠나오기 전 선교부에서는 우리에게 몇 가지 유의할 사
항들을 당부 했었는데, 그중 하나가 지금과 같은 상황이었다. 도
미니카에 가게 되면 한인목사가 나 한명일 테니 한인 성도님들이
몰려올 가능성이 있다. 그러다보면 의사소통이 쉽고, 다수의 성

도가 빨리 확보되는 한인 교회를 하고 싶어질 수 있다. 그러나 이것은 선교사의 소명과는 거리가 먼 것이니 반드시 그 유혹을 이기고 현지 대학에서 언어 공부를 하며 현지화에 힘써야 한다고 엄격하게 교육을 받았다. 특히 한국을 떠나기 전 인사차 만나 뵈었던 선배 선교사님들도 마지막엔 같은 당부를 하셨다. 그만큼 유혹이 되는 상황이었기 때문이다.

실제로 한인 교민 분들을 만나면 같은 동포라는 것만으로 위로가 되고 좋았다. 도미니카에 대한 정보도 한국말로 쉽게 빨리 얻게 되어 좋았다. 하지만 나의 소명은 현지인 선교임을 새기며 마음을 다잡고 되도록 모든 일을 스스로 해결하려고 노력했다. 우선 언어학교를 알아보기 위해 수소문을 했고 아펙대학 (Universidad Apec)에 외국인을 위한 에스파냐어 교육과정이 있다는 것을 알게 되었다.

학교로 달려가 알아보니 내년 1월부터 강의가 시작된다고 했다. 나는 남은 두 달 동안은 집에서 독학을 하기로 했다. 그런데 공부 할 시간도 없이 또 하나의 문제가 발생했다. 비자 취득이 필요해진 것이다. 집에서 독학하며 학교 입학을 위해 필요한 서류를 준비하던 중, 도미니카공화국과 대한민국 사이의 무비자 협정에 의해 입국 할 때는 비자가 필요 없었지만 6개월 이상 체류하기 위해서는 영주권이라고 부르는 거주비자가 필요 하다는 것을 알게 된 것이다.

영주권신청을 위한 절차를 알아보니 준비할 서류도 많았고, 과정도 복잡했다. 우선 서울에 있는 주한도미니카 대사관에 가서 호적등본 공증을 받아야 와야 했고, 현지에서 준비해야 하는 서류도 많았다.

그 다음 주 예배를 드리기 위해 한인 분들을 만나 비자를 준비하며 어려웠던 부분을 말씀드리며 조언을 구했더니 한결 같은 대답이 돌아왔다.

"선교사님 그거 혼자서는 절대 못해요. 그냥 브로커를 거치시는 게 나아요. 브로커를 거쳐야 서류 준비도 쉽고, 영주권도 빨리 나와요."

그러면서 한 사람당 미화로 3,000달러를 들이면 브로커가 비자 대행을 해준다고 했다. 그럼 우리 다섯 식구 영주권 신청에 무려 1만 5천 달러가 든다는 얘기였다. 그런 큰돈이 우리에게 있을리 없었다. 나는 그 얘기를 듣자마자 무조건 내 힘으로 영주권을 신청해내고 말겠다고 다시 결심했다. 그런 돈이 어디서 생긴다고 해도 하나님의 종인 내가 '불법 브로커'를 통한다는 게 말이 안되는 것 같았다.

"그래! 나는 도미니카 1호 선교사다. 이제부터 어떤 일이든 내가 하는 게 기록이 되고, 선례가 되는 것이지 원래부터 편히 가도록 놓아진 길은 없다! 편하게 할 수 있다는 생각 자체를 없애고 새로운 길을 닦는 다는 결심으로 해 보자!"

도미니카에 먼저 사역을 시작한 한인교회가 있었다면 선배 된 누군가가 그런 절차와 방법들에 대해 조언해 주었겠지만, 한인 목사와 선교사를 통 털어 한인 목회자 출신이 도미니카에서 사역을 시작한 것이 내가 1호였다. 나는 이왕 1호 선교사가 된 이상 반드시 좋은 선례가 될 수 있도록 모든 문제와 절차를 내 손으로 직접 해결해야겠다는 결심을 했다. 그래야 훗날 후배들이 이런 경우에 처해 조언을 구해 왔을 때, 이렇게 하면 해결 할 수 있다고 설명을 해줄 수가 있지 '한인교회에 물어봐' 또는 '브로커에게 물어봐'라고 할 수 없는 노릇이었다.

우선 이민청을 찾아갔다.

정부청사 8층에 있었는데 관공서임에도 불구하고 전력 수급이 원활하지 않아 엘리베이터가 작동하지 않았다. 하루에도 몇 번씩 이곳을 드나들어야 했는데, 매번 8층을 걷고, 뛰고 오르내리니 그 무렵엔 늘 땀범벅으로 다녔다. 나중엔 계단을 오를 때마다 '계단 오르내리기가 건강에 좋다는데 8층까지 걸어서 올라가니 감사합니다.'라고 기도까지 하게 됐다.

여러 날 뛰어 다녀보니 영주권 취득 절차가 점점 파악되어 갔다. 나는 이민청부터 찾아 다녔는데 우선 외무부에서 거주비자를 받아야 이민국에서 영주권을 주는 절차였다. 그날부터는 외무부로 출근도장을 찍다시피 했다. 오른쪽엔 영어사전, 왼쪽엔 스페인어 사전을 낀 동양인이 하루가 멀다 하고 외무부를 들락거리니 나중에는 이쪽, 저쪽에서 '초이, 커피 한잔해요!', '초이, 오늘도 안됐어요?'라고 안부를 물을 정도였다. 근 열흘을 왔다 갔다 한 끝에 영주권 서류를 완성해 제출했다. 그러나 반려가 되었다. 문제가 있다고 반려는 되었는데, 반려 이유는 통 모르겠고 서류만 몇 시간째 들여다보고 있는데 직원 한명이 다가왔다.

"초이 문제가 있어요?"

나는 얼른 그를 붙들고 서류가 반려되었는데 이유를 모르겠다고 했다. 한참 서류를 살피던 그는 신원보증인의 서류가 빠져서 그렇다고 대답했다. 나는 신원보증이 뭐냐고 물었다. 그러자 도미니카 국민으로 일정 금액이상의 자산을 갖고 있는 사람이 나의 신원을 보증한다는 서류가 필요하다고 했다.

나는 한인예배를 드리는 성도 분들을 떠올리고 혹시 한국인 영주권자는 안 되냐고 물었다. 그러자 신원보증인 자격이 '도미니카 국민'으로 엄격하게 제한되어 있다고 했다. 게다가 한명도 어려운 이 상황에, 무려 두 명의 신원 보증을 받아야 한다고 했다. 서류를 받아든 나는 어깨가 축 늘어져 집으로 돌아왔다.

집에 도착하니 아내가 날 기다리고 있었다. 내가 나간 사이에 위층에 끄리스띠안이 내려와서는 오늘 저녁식사에 초대를 하고 갔다는 것이다. 지금 기분으로는 물 한잔도 내키지 않는데 저녁 식사라니 난감했다.

"저녁 식사가 몇 시지?"

"그런데 좀 이상한 게요, 저녁 식사 하자고 하면서 4시에 아파트 입구에서 보자고 하네요, 어디 멀리 있는 레스토랑으로 갈 건가 봐요. 도미니카 식당은 한 번도 못 가봤는데 어떨까요?"

그 말을 듣고 보니 벌써 몇 달을 도미니카에 지내면서 레스토랑은커녕 길거리 간이 좌판음식 한번 못 사줬다는 생각이 들었다. 그걸 깨닫고 아내와 아이들을 보니 오늘의 초대에 들떠 옷까지 갖춰 입고 날 기다리고 있는 터였다. 미안해진 나는 얼른 씻고 옷을 갈아입었다. 시간을 맞추어 내려가니 끄리스띠안과 그의 아내가 우리를 기다리고 있었다. 고맙게도 끄리스띠안은 저녁 식사 전 시티투어까지 계획해 놓았다.

나는 약속을 취소하지 않은 것이 천만 다행이라고 생각하며 끄리스띠안의 차에 올랐다. 도미니카에 온지 벌써 여러 달인데 지금 사는 동네와 슈퍼마켓 외에는 아무데도 가보지 못했던 우리

가족에게 시티투어는 정말 진귀한 경험이었다. 우리가 정말 외국에 와있다는 실감이 오늘에야 들었다. 창밖의 풍경들을 보는 동안 나는 마음이 차차 가라앉는 걸 느꼈다. 새로운 풍경이 나올 때마다 박수치며 좋아하는 아이들을 보는 사이 나도 모르게 다시 웃고 있음을 깨달았다.

그리고 점점 내 마음을 만지시는 하나님의 손길을 느꼈다.

'아들아 아무 걱정하지 말아라. 내가 너와 함께 하며 너를 위로하기를 원한단다. 너는 다만 범사에 감사하라는 나의 당부를 기억하고, 이 순간, 상한 마음을 내려놓고, 기뻐하라는 나의 명령에 순종하거라.'

나는 마음으로 아멘을 외치고 그 순간부터 영주권에 대한 근심을 버렸다. 그리고 *끄리스띠안* 의 안내에 따라 산토도밍고들의 명소를 구경하고 감동이 되면 마음껏 찬사를 했다.

그 찬사는 저녁식사 자리까지 이어졌다. 메뉴와 음료까지 *끄리스띠안*이 세심하게 신경써주었고 답례로 줄 것은 아직 감사밖에 없었던 나는 *끄리스띠안*에게 매순간 진심으로 감사하며 저녁식사를 즐겼다. 최대한 기분 좋게 맛있게 먹는 것이 예의라는 생각이 들었고, 하나님 기뻐하라고 말씀 하셨으니 열심히 기뻐했다. 그런데 정말 놀라운 일이 일어났다.

식사를 다 마친 *끄리스띠안*이 자신이 기대한 것보다 내가 훨씬 기뻐해 준 것에 감동했다며 나에게 무슨 부탁이든 좋으니 필요한 것이 있으면 하나만 말해보라고 했다. 그 순간 하나님께서 주신 기회라는 확신이 들었다. 하나님이 기뻐하라 말씀하셔서 단지 그 말씀에 순종을 했는데, 그 모습에 *끄리스띠안*이 감동을 받고 추가로 선물 하나를 더 하고 싶다며 필요한 걸 말해보라고 묻고 있었다.

"영주권이 필요합니다. 서류는 다 준비했는데, 신원보증 두 명이 필요합니다."

"정말요? 두 명이요?"

끄리스띠안이 조금 커진 목소리로 물었다. 순간 너무 무리한 부탁을 한 건 아닌가 하는 생각이 들었지만 이미 화살은 시위를 떠난 상태였다.

"네, 우리 가족에게는 너무 중요한 일입니다. 꼭 두 명이 필요합니다."

"정말 잘 됐네요, 나와 아내가 하면 되겠네요. 정말 영광입니다."

영광이라는 끄리스띠안의 대답에 나는 큰 박수를 치며 하나님께 영광을 돌렸다.

끄리스띠안과 함께

알고 봤더니 끄리스띠안 부부는 둘 다 변호사로 활동하고 있었다. 그것도 이 나라에서 알아주는 명문사립의 법대를 졸업한 엘리트로 넓은 인맥과 안정된 지위를 갖고 있었다.

"미리 알았더라면 서류 쓰는 것도 우리가 도와줬을 텐데요."

"아니요, 덕분에 스페인어가 많이 늘었습니다. 저에겐 천금 같은 기회였습니다."

나는 방금 한 나의 고백에 다시 한 번 하나님을 찬양하게 됐다.

그랬다, 정말 절박했고, 필요가 노력과 실력을 만들었다. 영주권을 준비하는 동안 실제로 스페인어와 영어실력이 많이 늘었다. 나는 이것 역시 하나님의 완벽하신 시나리오 중 한 장면임을 알게 되었다. 영주권을 통해 언어를 훈련시키시고, 내가 혼자 해결할 수 없는 '신원보증'이 이미 몇 달 전 '끄리스띠안'을 만나게 하신 것으로 예비하신 것이다.

끄리스띠안을 처음 만나던 날이 다시 떠올랐다.

그날 슈퍼에서 돌아오는 길 비닐봉지가 터지고, 그 안에 들어있는 식료품들이 사방으로 흩어지고, 그나마 잼 병은 터져버린 그 초라한 상황에서 나는 무릎 꿇고 기도하며 성령님을 만났고, 성령님의 인도하심 가운데 친구를 구했다. 그 기도 끝에 만난 것이 끄리스띠안이었고, 끄리스띠안은 나를 차에 태우고 집까지 바래다 준 후 오늘까지 크고 작은 도움을 주었다. 그렇게 도움을 받는 순간마다 '역시 하나님께서 허락하신 만남의 축복은 다르구나.'라고 느꼈지만, 하나님은 고작 그 정도 스케일을 가진 분이 아니셨다.

역시 창세부터 나를 택하시고, 계획을 세우신분답게 끄리스띠안을 처음 만난 그날부터 하나님은 오늘을 예비하셔서 그와 친분을 갖게 하시고, 오늘 영주권 때문에 깨질 번한 이 약속을 처음엔 들뜬 아내와 딸을 져버릴 수 없어 유지하게 하시고, 시내를 돌아보는 동안에는 이 초대에 기뻐하라고 직접 말씀까지 해주셨다. 그리고 마침내 끄리스띠안의 마음을 움직이셔서 이렇게 큰 선물을 허락하신 것이다.

이제 나는 모든 것에 기대하는 마음을 갖게 되었다. 이제껏 내가 겪은 시련은 모두 훈련이었으며, 오늘은 내 마음과 감정을 내려놓고 하나님 원하시는 마음과 생각을 담으면 이런 은혜를 받게 된다는 것을 깨우쳐 주셨다.

"사무엘이 이르되 여호와께서 번제와 다른 제사를 그의 목소리를 청종하는 것을 좋아하심같이 좋아하시겠나이까 순종이 제사보다 낫고 듣는 것이 숫양의 기름보다 나으니."(사무엘상 15장 34절)

이 말씀이 오늘 나의 하루에 이루어졌다. 오직 하나님의 음성을 듣고 그 음성에 순종했더니 나에게 가장 간절했던 문제가 해결되었다. 만약 내가 하나님의 음성을 듣지 않고 내 감정과 기분, 영주권이 해결이 되지 않았다는 내 걱정을 붙들고 있었다면 시티투어 하는 내내 시무룩한 표정과 기분으로 일관했을 것이고 그랬다면 끄리스띠안의 마음에도 기쁨이 없었을 것이다. 그럼 지금과 같이 선물 하나를 더 하고 싶으니 필요한 것을 말해보라는 끄리스띠안의 마음도 생기지 않았을 것이다. 생각할수록 절묘하고 놀라운 타이밍의 연속이었다. 역시 성경 말씀은 정확했다. 그저 하나님의 말씀을 듣는 것이 숫양의 기름보다 나은 결과를 갖게 한 것이다.

더 놀라운 것은 나중에 얘기하다보니 그의 아내가 '이민법' 전문 변호사였다. 그녀는 앞으로도 이민자 신분은 변하지 않으니 그와 관련해 도울 일이 있으면 언제든 의논해도 좋다고 이야기를 했다. 나는 새끼손가락을 내밀고 나중에 꼭 도움을 받겠으니 그때 외면하지 말아 달라고 했다. 그녀는 유쾌하게 '씨!'를 외쳤다. 그 말은 아주 유쾌한 'Yes'의 의미였다.

그리고 디저트를 먹는 시간, 끄리스띠안의 이름에 얽혔던 비밀이 풀렸다.

　알고 보니 끄리스띠안의 이름 중 내가 '구두'로 알아들은 '싸빠또'는 '싸빠또'가 아니라 '싸빠따(Zapata)'로 발음하여 끄리스띠안 싸빠따(Cristian Zapata)라고 부르는 것이 옳았다. 그 발음 하나 차이로 끄리스띠안의 이름 뜻은 '구두'가 아니라 '기초'라는 뜻으로 바뀌었다. 이름의 의미를 의역하면 '기본이 되는', '반석'이라는 의미였다.

　나는 끄리스띠안에게 그동안 이름의 뜻을 오해 했다고 고백하고, 그러나 나에겐 두 이름 다 우리의 만남과는 참 어울리는 의미의 이름이었다고 이야기했다.

　"끄리스띠안! 당신의 이름 뜻을 크리스천의 구두로 알았을 때도 크리스천인 나를 늘 차에 태워주고 발이 되어주는 고마운 존재의 의미로 느껴졌고, '기초'라는 본래 뜻을 안 지금에는 마치 '반석'처럼 든든한 의미로 느껴집니다. 기독교에서는 '반석'이 아주 큰 의미를 갖습니다. 하나님께서 반석과 같은 믿음을 가져야 한다고 가르치셨고, 생명의 물이 나는 곳도 반석입니다. 반석은 하나님 안에서 올바른 마음상태, 안정되고 단단한 믿음을 의미하는데 끄리스띠안 당신은 나에게 그런 친구입니다. 그런 친구가 되어준 당신에게 감사하고, 그런 당신을 만나게 하신 하나님께도 감사해서 당신을 위해 축복 기도를 하고 싶습니다."

　끄리스띠안도 기꺼이 '씨!'를 외쳤고 나는 마음을 다해 끄리스띠안을 축복하는 기도를 하나님께 드렸다. 끄리스띠안은 진심으로 기뻐했고, 나 역시 기뻤다. 참으로 은혜롭고 감사가 넘치는 밤이었다.

　끄리스띠안 부부의 도움으로 마침내 영주권이 나왔다. 영주권을 받자 마음이 더욱 든든해졌다. 행정적인 문제가 해결 되었다는 안도감 보다는 이제 이곳에 살면서 마음껏 복음을 전해도 된다는 하나님의 허가가 난 것 같아 기뻤다. 정말 이 모든 과정은 하나님 허락 없이는 불가능했다. 나 한사람도 아니고 아내와 아이 셋을 포함해 다섯 가족의 영주권을 돈 한 푼 들이지 않고 받아낸 건 이곳 상황으론 기적에 가까웠다. 나는 기적을 일으키시기까지 나를 이곳에 두시길 원하신 하나님의 뜻에 강한 확신과 감사를 느꼈다.

 하나님의 대사

"여보 내가 정장구두가 없었나?"

"한국에서 한 켤레 가져왔는데, 바닥이 너무 떨어져서 버리려고 내놨어요."

"정말? 다시 가져와야겠다!"

나는 얼른 아파트 밖으로 나가 아내가 버리려고 내놓은 구두를 들고 들어왔다.

"집에 접착본드 있지? 잘 붙여서 오늘까지만 신자."

접착본드로 밑창을 잘 바른 다음 1~2분 정도 기다렸다가 구두 안에 손을 넣어 밑창에 잘 붙게 꾹꾹 눌렀다.

"붙어라... 붙어라... 붙었다!"

밑창을 붙이고 구두를 신었다. 도미니카에 온지 3개월, 현지화에 충실 한다고 최대한 이곳 사람과 비슷하게 티셔츠에, 반바지, 운동화 차림으로 다니다 모처럼 구두를 신었더니 어색했다.

하지만 오늘만큼은 최대한 격식을 갖춘 복장을 해야했다.

우리 가족 모두가 도미니카 한국 대사관 저녁만찬에 초대를 받아, 도미니카에 거주하는 한국인 중 가장 신분이 높은 대사님을 만나게 된 것이었다.

대사관저로 가는 택시 안에서 아내가 나에게 물었다.

"비서분 말씀으로는 오늘이 VIP 저녁만찬이래요, 그런데 왜 우리를 초대 하셨을까요?"

"왜긴, 직위로 따지면 사실 내가 더 높지!"

"당신이 대사님보다 지위가 높다구요?"

"그럼, 대사님은 한국을 대표하시는 대사님이지만, 나는 하나님의 나라 하나님의 대사잖아. 그 정도면 VIP 자격 충분하지."

"하하하 듣고 보니 그렇네요, 우리 남편이 아주 훌륭한 분인걸 내가 깜빡했네."

아내가 기분 좋게 내 농담을 받아주었다.

활짝 웃는 아내의 얼굴이 참 예쁘다. 화장기 없는 수수한 모습인데 웃는 얼굴이 반짝반짝 빛난다.

아내 자랑을 하면 팔불출이라지만 내 아내는 사람을 기분 좋게 하는 특별한 능력을 가지고 있다. 나라는 사람은 좀 무심하고, 하나를 생각하면 그것이 다 이루어질 때까지 다른 걸 못하는 성격이다. 세상말로 불도저 같은 면이 있다. 때로는 내가 봐도 너무 과하다 싶을 만큼 몰두해 엉뚱한 결과를 겪게 되는 경우가 있는데, 아내는 내 아내라는 이유만으로 내가 만든 엉뚱한 결과를 그냥 같이 겪는 것이다.

이를 테면 '도미니카'라는 나라로 선교를 떠나면서 당장 겪게 될 실생활 정보들은 알아봐주지도 않고, 그냥 '아프리카 어디쯤

이겠거니' 생각하고 '여름옷을 챙겨요.'라는 말만 하고는, 떠나는 날까지 어학과 선교준비에만 몰두해 있었다. 그런데 아내는 더 이상의 질문도, 불안한 기색도 없이 예의 명랑한 웃음으로 여름옷을 꾸리고, 날 따라 나섰다. 결국 현지정보가 너무 부족했던 탓에 빵과 우유로 된 식탁한번 차리기 위해 그 고생을 치렀다. 그런데도 '잘 좀 알아보시지...' 또는 '대책이 없으셔...' 같은 원망의 말을 한 번도 한 적이 없다.

"엄마 오늘 우리 김치 먹는 거야? 라면도 있어?"

첫째가 신이 난 얼굴로 아내에게 묻는다. 한국에 있을 때 매운 음식이라면 질색을 해서 김치도 제 엄마가 겨우겨우 사정해야 한 조각 먹을까 말까 하던 아이가 매일 빵에 우유만 주니 저절로 김치 생각에 라면 생각까지 나는 모양이다.

"음, 아마 라면은 없을 거고, 김치는 있을지도 모르겠다."

"히잉... 나 라면 먹고 싶은데."

한국에서는 저렴한 라면이 여기에서는 한 개에 식빵 한 줄 값이다. 한국 사람이 별로 없으니 한국 식료품이 유통되지 않아서 어쩌다 슈퍼마켓에서 발견해도 가격이 비싸서 선뜻 살 수가 없다. 그러다 보니 자의 반, 타의 반으로 완벽한 현지식을 하게 됐다. 그런데 하루아침에 한식에서 양식으로 식습관을 바꾼다는 게 생각보다 힘들었다.

처음엔 배만 부르면 다 같겠거니 생각했는데, 빵에 우유로 식사를 분명히 했는데도 돌아서면 속이 헛헛하고, 뜨끈한 국물에 밥을 푹푹 말아서 김치 한 줄거리 척 얹어서 먹었으면 소원이 없겠다는 생각이 들었다. 그렇다고 내가 원래 먹는 걸 좋아하는 사람도 아니다. 한국에 있을 때는 이것저것 일이 많으면 한두 끼 거르고도 누가 묻지 않으면 내가 밥 때를 놓쳤다는 것도 몰랐다. 그런데 도미니카에 온 후로는 이상하다 싶을 정도로 이런 저런 음식이 생각났다.

친구들과 축구를 하고 교회로 돌아오는 길에 먹었던 시원한 물냉면, 비 오는 날 별식으로 부쳐 먹던 애호박 듬뿍 넣은 부침개, 많이 부쳐지면 옆 집 사람들 불러 빙 둘러 앉아 시원한 음료수와 함께 먹던 게 새록새록 떠오르는데 그냥 '생각난다…' 정도가 아니라 사무치게 먹고 싶었다. 오죽하면 며칠 전엔 '하나님 잘 익은 김치에 쌀밥 딱 한 그릇만 먹고 싶습니다.'라고 기도를 다 했을까….

그런데 아내도 나도 어디를 가든 절대 도와 달라거나, 무언가 필요하다고 얘기를 하는 성격도 아닐뿐더러 또 선교사에겐 그게 중요한 규칙 중 하나였다. 특히 음식은 하루빨리 현지화 되는 것이 원주민들과 교제하는데 더 유리하기 때문에 억지로라도 적응을 하는 게 맞다는 생각에 어쩌다 한국분들 집에 가도 식사나 다과는 그냥 현지 식으로 간단히 주십사 말씀드렸다.

그렇게 잘 적응하고 있다고 생각했는데, 아이들까지 김치를 찾는 걸 보니 아내도 힘들었겠다는 생각이 들었다. 아이를 달래는 아내의 얼굴을 가만히 보니 그 사이 많이 야위었다. 미안하다는 말은 못하고 물끄러미 옆얼굴만 보고 있는데 대사님 댁에 도착했다.

택시에서 내린 후 아내가 내 옷 매무새를 다듬어 주었다. 나는 아내의 손을 잡고 진심으로 고맙다고 말했다. 가족들과 함께 대사님 댁으로 들어갔다. 넓은 정원에 수영장까지 갖추어진 아름다운 집이었다. 일하는 분의 안내를 받아 안으로 들어갔는데, 뜻밖에도 초대된 사람이 우리뿐이었다.

VIP만찬이라고 이야기를 들었는데, 그 VIP가 나와 우리 가족이었던 것이다. 나는 너무 놀라 잠시 아무 말도 하지 못했다. 우리가 도착했다는 얘기를 듣고 대사님께서 나오셨다.

"반갑습니다. 저는 김성식입니다."

대사님은 선하고 부드러운 인상으로 연세는 60대 중반쯤 되어 보이셨다. 대사님께서 악수를 청하시며 손을 내미시는데 그때야 내가 빈손이라는 생각이 들었다. 나는 대사님의 손을 잡은 채로 인사에 앞서 죄송하다는 사과부터 드렸다.

"제가 온지 얼마 안 되어서 어디가 어딘지도 모르고, 이런데 오면 선물이라도 가져 와야 하는데 빈손으로 왔습니다."

당황해서 사과조차 매끄럽게 하지 못했다. 그런데도 대사님은 나머지 한손으로 내 손을 마저 꾹 잡아주시면서, "선교사님이 우리 집에 방문해 주신 게 복이고, 선물입니다. 자 어서 가셔서 식사부터 하시지요."라고 따뜻하게 말씀해주셨다.

대사님을 따라 식당으로 가니 사모님께서 또 한 번 반갑게 맞아주셨다.

"선교사님 반갑습니다. 오늘 대사님이 선교사님을 얼마나 기다렸게요… 와주셔서 감사합니다."

"반갑고 감사합니다. 이쪽은 제 아내, 여기는 제 아이들입니다."

"초대해주셔서 정말 감사합니다."

아내까지 인사를 마치고, 식사가 시작되었다.

김이 모락모락 나는 접시들이 날라져 오고 식사가 시작됐다. 대사님께서는 도미니카의 인상, 앞으로의 계획 등을 내게 물으셨고. 아내와 사모님은 음식과 식재료에 대한 이야기를 나누었다. 가끔 아이들에게도 이런 저런 질문을 해주셨고, 아이들의 엉뚱한 대답에 다 같이 웃기도 하면서 화기애애하게 식사가 진행됐다.

그러다 한 접시에 담긴 채소튀김을 먹었는데 그 맛이 담백해 자꾸 포크가 갔다. 그러자 사모님께서 "바나나를 좋아하시나 봐요?"라고 물으셨다. 나는 깜짝 놀라서 "이게 바나나인가요?"라고 물었다. 그러자 식당 조리대에 있는 초록색 바나나 송이를 가리키시며 "저걸 튀긴 거예요."라고 말씀하셨다. 그 순간 아내와 나의 눈이 마주쳤고 웃음이 터져버렸다.

궁금해 하시는 대사님과 사모님께 도미니카에 오자마자 과일 리어카에서 바나나를 사서 3일 내내 먹었는데, 그러다 마지막 날 조금 더 싸다는 생각에 저기 있는 것과 같은 초록 바나나를 사왔는데 미끈거리기만 하고 맹 맛이라 결국 몇날 며칠 아내만 먹고 아이들과 나는 먹지 않았던 이야기를 해드렸다.

"이건 플라타노라는 이름의 바나난데 과일로 먹지 않고 튀기거나 쪄서 먹어요. 한국으로 치면 감자나, 고구마처럼 먹는 식재료예요."

사모님의 말씀에 그날의 미스터리가 풀렸다.

도미니카에 정착한 후 3개월 간의 좌충우돌 이야기를 하는 동안 식사가 끝났다. 아내와 아이들은 사모님이 내어 주신 디저트와 차를 마시며 이야기꽃을 피웠고 나는 대사님과 정원으로 나왔다.

"대사님, 저는 이런 대접을 받을 자격이 없는데요, 너무 감사해서 어떻게 해야 할지를 잘 모르겠습니다."

나는 내 마음을 있는 그대로 말했다.

"선교사님... 실례가 안 된다면 올해 나이를 여쭈어 봐도 될까요?"

"네, 저는 올해 서른 다섯입니다."

"정말 좋은 나이시군요, 부럽습니다. 선교사님 저는 30년 간 외교관 생활을 했고, 도미니카에 온지도 꽤 됐습니다. 그땐 정말 '한국'이라고 하면 아무도 몰랐어요. 그래서 한국에 대해 열심히 설명하면 '아... 한국 전쟁 이야기를 들은 적 있습니다. 그럼 당신은 북한 사람입니까?'라고 묻는 사람도 많았지요.

한국 전쟁으로 가난해 진 나라, 그래서 세계 각국에 원조를 요청한 나라. 그 뒤로 한국이 세계에 알려질 만한 어떤 일도 없었습니다. 그런데 그랬던 조국에서 선교사님이 오신 겁니다. 선교사님도 아시다시피 전쟁이 후 세계 여러 나라에서 한국으로 선교사님을 파송했습니다. 그분들이 한국에 와서 교회를 세우고, 학교를 세우고 교육을 했지요. 제가 어렸을 때만해도 좋은 선교사님을 만난 덕에 미국으로 유학을 가게 된 친구들도 있었습니다. 기적 같은 일이지요. 그런데 지금 내 눈 앞에 그것보다 더 놀라운 기적이 일어났습니다. 한국에서 온 선교사님. 선교사님이 제게는 기적입니다. 이제 우리나라도 선교사를 파송하는 나라가 되었다는 게 너무 감격스러워 지난 밤 내내 잠을 이루지 못했습니다. 그리고 오늘 이렇게 선교사님을 뵙고 나니 마음에 말 할 수 없는 감사가 생깁니다. 선교사님... 정말 감사합니다."

나는 이렇게 훌륭하고 자애로우신 분이 내 나라의 대사님이라는 것이 너무 자랑스러웠다. 내가 이곳에 있는 동안 이분에게 절대 누가 되지 않도록 모든 행동을 조심해야겠다는 생각이 저절로 들었다. 그리고 나도 이런 대사가 되고 싶다는 도전을 받게 됐고, 대사님이 한국을 사랑하듯 나는 천국을 사랑했나하는 반성도 들었다.

아무것도 아닌 나를 VIP로 대접해 주시고, 이렇게 진심으로 마음을 열어주신 대사님께 정말 꼭 드리고 싶은 이야기들이 생각나기 시작했다.

"이렇게 훌륭하신 대사님을 뵈오니, 기쁘고 존경스럽습니다. 30년 이상 외교 생활을 하시고, 나라와 민족을 위해 정말 수고하신 대사님께 꼭 드리고 싶은 말씀이 있는데 드려도 되겠습니까?"

"네, 말씀해주세요."

"저는 대사님처럼 훌륭하신 분이야말로 천국에 가셔야 한다고 생각합니다."

그러자 대사님께서 빙그레 웃으시며, "선교사님, 지금 저 전도하시는 거예요?" 라고 물으셨다.

나는 "그냥 진심을 말씀 드리는 겁니다. 아까는 빈손으로 와서 죄송하다는 마음뿐이었는데, 지금 생각해보니 대사님께서 받기만 하신다면 드릴 선물이 있습니다. 제 안에 그 선물이 있었는데 아까는 미처 드릴 생각을 못했습니다. 저는 대사님께 복음을 드릴 수 있습니다. 그리고 그것은 제가 드릴 수 있는 최선이며, 저는 대사님께 최선을 드리고 싶습니다."라고 말씀드렸다.

"선교사님, 제 아내는 가톨릭입니다. 그것도 오래 된 신자지요. 하지만 나는 종교가 없다고 늘 말합니다. 아내도 이제 나에게 미사를 함께 가자고 하지 않아요. 나는 선교사님을 만난 것 만으로 반갑고, 선교사님의 방문이 제게는 충분한 선물입니다."

"전 대사님이 천국의 확신을 갖게 되셨으면 좋겠습니다. 모든 인생이 죽은 다음 천국과 지옥으로 가는데, 대사님같이 훌륭한 분이 지옥에 가신다면 제가 그 사실을 알면서도 가만히 있는 다는 게 양심상 도저히 말이 안 됩니다. 기회가 되시면 가까운 교회에 가셨으면 좋겠습니다."

대사님은 잠시 말씀이 없으시다가, "선교사님의 열정과 솔직함이 저한테 감동을 주었습니다. 그런데 오늘은 식사를 위한 모임이니 종교얘기는 이만하고, 도미니카 얘기를 좀 더 하면 어떨까요?"라고 말씀하셨다. 나는 대사님을 위해 기도하겠다는 말로 마무리 했고 대화는 그 뒤로도 세 시간 쯤 더 이어졌다.

대사님은 내가 영주권을 받은 것도 벌써 알고 계셨다. 나에게 정말 이 나라 도미니카 사람들을 위해 평생 헌신하실 생각이냐고 물었다. 나는 도미니카가 나를 내쫓지 않는 이상 나는 끝까지 여기서 복음을 전할 거라고 말씀드렸다. 대사님은 내 나라 내 민족도 사랑하기 힘든데 정말 어려운 결심을 했다고 말씀하시며 어려운 일 있으면 언제든 찾아오라고 말씀하셨다.

시간이 늦어 아내가 나를 부르러 왔다.

"여보, 이제 일어나셔야죠."

대사님께서 시간을 확인하셨다.

"시간이 벌써 이렇게 되었군요. 선교사님 차는 어디에 두셨나요?"

"차는 아직 없습니다. 올 때는 택시를 타고 왔습니다. 나가서 택시를 타면 됩니다."

"차가 없다구요? 여기는 대중교통이 원활하지 않아서 차 없이는 정말 불편 할 텐데요. 그럼 이렇게 하시지요. 제게 관용차 외에 개인차가 한 대 더 있습니다. 밤이 늦었으니 오늘 밤은 저 차를 타고 가세요."

대사님께서 정원과 연결된 차고에 주차해 놓은 차를 가리키셨다.

"잠시만 계세요. 차 키를 가져 오겠습니다."

사양할 겨를도 없이 대사님께서 집안으로 들어가셨다.

"여보, 나 좀 봐요."

아내가 나를 구석으로 데리고 갔다.

"저차 벤츠 아니에요?"

"어 맞아, 와 나는 저렇게 좋은 차는 처음 본다."

"당신이 잘 해야 해요."

나는 잠시 아내를 쳐다봤다. 잘 해야 한다니? 비싼 차니까 조심해서 타란 얘긴가? 나는 받을 생각이 없는데 아내는 생각이 다른가? 정원이 캄캄해 아내의 표정을 볼 수 없으니 더욱 아리송했다.

"당신은 내가 저 차를 탔으면 좋겠어?"

그러자 아내가 내 옆구리를 확 꼬집었다.

"여보 정신 차리세요. 대사님 마음 안상하시도록 거절 잘 하시라고요. 평소처럼 무뚝뚝하게 '됐습니다.' 이러지 말고 선교사에겐 청렴도 의무라고 잘 설명하셔야 해요."

정색하는 아내의 얼굴을 보니 괜히 놀려주고 싶어졌다.

"여보 우리가 지금이 아니면 언제 저런 차를 타보겠어, 이번만 눈 딱 감고 타자."

아내는 나의 옆구리를 집게손가락으로 딱 잡고, 아주 단호한 표정으로 "받기만 해봐요, 받기만!"이라고 말했다. 내 옆구리를 잡은 집게손가락에 점점 힘이 들어가기 시작했다.

"아아~ 알았어요. 절대, 절대 받지 않을게요."

역시 나의 아내였다. 늘 명랑하고 기분 좋은 말로 날 응원해주지만, 이런 상황에서는 웬만한 남자 못지않게 대차고, 결단력이 있다.

"선교사님! 여기 열쇠 있습니다."

나는 대사님께 마음은 정말 감사하지만 돌아가는 길에 택시면 충분하니 전화만 한통 쓰게 해달라고 했다. 전화를 걸어 콜택시를 부르고 대사님께 인사를 드린 후 집으로 돌아왔다.

그 뒤로 대사님은 한인관련 행사가 있을 때마다 나를 불러 주셨다. 그리고는 늘 오른편에 나를 앉혀 주셨다. 왼편에는 한인회회장님이 앉으셨다. 대사님께서 나를 그렇게 아껴주시니 한인들도 자연스럽게 내게 마음을 열어 주셨다.

처음엔 선교사이고 현지인들과 주로 소통하는 나를 탐탁지 않아 하시던 한인들이 몇 분 계셨는데, 대사님께서 나를 인정해주시고 챙겨주시니 자연스럽게 나에 대한 경계도 풀어주셨다. 그런 점들은 천만 다행이었는데, 한인들과 돈독해지니 선교사로서 내 정체성이 흔들렸다.

나도 사람인지라 말도 통하지 않고, 문화도 다른 현지인들보다 고국 사람들과 있는 시간이 더 즐거웠다. 그러다 보니 한국인들과 한국 음식을 먹으며 왁자지껄 있다가 혼자서 뚝 떨어져 집으로 돌아오면 외롭다는 생각도 들었다. 그래서 기도 끝에 한국인들이 많이 모인 자리에 가는 것을 줄였다. 대신 그 시간에 도미니카 현지인이나 현지 행사에 참석하려고 노력했다.

부르는 자리를 일일이 마다하는 것도 일이었고, 그럴 때마다 서운하다는 얘기를 듣는 것도 마음이 아팠지만, 나는 선교사역에 충실할 사명이 있는 선교사였다. 이곳 문화를 접하는 것이 내 일이고, 하루 빨리 현지화 되어야만 사역을 시작할 수 있었다. 몸에 좋은 약은 입에 쓰다는 말처럼 마땅히 해야 하는 선택이었지만, 외로움과의 싸움을 피할 수 없었다. 도미니카 현지 행사를 갔는데 전혀 섞이지 못하고 겉돌기만 하다 집에 돌아 올 때면, 누구든 한국말이 통하는 사람을 만나 이런저런 이야기를 나누고 싶은 생각에 전화기를 들었다가, 참고 이겨내야 한다는 생각에 다시 내려놓기를 밤 새 한 적도 있다.

하지만 그렇게 견디다 보니 어느 순간부터 동네에 아는 사람도 생기고, 전에는 이해가 가지 않았던 생활양식이나, 사고방식이 조금씩 이해가 되기 시작했다. 아주 큰 변화는 아니었지만 나에게는 값진 수확이었고 나는 더욱 의식적으로 도미니카 사람들의 복장, 음식, 제스처를 몸에 익히기 위해 애썼다.

 저는 선교사입니다

그 무렵 한인 분들과 드리는 예배에 사람들이 계속 늘어나고 있었다. 나는 매 주 주일 광고 시간마다 "여러분 저는 도미니카에 1호 선교사입니다. 저는 이곳에 선교사의 사명으로 왔습니다. 당분간 이 예배를 인도하실 목사님을 찾지 못하셔서 임시로 예배를 인도

하고 있지만, 저는 다음 주라도 원주민 선교의 기회가 생기면 떠나야 합니다. 그러니 속히 목사님을 구하십시오."라고 했다.

그러나 그럼에도 불구하고 교인들이 자꾸 모였고 사람이 많아졌다. '싼토도밍고에 가면 한국인 목사님이 예배를 인도하시는 교회가 있다' 라는 소문이 이제는 아주 먼 곳까지 퍼졌고, 도미니카에 수출보세구역이라고 칭하는 공단지역의 사람들까지 예배를 드리기 위해 모여 들었다. 당시 수출보세구역은 각국의 공장들이 들어서 있었고 그중 한국인이 운영하는 공장도 40여개 정도 되었다. 그 공장에 관리자로 근무하는 한국인 직원들까지 우리 교회에 오게 되면서 1988년 말쯤엔 성도가 70명까지 늘어났다. 결국 그 인원을 다 수용할 수 없어 인근 교회하나를 빌려 예배를 드리게 되었다. 그러자 성도님들께서 담임목사로 취임해 달라고 요청을 하셨다. 그러나 나의 사명은 따로 있었다. 나는 하나님께 더욱 간절히 기도를 했다.

'하나님 제가 그냥 떠난 다면 이분들이 큰 상처를 받게 될 것 같습니다. 제게 원주민 사역의 길을 열어주세요. 그래서 제가 받은 사역에 순종하기 위해 이분들을 내려놓음으로 선한 마무리가 될 수 있도록 해주세요.'

여러 날 기도하는데 설상가상으로 서울에서 송금하겠다는 선교비가 3개월 째 도착하지 않았다.

행정착오가 생긴듯한데 전화나 편지로는 그런 사정들을 알 수 없어 선교보고와 안부만 전하고 무작정 기다리는 수밖에 없었다. 그런데 3개월이 넘어가도록 선교비가 오지 않았다. 통장 잔고를 확인하니 약 100달러 정도가 남아 있었다. 눈앞이 막막했다. 아이들 먹이는 것도 줄이고, 아내와 나는 되도록 간단하게 식사를 하기 시작했다. 아침과 점심을 몰아서 한 끼로 때우고, 나는 밖에서 식사를 할 기회가 생기면 그때 되도록 많이 먹고 집에 들어와서 저녁은 굶는 식이었다. 그런데 그 와중에 한국교회는 성도가 더 늘어 충분한 사례비를 책정해 드릴 수 있으니 담임 목사가 되어 달라는 청빙이 계속 들어 왔다. 점점 마음에 갈등이 들기 시작했다.

그때까지 나는 한국에서 출국할 때 가지고 온 돈으로만 살았고, 한인교회에서는 절대 사례금을 받지 않았다. 한인예배에서 생기는 헌금은 한 푼도 빠짐없이 재정담당에게 적립하게 했고 나중에 한국에서 담임목사님이 파송되어 오면 그때 차량구입 등의 목적으로 사용할 것을 당부했다. 그리고 매번 기회가 될 때마다 내 신분은 선교사임을 분명히 말하고 현재는 임시로 한인 예배를 섬기고 있지만 언제든 원주민 목회의 기회가 생기면 모든 걸 내려놓고 떠날 것임을 알려왔다. 그런데 이 시점에서 한인교회의 도움을 받게 된다면 현재까지의 모든 말을 번복 하는 것과 동시에 한인교회의 청빙 요구를 암묵적으로 승인하게 되는 것이었다.

나는 다시 한 번 하나님께 기도로 매달렸다.

"아버지, 굶으라 하시면 굶겠고, 죽으라 하시면 죽겠습니다. 하지만 이곳에 선교사의 사명으로 왔음에도 불구하고 현지인에게 제대로 된 말씀선포 한 번을 하지 못했습니다. 저는 선교사로 죽고 싶습니다. 단 한번이라도 좋으니 사명에 충성할 기회를 주세요! 이것이 마지막 시험이라면 견디게 해주세요. 저는 원주민들을 위한 선교사입니다. 그것을 알면서도 한국교회 목사로 취임하는 것은 어찌 보면 죄가 아니겠습니까? 아버지, 이 시험에서 저를 구하시고, 주님 손길 닿는 순간까지 견딜 힘을 허락해주세요!"

여러 날 부르짖었는데 정말 싸늘하리만치 아무런 은혜도, 응답도 없었다. 나는 이것은 이전과는 전혀 다른 강도의 시험이라고 믿기로 했다. 은혜가 없으면 없을수록, 기도에 회의가 들면 들수록 더 맹렬하게 기도했다. 나중에는 무언가 이대로 질 수 없다는 사람의 오기로도 기도하며 덤볐음을 시인한다. 그러나 그렇게 오기로 기도했어도 기도하는 순간만이 유일하게 내가 자유로울 수 있었고… 유일하게 울 수 있는 시간이라 포기할 수가 없었다.

사실 정말 그 무렵의 나는 누가 건드리기만 해도 붙들고 하소연하고, 엉엉 울고 싶은 심정이었다. 통장 잔고는 점점 줄더니 이제 5달러 밖에 남지 않았고, 그것마저 필요해 마지막 5달러를 찾는데 손이 떨렸다.

나는 선교 훈련 때 숙지한 선교사 강령을 떠올렸다.

"선교사는 누구에게도 돈을 요구하지 않고 기도하며 기다려야 한다."

즉, 이 돈을 다 써버리면 월세를 낼 돈도, 집으로 돌아갈 차비도 구할 수 없다는 뜻이었다. 은행에서 돌아오는 길에 슈퍼에 들러 식빵 한 줄과 우유 한 병을 샀다. 잼도 떨어졌지만 한참 망설이다 사지 않기로 하고 터덜터덜 집으로 돌아오는데, 저쪽 앞에 동양인이 걸어가는 게 보였다. 나는 나도 모르게 쫓아가서 혹시 한국 분 아니냐고 아는 척을 했다.

"네! 저 한국사람 입니다! 아니 여기서 한국 분을 다 뵙게 되네요!"

다행히 그분도 한국 사람이라는 이유만으로 나를 반겨주셨다. 오래 간만에 한국말을 들으니 마음이 뭉클했다. 나는 다른 말은 못하고 그냥 반갑다는 말만 여러 번 했다. 그러자 그분이 자신도 오래간만에 한국 분을 뵈니까 너무 반갑다며 혹시 시간 되시면 내일 자기 집으로 식사를 하러 오라고 했다. 나는 초대는 감사한데 차가 없어 갈 수 없다고 말씀드렸다. 그러자 그분께서 자신이 데리러 올 테니 내일 7시까지 준비하고 기다리라고 했다. 그리고 나서야 통성명을 하고, 내일 약속을 다시 확인하고 헤어졌다. 나는 그 순간 부끄럽지만 내일 저녁 한 끼를 허락할 수 있다는 생각에 참 기뻤다. 그리고 가까운 곳에 한국인 가족이 살고 있다는 생각에 마음이 든든해졌다.

이튿날 6시쯤 준비를 마친 우리는 차를 기다리고 있었다. 좀 이르게 준비를 해서 시간이 많이 남았고 기다리다 심심해진 아이들은 집안에 매달아 놓은 그네에 앉아 놀았다. 집에 매달아 놓은 그네는 우리가 도미니카에 오기 전 한국에서 유행하던 파이프 그네인데, 파이프를 연결해 지지대를 만들고 거기에 그네를 매달아 놓은 형태였다. 그런데 그날따라 둘째가 무슨 생각을 했는지 그네를 앞뒤로 타는 것이 아니라 그네에 앉아서 뱅뱅 돌아 그네 줄을 감은 다음 풀릴 때 반대방향으로 돌아 대는 놀이를 했다. 줄을 많이 감을수록 빨리 풀린다는 걸 알고는 그게 재미있었는지 한참을 그러고 놀았다.

"얘들아, 7시다 이제 나가서 기다리자."

"아빠, 한 번 만 더 타고."

이제 나가야 한다는 것을 안 아이가 마지막으로 힘껏 그네 줄을 감았다 그리고 발을 떼는 데 그 순간 빠르게 돌아가는 그네의 속도를 이기지 못하고 파이프가 끊어졌다. 정말 눈 깜짝할 사이였다. 아이가 순식간에 앞으로 팅겨 나갔고 쇠 문설주에 머리를 부딪쳤다. 처참한 비명소리와 함께 머리에서 피가 흐르기 시작했다.

마치 옹달샘처럼 방울방울 피가 솟아오르더니 점점 피가 많이 나기 시작했다. 나는 우선 손수건으로 아이의 머리를 막았다. 놀란 아내는 맨발로 밖으로 뛰어 나갔는데 차도 없고, 병원이 어딘지도 몰랐다. 그런데 그 순간 주머니에 돈도 얼마 없다는 생각까지 나자 겁이 더럭 났다. 병원까지 데려간다고 해도 치료비가 없다는 이유로 거절하면 방법이 없는 것이다. 나는 다시 집안으로 뛰어 들어 온 아내의 손을 잡고 무작정 기도하기 시작했다. 아이 머리에서 피가 철철 나고 있는데 아무것도 할 수 없다는 게 너무 무섭고 화가 났다. 아내와 나는 목이 터져라 소리를 치며 기도를 하기 시작했다. 그런데 그때 누군가 문을 두드리는 소리가 들렸다. 그리고는 누군가 들어오는 소리가 들렸다. 그동안에도 우리 부부는 아이의 머리에서 손을 떼지 못하고 계속 기도를 하고 있었다.

"아니, 이게 무슨 일 입니까! 어서 일어나세요!"

오늘 우리를 초대했던 한국 분이 우리가 나와 있지 않자 걱정되어 집까지 들어온 것이다. 그분은 놀란 우리를 대신해 아이를 들쳐 업고 차에 실은 다음 병원으로 달렸다.

"약속이 뭐라고 이렇게 기다리셨습니까? 아이가 이 지경이면 병원을 가셔야지요."

그분은 우리가 그분과의 약속을 지키기 위해 기다린 줄 아신 모양이었다.

"제가 아는 병원이 있습니다. 거긴 늦게까지 하니까 그리로 가시지요."

병원에 도착하자마자 아이는 응급처치를 받았다. 우선 지혈을 하고 상처를 꿰매는데 의료 수준이 워낙 열악해 20바늘은 꿰매야 하는 상처를 서너 바늘로 대충 봉합하고 약을 처방해 주었다. 그리고 입원도 없이 곧장 퇴원 수속을 밟으라고 했다. 영수증을 보니 의료보험이고 뭐고 하나도 없으니 금액이 엄청났다. 내 수중에는 그런 돈이 없었다.

"제가 집까지 모셔다 드릴 테니까, 얼른 정산하시고 나오세요."

나는 그 말을 듣고도 병원 창구로 가지 못했다. 그러자 그분이 조심스럽게 질문을 하셨다.

"의료보험이 있으신가요?"

"없습니다."

"그럼 다른 보험은 있으신가요?"

"없습니다."

두 번의 질문으로 우리의 형편을 짐작하신 그분께서 대신 병원비를 지불하였다. 나는 우선 주머니에 있는 돈을 다 꺼내 드리고, 빠른 시일 내에 갚겠다고 했다. 그분은 괜찮다고 말씀하시고 우리를 집까지 데려다 주셨다.

그리고 며칠 뒤 한인 한분이 우리 집에 찾아왔다. 알고 보니 딸아이의 병원비를 대신 내 주신 이웃분이 최소한의 의료보험도 없이 지내고 있는 우리의 사정을 한국 분들 모임에서 이야기를 하셨고 그 소식에 딱한 마음을 갖게 되신 한 분이 손수 찾아오신 것이다. 그분은 우리에게 여권 사본을 달라고 하셨다 그럼 자신의 회사 직원으로 올려 우선 의료보험 혜택이나마 받을 수 있게 해주겠다고 하시며 이렇게 말씀하셨다.

"선교사님 저는 교회에 다니지는 않지만 한인 분들 모임에서 들어보니 한인교회에 취임만 하시면 당장 생활 걱정은 없으시다고 하던데요. 그만 거절하시고 한인교회에 취임하시면 어떨까요? 만약 사정이 있으셔서 그게 정 어렵다면 제가 나서서 우선 모금이라도 해드릴 수 있습니다."

나는 최대한 예를 갖추어 호의는 감사지만 마음만 받겠다고 했다. 만약 내가 그 도움을 받으면 나는 공식적으로 한인사회에 파산을 알리는 셈이 됐다. 나는 잠시 연락이 원활하지 않아 지원에 공백이 생겼을 뿐, 선교사의 신분으로 이곳에 왔고 나의 생활은 하나님께서 분명히 책임져 주심을 믿는다고 말씀을 드렸다. 그분께서는 혹시 나중에라도 도움이 필요하면 자신에게 연락을 달라고 하고 돌아가셨다.

그 순간 문득 비참하다는 마음이 들었지만, 나는 그 마음을 버리려 노력했다. 이건 사람의 마음, 사람의 기분이지 이 순간 하나님께서 내게 비참함을 느끼게 하려고 사람을 보내신 게 아닐 거라고 생각했다. 이것 역시 한 번의 시험이고 나는 나를 도우실 하나님을 의지하며 이 시련을 견뎌야 한다고 믿었다.

'우리의 모든 것이 하나님 손에 달렸음을 믿습니다. 오직 의인은 믿음으로 말미암아 산다고 말씀하신 하나님, 저희는 이곳에 하나님의 대사로 왔습니다. 하늘나라 천국의 대사로 와서 구걸하는 일 없게 하실 것이라 믿습니다. 내일 밝은 해가 떠오를 것을 당연히 믿듯, 우리에게 도움 주실 것도 당연히 믿습니다. 하나님 이 밤 하나님 안에서 포근한 잠을 자길 소망합니다. 내일의 걱정 하나님께 맡기고 저희는 내일의 할 일을 위해 잠자리에 들겠습니다. 주님 사랑하는 자에게 잠을 허락하실 것을 믿습니다. 쓸데없는 걱정과 고민으로 살과 뼈를 상하게 하는 것이 아니라 하나님의 은혜 안에서 건강한 잠을 자게 해주세요. 아버지 부디 이 밤 하나님의 사랑받는 자녀로서 평안한 잠을 누릴 수 있게 해주세요.'

나는 이 일을 계기로 한인교회 사역을 마무리해야 할 때가 왔다고 느끼게 되었다. 나는 성도들에게 마지막 주까지 사역을 하고 사임을 하겠으니 청빙을 서두르시라고 요청 드렸다. 그러자 모두 의아하다는 반응이었다. 당장 먹을 것도 없고 내일 어떻게 될지 모르는 상황에서 마지막 끈이 될 수 있는 한인교회 취임까지 스스로 놓아버리니 이상해 보일 만도 했다. 하지만 나는 그 끈을 놓고 오직 빈손으로 하나님만 붙들 결심을 했고, 내 의사를 한번 더 단호히 말씀드렸다.

이제 내게 남은 것은 기도뿐이었다. 나는 두려운 마음도 걱정도 모두 물리치고 오직 기도에 전념했다. 기도를 마치고 아내와 시편 말씀을 번갈아 가며 통독하다 어느 무렵 까무룩 잠이 들었다. 그리고 이튿날 아침 일찍부터 울리는 전화벨에 눈을 떴다.

"여보세요?"

"최 선교사! 사람이 왜 그렇게 고지식해!"

"회장님!"

"선교비가 3개월이나 끊겼으면 나한테 직접 연락을 했어야

요!"

전화를 주신 분은 우리 선교 후원회장님이신 성수교회 김재규 목사님이었다. 어떻게 된 일인지 회장님은 이미 우리 형편을 알고 계셨다.

"나 내일 도미니카에 도착하니까, 자세한 건 만나서 얘기합시다. 내일까지 버틸 순 있는 거죠?"

"당연히 버틸 수 있죠! 저희는 무사히..."

'저희는 무사히 잘 있습니다. 아무 걱정 마십시오!'라고 이야기 하려 했는데, 무사하다는 대목에서 그만 말문이 막혔다. 무사하다는 말에 갑자기 감정이 북받쳐 올랐다.

지난 일주일 생사를 넘나드는 기분을 여러 번 느낀 탓이었다.

과연 나는 앞으로 얼마간 무사할 수 있을까? 나의 선교사 수명이 이대로 여기서 시작도 못해보고 끝나는 건 아닐까… 다쳐서 피를 철철 흘리는 아이를 안고 응급실 안으로 뛰어들 땐, 만의 하나라도 이 아이를 잃게 되면 어쩌나, 끔찍한 상상이지만 정말 이 아이를 잃게 된다면 과연 나는 살 수 있을까? 내 목숨 나의 것이 아닌 하나님의 것이니 하나님이 뜻이 있으셔서 나를 살려 놓으신다면 전과 같이 선교사라는 사명에 감사하며 살 수 있을까?

죽을 것 같은 순간들과 살아서 감사한 순간들이 무시로 반복되던 일주일이었다.

"나 지금 미국에 와있어요 그런데 우연히 도미니카에 계신 한국분과 통화하다 선교사님 소식을 들었습니다. 자세한 얘긴 만나서 합시다. 내일이면 도착해요, 잘 견뎠습니다."

수화기 너머로 들리는 "잘 견뎠다"는 후원회 회장님의 얘기가 하나님 나에게 주시는 음성처럼 느껴졌다.

"아들아 잘 견뎠다. 내가 너를 혹독하게 연단하는 것은 너를 좋은 그릇, 큰 그릇으로 만드는 과정임을 네가 알길 원한다. 아들아 너는 잘 견뎠고 너의 지경이 넓어졌음에 감사하라. 이제 내가 너를 들어 사용할 것이라. 내가 너를 정금과 같이 연단하였으니 온전하고 좋은 도구로 만들어 마음껏 사용하고, 나의 영광을 위해 승리하게 하리라. 오늘 네가 나의 마음에 합하였도다."

나는 가만히 무릎을 꿇고 앉아 하나님이 나의 마음에 주시는 위로에 귀를 기울였다. 그리고 깊이 고개 숙이며 하나님 나의 마음 가장 약한 곳까지 만져주시고, 채워 주시기를 기도했다. 기도를 하던 나는 어느새 욥기 23장 10절 말씀을 암송하게 되었다.

"나의 가는 길을 오직 그가 아시나니 그가 나를 단련하신 후에는 내가 정금 같이 나오리라."(욥기 23장10절)

하나님께서 이 순간 나에게 욥을 떠올리게 하시니 감사했다. 욥을 떠올리자 감사할 이유들이 하나하나 생각나기 시작했다. 모든 재물을 잃고, 나중엔 생떼 같은 자식을 잃기까지 고난을 당한 욥! 그러나 그럼에도 불구하고 오직 하나님을 찬양하며 믿음을 지켰던 욥! 욥이 당했던 고난에 비하면 내가 겪은 어려움은 충분히 견딜만한 것이었다. 게다가 나의 곁에는 그 어려움을 함께 견디고 기도의 힘을 보탤 가족들이 있었다. 그렇게 함께 견디는 가운데 시련을 이기게 하셨다.

하나님께서는 모든 시험이 끝난 후에 욥에게 완벽한 회복을 부어 주셨다.

그는 전보다 많은 재산을 다시 모았고, 다복한 가정을 이루었다. 하나님은 나에게도 동일한 은혜를 주셔서 우선 후원회장님을 도미니카로 보내셔서 나의 재정 상태를 회복해 주셨고, 이후에는 한국 교회도 원활하게 하셔서 다시 사역비를 받을 수 있게 되었으며 그리고 이후로 25년 간 어떤 상황에서도 사역비가 끊기지 않는 기적을 누리게 해 주셨다.

가끔 이 무렵의 간증을 하면, 몇몇 분들은 그렇게 어려움을 겪으면서까지 선교사명을 고집한 까닭이 있냐고 물으신다. 그러면 나는 늘 같은 대답을 드렸다.

"고집이 아닌 확신입니다."

참으로 감사한 것은 도미니카에 발을 디딘 그 순간부터 선교사가 나의 사명임에 단 한 번도 흔들린 적이 없었다는 것이다.

선교사가 되기 위해 모든 가산을 정리하고 선교원 훈련원에 들어갈 때까지만 해도 6개월 정도만 훈련을 받으면 사역지가 정해질 줄 알았다. 그러나 나를 도와주시겠다던 외국인 목사님도, 하나님도 어느 누구도 나에게 응답이란 것을 해주지 않았다. 결국 1년 3개월 동안 피 말리는 기다림과 인내를 겪었고, 그 끝에 허락받은 사역지가 '도미니카'였다.

나에게 '도미니카'는 내 이름이 '최광규'인 것과 같이 당연한 의미이다. 선교지를 소망하며 1년 3개월 동안 쌓은 기도제단의 무게는 선교지가 '도미니카'라는 응답을 받는 순간 고스란히 묵직한 확신이 되어 나를 지탱해 주었다. 그리고 오늘 난 그러한 인내의 시간이 지난 일주일 간 있었던 시험을 견디는데 큰 힘이 되었음을 다시 한 번 고백하며 나를 단련하시는 이도 하나님, 나를 사용하시는 이도 하나님이심을 다시 한 번 확실하게 새길 수 있었다.

선교사를 꿈꾸게 되다

1980년대 초반, 나는 이동원 목사님께서 담임으로 계셨던 서울침례교회를 섬기고 있었다. 당시 교회는 장년부 모임 중 남성들 모임을 연령별로 구분하여 운영하고 있었다. 50세 이상을 1형제회, 40세에서 49세를 2형제회, 30세에서 39세를 3형제회로 구분하였다. 당시 나는 31세로 3형제회에 속했다. 매월 한 번씩 모이는 월례 모임에 가보면 7명에서 8명이 모이는 게 다였다. 인원수가 적다보니 할 수 있는 일도 별로 없었다. 주로 형식적인 안부를 나누고 교회 이야기를 조금 하다가 끝나는 게 다였다.

여성 성도님들의 경우에는 서로서로 교제가 활발하고, 전도모임이나 기도회에 적극적으로 참여해 친해질 기회가 많은데 반해서, 장년부 남성 성도님들은 보통 평일에는 생업에 시간을 보내시고 주일 예배 정도만 드리고 귀가하시니 시간이 흘러도 서로 간에 교제가 없었다.

나는 그것이 매우 안타까웠다. 믿음은 말씀과 설교를 들음에서도 나지만 서로의 신앙생활을 나누고 격려하는 과정에서도 성장한다. 특히 초신자의 경우 은혜를 체험해도 그것이 무엇인지 몰라 혼자 고민하거나 또는 대수롭지 않게 흘려버리게 되는데 비슷한 신앙의 경력을 가진 동료 성도나, 선배 성도들과 교제하는 과정에서 자연스럽게 그런 부분들을 공유하게 되고, 필요하면 담당 목사에게 상의를 권유받는 등의 과정들을 겪으며 신앙의 안정을 얻게 된다.

또한 중보기도 모임도 공동체 안에서 자연스러운 교제 가운데 친밀감이 형성된 후, 서로서로의 걱정을 나눌 수 있는 수준까지 관계가 쌓이면 그 무렵 기도제목을 나누며 자연스럽게 합심하여 기도할 수 있는 분위기 또한 이루어지는 것이다. 그리고 그 모임 중 누군가의 기도제목을 위해 합심하여 기도했는데, 응답을 받거나 문제가 해결되면 그 결과를 나누며 다시 한 번 하나님께 영광을 돌리는 기도를 드리게 되고 그 과정을 목격하며 나에게도 응답이 올 날을 기대하고 믿음을 성장시켜 가게 되는 것이다. 이렇듯 교회 안에서 올바른 교제는 매우 중요한 기능을 가지는데 삼형제회엔 그런 교제가 여러 이유로 부족한 상황이었다.

그러다 연말 총회가 되었다. 임원 선출시간이 되었다. 나는 손을 번쩍 들고 나를 총무로 뽑아 달라고 이야기를 했다. 그러자 다들 어리둥절해 하는 분위기였다. 당시 교회 분위기는 임원에 좀 나서달라고 사정해도 극구 사양하는 분위기였다.

"저를 총무로 시켜주십시오. 그러면 열심히 하겠습니다. 그리고 우리모임에서 최고 연장자이신 39세인 김 집사님을 회장으로 추대합니다. 우리 주님 안에서 더욱 연합하여 아름다운 형제의 교제를 나눕시다. 다른 의견 없으시면 박수로 통과 하면 어떨까요?"

사람들이 어리둥절한 모습이었다. 나를 이상한 사람처럼 생각하며 아주 어색하게 바라보았다. 나는 다시 한 번 박수로 동의해 달라고 요청했다. 그러자 회원들이 내키지 않는 박수를 치기 시작했다. 곧이어 부회장으로 당시 36세였던 박 집사님이 추천되었고 조금은 어렵사리 임원단이 구성되었다.

3형제회의 새임원단이 가장 처음 한 일은 교회에 처음 나오는 30대 또래 형제들을 위한 기도회를 만든 것이었다. 당시 서울침례교회는 기도회에서 조용히 기도하는 분위기였다.

그러나 새로 구성된 3형제회 기도회는 뜨겁고 열정적으로 바뀌었다. 예배 후에는 예배당 입구 근처에 있는 등나무 밑에서 마음껏 소리치고, 찬양하며 기도를 하기도 했다.

그리고 '제3형제회에 오심을 환영합니다'라는 글귀를 플래카드로 만들어 교회 입구에 걸었다. 그러자 교회에 처음 오시는 분들도 제3형제회의 존재를 알게 되었고, 교회 등록과 동시에 3형제회에 등록하시는 분들이 늘었다. 얼마 안 되어 제3형제 모임에 나오는 사람들이 70명이 넘어섰다.

교회에 손이 필요한곳에는 적극 참여하여 봉사했다. 이동원 목사님이 고등부 교사를 한번 해보라고 권유하셔서 고등부 교사가 되었다. 전도위원회 간사가 필요하다고하여 지원했다. 평신도로서 열심히 주님을 섬겼다. 이동원 목사님의 주일 설교메세지가 너무 은혜로워서 많은 사람들과 나누고 싶었다. 그래서 주일 예배시간에 녹음기를 들고 가서 설교를 녹음하고 월요일부터 설교 테이프를 들으며 설교를 풀어서 문서전도지를 만들었다. 나중엔 이동원 목사님께서 직접 "영생의 말씀"이라는 제호를 달아주셨고 그 뒤로 "영생의 말씀"지는 전국으로 발송되었다.

그런데 그 시기에 담임목사님이셨던 이동원 목사님이 교회를 사임하고 미국으로 떠나게 되셨다. 그것을 계기로 교회가 새로운 목사님을 지지하는 사람들과 이동원 목사님 지지하는 사람으로 편이 갈라지게 되고 나는 이런 상황이 불편했다. 그래서 서울 침례교회를 떠나서 방배동에 있는 개척교회로 옮겼다. 방배동개척교회는 우리 부부를 전도사로 채용해주었고 전임사역을 하게 해

주었다.

어느 주일 예배에 아르헨티나 교포 집사님 부부가 출석했다. 예배 후 그분들과 같이 점심식사를 하게 되었는데 식사를 마칠 무렵 나에게 이런 말씀을 하셨다.

"전도사님같이 전도열정이 뜨겁고 헌신된 분이 아르헨티나에 와서 사역을 하시면 좋겠습니다."

"아르헨티나요?"

"네, 전도사님 같은 분이 아르헨티나에 와서 복음을 전했으면 좋겠습니다."

짧막한 대화는 그렇게 끝이 났고, 그 분들이 아르헨티나로 돌아가실 때까지 개인적으로 대화 할 일이 없었다. 그런데 그 분들이 돌아가신 후에도 그분들의 말씀이 마음에 선명하게 반복됐다.

"전도사님 같은 분이 아르헨티나에 오셔서 복음을 전했으면 좋겠습니다."

일 년 내내 단 하루도 빠짐없이 그 말이 떠올랐다. 그런데 1년 후 그 성도부부께서 다시 한국을 방문하셨고, 어느 주일 내게 오셔서 똑같은 말씀을 하셨다.

"전도사님 같이 전도도 잘하시고, 신앙이 뜨거운 분이 아르헨티나에 와서 복음을 전했으면 좋겠습니다."

그 순간 그분들의 말이 나의 심장에 또박또박 새겨지는 것처럼 느껴졌다. 그리고 그 글자들은 곧 내 입술을 통해 선포 되었다.

"네! 저도 아르헨티나 선교사가 꼭 되고 싶습니다!

가슴이 울컥 뜨거워지며 선교사가 되고 싶다는 소망이 강하게 일어났다. 기도를 하면 할수록, 시간이 흐르면 흐를수록 그 소망은 점점 더 뜨거워졌다.

참으로 이상한 일이었다 한 번 방문한 적도 없고, 이전에 관심을 가져 본 적도 없는 나라였다. 게다가 워낙 멀고 교류가 없는 나라라 이민을 가려해도 쉽지 않은 곳이 아르헨티나라는 나라였다. 그러나 나는 줄곧 '아르헨티나'라는 나라를 소망하게 됐고, 선교사라는 비전을 품게 되었다.

그날부터 '아르헨티나'를 놓고 기도를 시작했다. 본래 나는 하나를 생각하면 그것에 아주 몰두 하는 성격인데 '아르헨티나'에 열정을 갖게 되었으니 신문을 보아도 귀퉁이에 한 줄 언급 된 아르헨티나 소식이 대문짝만하게 보이기 시작했다.

그런데 어느 날 '라틴아메리카 루이스 부시 목사 방한'이라는 기사를 보게 되었다. 자세히 읽어보니 조동진 목사님이 제3 세계 운동을 시작하시면서 루이스 부시 목사님을 초청했다는 내용이었다.

제3세계 운동은 조동진 목사님이 설립하신 '제3 세계 선교 협의회'에서 추진하는 운동으로 제3세계권에 속하는 국가들과도 긴밀한 선교 협력이 이루어야 함을 알리기 위해 일으킨 운동이었다. 조동진 목사님은 우리나라의 권위 있는 선교학자이자, 해방 이후 선교 운동의 선구자로 선교사역에 매진하기 위하여 후암교회 담임 목사를 조기 은퇴하시고 1979년부터 바울의 집을 개원하여 선교사역에 전념하고 있는 선교학자였는데, 국제 선교 협력 기구와 선교 연구원을 설립한 후 제3세계선교 협의회를 설립 선교사역에 총력을 쏟고 계셨다.

루이스 부시 목사님은 아르헨티나 출신으로 세계선교운동가로 활동하셨다. 나는 그 길로 신문을 들고 루이스 부시 목사님을 찾아가 묵고 계신 숙소 문을 두드렸다. 비서가 나올 거라고 생각했는데 뜻밖에도 그분이 직접 문을 열어주셨다. 나는 우선 꾸벅 인사를 드린 다음 내 소개를 했다.

"안녕하십니까! 저는 최광규 전도사입니다. 현재 저는 아르헨티나를 향한 선교 소명을 받고 준비 중에 있습니다. 혹시 제가 아르헨티나 초청장을 받을 수 있도록 도움을 줄 수 있겠습니까?" 초면에 실례를 불구하고 내 필요를 말씀 드렸다.

목사님은 우선 자리에 앉으라고 하시더니, 차를 한 잔 내 주셨다. 그리고는 나에게 이런 저런 질문을 하셨다. 질문 내용은 어떤 계기로 아르헨티나 선교사를 꿈꾸게 됐는지, 어느 교회에 출석하는지, 가족들도 모두 동의했는지 와 같은 매우 간단한 질문들이었고 나는 있는 그대로 가감 없이 내 상황을 말씀드렸다. 내 이야기를 들은 루이스 부시 목사님은 자신의 연락처를 적어주셨다.

"최 전도사님 성심껏 대답해 주셔서 감사합니다. 최 전도사님의 모든 것에서 열정과 진심이 느껴집니다. 초청장과 비자를 받을 수 있도록 최선을 다해 돕겠습니다."

나는 자리에서 벌떡 일어나 감사인사를 드렸다. 루이스 목사님이 연락처를 메모해주신 종이를 소중하게 받아들고 금방이라도 초청장을 받은 것처럼 기쁜 마음으로 돌아왔다.

얼마 후 부시 목사님으로부터 편지가 왔다. 추천서를 받아 보내달라는 내용이었다. 선교훈련원의 이태웅 목사님에게 추천서를 부탁했더니 써주셨다. 급한 마음에 얼른 우체국에 가서 발송했다. 한동안 소식이 없어서 날마다 기도하며 기다렸다.

몇 달 후 부시 목사님으로부터 편지가 왔는데 한국 복음주의 협회 회장님의 추천서를 보내달라고 했다. 당시 한국복음주의 협의회 회장은 정진경 목사님이셨는데 한 번도 만나 뵌 적 없는 분이셨다. 주변에 소개를 부탁할만한 인맥도 없고 해서 며칠을 기도한 다음 신촌 성결교회로 직접 찾아갔다. 목사님께 그간에 일들을 설명 드리고 추천서를 부탁했다. 그러자 목사님께서 흔쾌히 허락해주시며 격려까지 해주셨다.

"젊은 청년이 선교를 위해 머나먼 아르헨티나까지 갈 결심을 하다니 참 기특하고 자랑스럽습니다."

목사님께서는 그 자리에서 바로 추천서를 적어주셨고 축복의 기도까지 해주셨다. 감사한 마음에 가슴이 뭉클했다. 기도를 받고 돌아가는 길에 우체국에 들러 추천서를 부쳤다.

그 뒤로 여러 번 추천서를 요청하는 편지가 왔고 그러는 사이 1년이라는 시간이 지나갔다. 초청장을 기다리는 동안 나는 선교훈련과 전도훈련, 언어훈련등을 받았다. 그리고 선교지로 갔을 때 기도와 재정으로 후원해줄 후원회를 만드는 일을 했다. 하지만 초청장은 오지 않았고 주변에서는 언제 선교지로 가느냐고 묻기 시작했다.

초청장을 기다리는 일은 너무 답답하고 길게 느껴졌지만 그 기간 안에 할 수 있는 걸 해야 겠다는 생각이 들었다.

"언제든 초청장이 오면 곧장 떠나게 신변 정리를 합시다."

내 말을 들은 아내가 걱정스럽다는 말투로 말했다.

"초청장이 온 뒤에 준비해도 되지 않을까요? 언제 온다는 보장도 없구요."

"하나님께 온전히 맡기면 길을 열어주실 거라고 믿어요, 지키고 있어도 하나님이 한 번 후 불면 날아갈 소유들이니 미련 갖지 말고 정리합시다."

내 대답을 들은 아내는 두 말 없이 내 의견에 동의해 주었고, 그날부터 집을 내 놓고 살림들을 되팔거나 필요한 사람들에게 나눠주기 시작했다. 우리의 짐은 커다란 트렁크 세 개로 줄었다.

도미니카 1호 한국인 선교사

"여보 아침 일찍부터 어딜 다녀오세요?"

"응… 아까 우체부 오토바이 소리가 난 것 같아서, 우편함에."

"오늘도… 없어요?"

나는 아직 바닥에 깔려있는 이불을 개는 것으로 대답을 대신했다. 실망한 얼굴을 아내에게 보이기 싫어서였다. 선교원에 입소한지 오늘로 1년하고도 3개월… 난 아직도 루이스 부시 목사님의 연락을 기다리고 있었다.

기약 없는 기다림은 그 사이 많은 것을 바꿔 놓았다. 나는 밤잠을 통 못 이루며 기도하고 걱정한 탓에 살이 많이 빠졌고, 아내도 훈련원 입소 한 달 전 막내를 출산한터라 세 아이를 돌보며 선교 훈련까지 받느라 얼굴이 많이 상해 있었다. 중간에 몇 통 더 편지를 보내는 등 내 선에서 할 수 있는 최선을 했지만, 무슨 이유인지 그 중 몇 통은 반송되어 돌아 왔고, 답장도 오지 않았다. 아무래도 전 세계를 돌며 사역하시는 분이라 편지로 연락이 닿는다는게 어려운 일 인 것 같았다. 하지만 나는 포기 하지 않고 기도했다.

"하나님 저는 루이스 부시 목사님의 답장을 기다리는 것이 아니라, 하나님의 응답을 기다리고 있습니다. 목사님의 편지가 아니어도 좋습니다. 어떤 은혜, 어떤 사람, 어떤 기회든 하나님 제게 응답해주신 다면 저는 어디로든 달려가 선교를 하겠습니다."

정말 이제는 아르헨티나가 아니어도 좋으니 제발 사역지만 허락해 달라고 기도하게 되었다. 하지만 분명 처음 '아르헨티나'를 사모하게 된 마음이 있어 '에스파냐어'만큼은 포기하지 못하고 꾸준히 공부를 했다. 대신 다른 나라로 가게 될지 모른다는 생각에 틈틈이 영어 공부도 병행했다.

그렇게 끊임없이 기도하고 공부를 했음에도 불구하고 어디에서도 응답이 없자 나는 점점 마음이 약해졌다. 맨 처음 '아르헨티나' 선교사를 소망하게 된 계기가 너무 즉흥적이었나 하는 후회부터, 선교원에 입소하던 무렵에 아내가 '초청장이라도 오면 움직이자고 얘기했던 걸 들었어야 했나?' 하는 생각까지 별의별 생각이 다 들어 괴로웠다. 그나마 다행인 것은 선교 훈련원의 일정이 워낙 많고, 공부할 것도 많아 다른 생각을 할 틈이 많지 않았다는 것이다.

지금 생각해 보면 그렇게 복잡한 마음 상태인 와중에도 훈련만 시작되면 기운이 나고, 내일이라도 선교를 떠나 게 될 것 같다는 희망이 생겨서 정말 열심히 기쁘게 수업을 듣고, 훈련에 순종했다. 특히 내가 있을 당시에 한국에는 본격적으로 '해외선교' 열풍이 불고 있었다.

해방 이후에는 우리나라가 빈민 국으로 분류되어 해외 국가들로부터 물질적, 영적 도움을 받는 입장이었다. 특히 이 땅의 복음화를 위해 많은 선교사들이 한국으로 파송되어 왔고 그 선교사들의 사역으로 교회가 세워지고, 학교가 세워지며 영적 기반이 다져졌다. 그 후 한국은 급속도로 경제 발전을 이루었고, 한국 교계도 번성하여 이제는 우리도 해외에 선교사를 파송하자는 움직임이 일어나고 있었다.

그리고 1987년에는 홍정길 목사님을 중심으로 한국해외선교회(GMF)가 출범되었고 선교사 훈련 과정이 개설되었다. 당시 나는 이 과정도 모두 수료한 상태였다.

이태웅 목사님을 이사장으로 세우고 이건오 박사님, 전 국무총리셨던 이영덕 장로님, 옥한흠 목사님, 하용조 목사님, 김인수 장로님, 허남기 목사님이 이사진이 되어 문화공보부의 설립허가를 받은 것이다. 그리고 얼마 뒤 한국해외선교회 이사진이 미국을 방문하게 되었고 당시 미국에서 목회를 하고 계셨던 이동원 목사님을 만나 한국해외선교회 소식을 전하고 미주에도 한인교회를 중심의 선교단체를 세우자고 제안했다. 이것이 계기가 되어 미주 동부에 있는 목사님들을 주축으로 GMF-USA가 설립되었다.

GMF-USA의 초대 이사장은 이동원 목사님이 맡으셨는데 당시 임원이셨던 김남수 목사님의 요청으로 도미니카에 한인 선교사를 파송한다는 계획을 세우게 되었다. 파송될 선교사의 자격 요건은 GMTC 수료 여부와 에스파냐어 능력이었는데, 이 소식을 듣게 된 이태웅 목사님께서 이미 GMTC 훈련을 마치고 에스파냐어를 공부하고 있던 나를 추천하셨고 GMF-USA는 협의 끝에 만장일치로 나를 도미니카 1호 파송 선교사로 선정하였다.

정말 놀라운 일이었다. 나는 아르헨티나 선교를 위해 선교훈

런을 받고 에스파냐어를 공부하고 있었는데 공교롭게도 '도미니카'도 에스파냐어를 사용해 내가 적임자가 된 것이다. 그때까지만 해도 나는 '도미니카'가 아프리카 어디에 있는 줄만 알았다. 실제로 당시 한국에서는 제3 세계 선교 운동이 한창이었고 아프리카 등지에도 선교사를 파송해야 한다는 목소리가 활발하게 나오고 있었다. 나는 그런 분위기를 아울러 아프리카 어딘가에 있는 '도미니카'로 파송할 선교사를 찾는 것으로 생각했다.

나는 방으로 돌아와 간절하게 기도했다. 하나님 원하시는 것이 무엇인지 궁금하다고 솔직하게 말씀드렸다. 나는 아르헨티나를 오늘까지 준비했는데, 새로운 나라라면 그 노력들이 다 물거품이 되는 것 아닌지 걱정이 되고 두렵다고 기도했다. 그런데 하나님은 그 기도 가운데 창세기 12장 1절이 암송되는 체험을 하게 하셨다.

"여호와께서 아브람에게 이르시되 너는 너의 고향과 친척과 아버지의 집을 떠나 내가 네게 보여 줄 땅으로 가라."

내가 전혀 생각 한 적 없는 말씀이었고, 기도하는 내 마음에는 오히려 아르헨티나가 내 선교지가 아닌가 하는 생각이 더 많았는데 뜻밖의 말씀을 암송하게 된 것이다.

그런데 말씀을 암송할수록 내 마음에 확신이 들었다.

'그래 아브람은 하나님의 명령을 따르기 위해 평생 자란 터전과 가족을 내려놓았다. 거기에 비하면 지난 1년 3개월간의 수고는 아무것도 아니다.'

이런 깨달음이 들자 내 마음에 아주 강렬한 음성이 들려왔다.

"너는, 이제, 가라!"

나는 그 음성에 즉시 순종하기로 했다.

"여보, 도미니카로 갈 선교사를 찾고 있대. 마침 내가 조건에 부합해요. 당신 생각은 어때?"

사실 나는 그때 이미 오랫동안 어디로든 보내주신다면 달려가겠다고 기도 한터라, 그곳이 아프리카든, 더한 오지든 상관없다는 생각을 하고 있었다. 그러나 선교훈련원에 들어오기 전, 초청장이라도 받은 다음 움직이면 어떻겠냐는 아내의 의견을 전혀 고려하지 않고 곧장 선교훈련원으로 들어와 1년 3개월이나 임시 숙소에 거주하면서 막막한 기다림에 동참하게 한 것에 대한 미안함이 있어, 이번만큼은 아내의 의견도 진지하게 수렴해야겠다고 생각했다. 그런데 아내가 뜻밖의 대답을 했다.

"하나님의 보내시는 곳이라면 어디로든 가는 게 맞다고 생각해요. 어떻게 지금 바로 짐을 쌀까요?"

마치 내 마음을 읽고 대답하는 것 같았다. 대답을 마친 아내는 가까이 있는 옷가지부터 하나하나 정리해 나가기 시작했다. 나는 선교훈련원 사무실로 가서 '도미니카' 선교사로 나를 보내달라고 했다. 그러자 사무실측에서 이렇게 대답했다.

"도미니카 1호 한국인 선교사가 되시는 겁니다. 저희가 드릴 수 있는 건 오직 기도뿐, 현재로선 아무런 자료나, 기록이 없습니다. 괜찮으시겠습니까?"

"네, 저는 내일이라도 떠날 준비가 되어있습니다."

그러자 일주일도 채 되지 않아 초청장이 왔다.

초청장을 받아든 나는 초청장에 적힌 내 이름을 여러 번 확인했다. '최광규' 분명 내 이름이었다. 도미니카라는 나라가 나를 향해 문을 연 것이다. 나는 당장 그 복판으로 달려가 구원의 기쁨을 알리고, 복음을 전하는 상상을 하며 기대에 부풀었다. 그러나 그것도 잠시 여권 및 비자 등 행정문제부터 직접 해결해야 한다는 당부를 확인하게 되었다.

다행히 도미니카는 무비자로 입국이 가능했다. 문제는 여권이었다. 알아보니 여권을 만드는 게 여간 까다롭지 않았다. 조만간 여행자율화가 될 거라는 소문은 있었지만 아직 시행되기 전이라 여전히 절차가 복잡했다. 알아보니 반드시 문화주재여권을 받아야 이후 도미니카에서 달러를 송금 받는 게 가능했다. 유학생비자나 문화주재 여권 없이는 한국에서 달러를 송금 받는 게 전혀 불가능해 보였다.

낮에는 아내와 세 아이를 포함해 다섯 식구 여권을 만들기 위해 사진관으로 관청으로 정신없이 뛰어다니고 밤이면 여권이 무사히 나오게 해달라고 기도를 드렸다. 되도록 빨리 여권 수속을 밟느라 이리저리 발품을 팔고 다니다 미국비자를 위해 대사관 앞에 길게 늘어 선 줄을 보게 됐다. 생각해보니 그나마 도미니카는 무비자라는 게 천만 다행이라는 생각이 들었다. 매일 밤 아내와 합심하여 기도하고, 새벽마다 기도한 끝에 무사히 우리 다섯 가족 여권이 나왔다. 초청장, 여권, 그리고 파송예배. 도미니카로의 출발을 위한 모든 준비가 끝났다.

맨 처음 '아르헨티나 선교사'를 소망하게 된지 꼬박 3년 만에 나는 도미니카행 비행기에 오를 수 있게 되었다. 1년간 막연히 아르헨티나를 꿈꾸고, 2년 간 기다림과 훈련, 준비의 기간을 거쳐 드디어 선교사가 된 것이다.

하나님 안에서 고비는 있어도, 실패는 없다

도미니카행 비행기에 오를 때까지만 해도 나는 '이제야 모든 힘든 과정이 끝나고 선교사가 되는 구나!' 라고 생각했는데. 그건 정말 첫 단추를 꿰기 전이 아니라 첫 단추를 옷에 다는 정도의 시작이었다.

선교훈련원에서 배운 대로 선교지 도착시점부터 현지인과 소통하며, 현지화 되겠다는 원칙을 지키느라 3일내내 바나나만 먹고, 슈퍼를 찾아갔다가 허탕을 치고, 은행까지 겨우 걸어갔는데 스콜을 만나는 바람에 돈은 있는데 슈퍼도 못 들리고 귀가하고.... 결국 식빵과 잼을 구입하는 데만 4일이 걸렸을 만큼 그야말로 좌충우돌이었다.

그 후 한인교회에 목사로 취임해 생활의 안정을 찾느냐, 굶어 죽을 각오를 하고 원칙대로 선교사의 길을 가느냐를 놓고 다시 한 번 시험을 겪게 되고, 한국후원회 회장님이 후원금을 가지고 도미니카에 방문하시면서 그 시험을 통과하게 됐다. 그러는 사이 해가 바뀌고 1월이 되었다.

1989년 1월, 나는 곧 시작 될 대학 수업을 준비하고 있었다. 좀 더 본격적으로 언어를 배우기 위해 아펙대학에 입학 할 계획을 세우고, 우리가 수업을 듣는 동안 아이들을 돌봐줄 가정교사를 구하고 있었다.

우리는 이곳의 문화와 언어를 가르쳐 줄 현지인 가정교사를 원했다. 사실 외국인 가정교사는 수업료가 워낙 비싸 선택의 여지가 없기도 했다. 그런데 현지인 가정교사를 구할 방법이 막막했다. 우선은 우리가족이 거주하는 지역으로는 버스가 다니지 않아 현지인 교사를 구해도 그분이 자가용이 없는 이상 출퇴근이 불가능했다.

나는 이제 이 아파트에서 나갈 때가 되었다는 결론을 내렸다.

어느 정도 이곳 문화와 물정에 적응했으니 분수에 맞는 지역으로 이동하는 게 맞다는 생각이 들었다. 아내와 나는 주변을 돌아다니며 부동산 딜러들이 붙여놓은 광고에서 전화번호를 쭉 모아온 다음 집으로 돌아와 일일이 전화해 집을 구한다고 이야기하고 우리의 연락처를 남겼다.

이튿날 아침 일찍 한 딜러로부터 연락이 왔다. 괜찮은 집이 있으니 1시간 뒤 우리 집 앞으로 우리를 데리러 오겠다고 했다. 아내가 아이들을 돌보아야 해서 나 혼자 딜러의 차를 타고 이동했다. 그런데 막상 가서 보니 우리가 제시했던 금액보다 훨씬 비싼 집이었다. 나는 집주인에게 우리가 찾던 집보다 너무 가격이 나가서 도저히 조율이 어려울 것 같다고 얘기하고 미안하다고 했다. 그러자 주인이 괜찮다고 차나 한잔 하고 가라고 했다. 그래서 함께 차를 마시며 이런 저런 이야기를 하게 됐다.

"저희는 한국에서 파송된 선교사입니다. 그래서 이렇게 좋은 집에서 지낼 여력은 없습니다. 가장 최소한의 경비가 한국으로부터 오고 그것에 맞춰 살며 별도의 영리 활동은 할 수 없고, 모든 시간과 열정을 선교에 쏟을 의무가 있습니다."

집 주인은 나에게 당신의 인생을 바쳐 자랑할 만큼 하나님이 좋은 분이냐고 물었다. 나는 아주 아주 좋은 분이라고 이야기를 했다. 너무 좋은 분이라 혹여 내 언어가 부족해 잘못 전달될 까봐 걱정이 되어 1월부터는 아펙대학으로 공부를 하러 갈 계획이라고 말했다. 그러면서 나와 아내가 학교에 가 있는 동안 아이를 돌볼 가정교사가 필요한데, 이곳에서는 가정교사를 어떻게 구하냐고 물어봤다. 그러자 집주인이 아주 재미있는 대답을 했다.

"나는 하나님을 잘 모르지만, 당신의 하나님은 정말 굉장한 분이 맞는 것 같습니다. 그건 나도 인정해야겠네요."

알고 보니 집주인의 아내가 언어를 전문적으로 가르치는 가정교사였다. 그렇게 가정교사가 구해졌다. 나는 그분께 큰아이를 맡기기로 하고, 둘째와 셋째를 돌봐줄 베이비시터를 알아봐 줄 수 있는지 물어봤다. 단순한 베이비시터일은 빈민가 쪽 사람들이 많이 하니 알아봐주겠다고 약속했다.

다음 주 가정교사 선생님은 빈민가에 거주하는 베이비시터 한 분을 데리고 왔다. 가정교사 선생님께서 아주 좋은 가격에 아이를 돌봐주기로 하면서 당분간 이사를 하지 않아도 됐다. 이사비용도 만만치 않을 것 같아 걱정했는데 천만 다행이었다.

나와 아내는 대학에서 현지 언어를 배우고, 첫째와 둘째는 상황밥디스타라는 유치원에 통학하면서 하교 이후엔 가정교사 선생님과 베이비시터에게 돌봄을 받았다. 그렇게 순탄하게 일상이 지나가고 있다고 생각했는데 어느 날 저녁 잠자리에 든 큰아이가 이상하게 머리를 긁었다. 이곳 기후가 건조해서 가끔 그럴 때가 있어 그냥 놔뒀는데 며칠 뒤에는 심하게 머리를 긁다 잠에서 깨서는 눈물을 뚝뚝 흘리며 또 머리를 긁는 것이었다.

불을 켜고 살펴보니 아이의 머리에 하얗게 석회가 앉아있었다. 놀란 아내는 아이의 머리에 있는 이를 잡기 시작했다. 한국에 참빗을 보내달라고 부탁해 놓고 다음날부터 아내가 아이를 데리고 나가 집 밖 나무 밑으로 가서 이를 잡았다. 그런데 며칠을 주기로 그런 날들이 반복됐다. 집에 어린 아기도 있는데 걱정이 이만 저만이 아니었다. 그렇다고 유치원을 쉬게 하면 그 시간에 돌봐줄 사람도 마땅치 않고 해서 걱정을 하는데, 어느 날 둘째가 유치원에서 배운 노래를 집에 와 부르는데 잘 들어보니, 성모를 찬양하는 가톨릭 찬송가였다. 아뿔사... 대학 입학을 준비하고, 촉박하게 가정교사를 구한다고 정신이 없어 그냥 제일 가까운 유치원에 보냈는데 그곳이 가톨릭재단에서 운영하는 유치원이었던 것이다. 아내와 나는 두 번 망설일 것 없이 유치원을 그만두게 했다. 그런데 알아보니 인근의 유치원들이 전부 가톨릭 재단이었다. 이곳에 거주하는 한인 성도들도 내키지는 않지만 기독교 유치원이 없으니 하는 수 없이 가톨릭 유치원으로 아이들을 보내고 있는 상황이었다.

하지만 우리는 선교사의 가정이므로 본분을 지켜야했다. 수업과 학점을 포기하는 한이 있더라도 아이들을 가톨릭 유치원에 보낼 수는 없었다. 아내와 내가 번갈아 수업에 빠지며 아이들을 돌봤다. 아이들은 모처럼 아빠와 시간을 보내니 좋아서 어쩔 줄을 모르는데 아내와 내 속은 까맣게 타들어갔다.

돌아가며 아이들을 돌보자고 했지만, 아무래도 아내가 많이 양보를 했다.

"당신은 당장 현지인들에게 설교를 해야 하잖아요. 오늘 수업은 특히 중요하니 당신이 가서 들어야 해요."

이런 저런 이유로 아내의 결석이 늘어났다. 그러나 선교사역에서 아내의 역할도 중요했다. 더군다나 아내는 한국에 있을 때 셋째를 낳고, 아이들을 돌보느라 어학을 공부할 시간이 부족했다. 그래서 이제라도 열심을 내고 있었는데 이렇게 문제가 생긴 것이다.

아내가 수업을 가지 못한 날엔 저녁을 먹고 아이들을 일찍 재운 후 아내에게 그날 배운 내용을 전달했다. 그리고 같이 과제를 하고 나면 보통 3시가 됐는데, 그러면 우리 둘 다 피곤에 지쳐 손가락 하나 들 힘이 없었다. 나는 나대로 아침 일찍 부터 학교 수업에, 스터디에 정신 없는 하루를 보낸 다음이었고 아내는 아내대로 세 아이와 집안일에 시달린 탓이었다. 하지만 우리는 힘겹게 손을 맞잡고 이 상황을 해결할 도움의 손길을 위한 기도를 거르지 않았다. 그렇게 손을 맞잡고 기도하다 잠들기를 여러 날 보냈음에도 불구하고 아침시간에 아이들을 돌봐줄 베이비시터가 구해지지 않았다. 설상가상으로 오후 시간에 둘째를 돌봐주던 베이비시터가 결혼을 하게 되어 우리 집을 나가게 되었다.

베이비시터가 나가 던 날 우리는 처음으로 기도하지 않고 피곤한 채로 쓰러져 그냥 잠들어버렸다. 베이비시터가 나간 것에 대한 불만을 나름 소심하게 표출한 것이다. 하지만 곧 다시 기도를 시작했다 불만을 표출하며 버틸 틈도 없이 현실의 상황들이 너무 급박하게 우리 가족을 몰아쳤다.

다른 날은 몰라도 주일은 아내도 나도 사역 때문에 바빴다, 결국 주일까지 베이비시터를 구하지 못한 아내와 나는 혹시 이웃에 누군가가 아이들을 맡아 줄 수 있는지 문을 두드리고 다녔다. 그러나 말도 통하지 않는 외국 아이를, 그것도 셋씩이나 맡아줄 사람은 없었다. 끄리스띠안 부부도 일요일에는 개인 사정이 있어 하루 종일 집을 비우는 터라 그 집에 맡길 수도 없었다.

주일 아침까지 발을 동동 구르던 우리부부는 결국 최후의 수단으로 집안에 있는 모든 먹거리를 모아 거실 테이블 위에 올려놓고, 한국에서 가져온 뽀뽀뽀 비디오테이프를 전부 꺼내 비디오 앞에 놓았다. 큰아이가 테이프를 정지시키고, 플레이 시키는 것 정도는 할 수 있으니 7살인 큰 아이에게 프로그램이 끝나면 새 테이프를 넣어서 보라고 시키고, 5살, 3살 두 동생을 맡긴 것이다. 그리고 우리는 아이들만 집 안에 남긴 채로 밖에서 문을 잠갔다.

도미니카의 교회들은 대부분 주일 대 예배를 저녁에 드린다. 우리는 아침에는 주일 성경공부 모임에 온 가족이 참석하고 집으로와 늦은 점심식사를 한 후 대 예배 참석을 위해 다시 교회를 갔다. 늦은 밤 위험한 지역에 아이들을 데리고 다니는 것도 어려운 일이고 월요일에 아이들을 유치원에 보내야 하기에 어린 아이들 셋만 집에 두고 혹시 누가 오면 문을 열어 줄까봐 밖에서 키로 문을 잠가야 했다. 밤 10시가 지나서 하나님 제발 아무 일 없길 바란다는 부모로서는 무책임한 기도를 하며 조심스럽게 현관문을 열었다. 열어보니 세 아이가 울다 지쳐 얼굴 전체에 땟국 얼룩이 진채로 식탁위에 웅크려 잠들어 있었다.

도대체 무슨 일이 있었기에 침대도 소파도 놔두고 식탁 위에서 잠든 건지 궁금했다. 아침이 됐는데 큰애가 눈을 뜨자마자 울음을 터트렸다, 곧이어 일어난 둘째 셋째도 울음을 터트렸다. 나와 아내가 번갈아 안으며 달랬는데, 한참을 울었다

전날 잠들기 전 무엇에 호되게 놀란 게 분명했다. 우는 아이들

을 겨우 진정시키고 어제 왜 식탁에서 잠들었냐고 했더니, 겨우 진정했던 큰 애가 다시 눈물을 흘리며 "쥐! 엄마 너무너무 큰 쥐가 나타났어." 라고 얘기하고는 다시 엉엉 울었다.

아이들만 남아있던 집에 쥐가 나온 것이다. 현관문을 밖에서 잠갔으니 밖으로 도망도 못가고 어디선가 다시 튀어나올 쥐가 무서워 그나마 제일 높이가 높은 가구인 식탁에 피신해 있다 셋 다 공포 질린 채로 식탁 위에서 잠이 든 것이다. 큰 아이의 말을 들은 아내가 큰 아이를 껴안고 울기 시작했다, 나는 달래지도 못하고 거실로 나가서 해가 뜨는 창밖만 바라봤다.

너무너무 마음이 아팠다 그래서 눈물도 나지 않았다. 아이들과 아내에게 미안해서 울 수도 없었다. 이 아픔을 그냥 고스란히 감내하고 마음이 쩍쩍 갈리는 이대로 좀 있어야 조금이나마 미안한 마음을 덜 수 있을 것 같았다. 그러나 그렇게 마음을 쓰는 것만으로는 아무것도 해결이 되지 않았다. 그 다음 주에도 베이비시터는 구해지지 않았고, 우리는 집에 있는 하수도란 하수도는 다 막은 다음 정말 정말 쥐가 나타나지 않을 거라는 말로 아이들을 달래고 또 밖에서 문을 잠가야했다. 그날은 아내가 문을 잠그고도 발을 떼지 못했다, 나는 성도들이 기다린다는 말을 하며 먼저 돌아서 계단을 내려왔다. 마지못해 따라 내려오는 아내의 느린 걸음 소리가 들렸다, 그날 우리는 가는 내내 주일 사역을 하는 내내 집에 돌아올 때까지 거의 한마디도 하지 않았다.

집에 도착해 현관문을 여니 이번엔 정전과 바퀴벌레 때문에 아이들이 하루 종일 시달려 잠도 못 든 채 울고 있었다. 정전이 되어 버리니 뽀뽀뽀 TV도 나오지 않고, 컴컴해진 집에 손바닥만 한 바퀴벌레들이 기어 나온 것이다. 도미니카에는 라쿠카라차는 이름의 손바닥만 한 바퀴벌레가 산다. 낮엔 그나마 눈에 잘 안 띄는데 불을 끄거나, 밤이 되면 날아다니며 푸드덕 소리를 낸다. 아이들은 사방 푸드덕 거리며 날아다니다 팔이며 목에 앉는 바퀴벌레를 피하려 귀를 막고 소리를 치며 집안을 계속 뛰어다녔다고 했다.

그렇게 몇 번 주일이 반복되자 아이들도 요령이 생겼는지 정전이 되면 초를 켜고, 쥐가 나와도 겁도 덜 먹었다. 그러나 어느 시점부터인가 스트레스를 받으면 신문지며 종이를 가져다 잘게 찢는 행동을 하게 됐다. 우리가 소홀해진 탓에 아이들 버릇이 나빠진 것 같아 아이들을 호되게 혼냈다.

그런데 어느 날 주일 공과시간에 성도들 하는 이야기를 들으니 한 성도가 키우던 강아지를 남의 집에 한 달 정도 맡겨놓고 여행을 다녀왔더니 그 뒤로 집안에 있는 종이란 종이는 다 물어뜯고, 발톱으로 찢어놔 스트레스가 이만 저만이 아니라고 이야기를 했다, 그런데 그 말을 들은 의사 성도님이 그게 극한의 스트레스로 인해 강아지가 인식 못하고 하는 행동이니 스킨십을 많이 해주고, 애정표현을 해주라는 충고를 하는 것을 듣게 되었다.

그 순간 아내와 나는 며칠 전 신문을 죄다 찢어 집안을 어질러 놓은 아이들을 호되게 혼낸 것을 떠올렸다. 집으로 돌아온 아내와 나는 아이들을 껴안고 울며 사과를 했다. 아이들은 사과보다는 엄마 아빠 우는 것에 덩달아 울다 우리 품에서 잠이 들었다. 잠든 아이들을 침대에 눕히고 회개했다.

"하나님 과연 저희가 부모 될 자격이 있습니까, 내 자식도 섬기지 못하는데 성도를 섬기고 이 나라를 섬기는 것 그것부터가 교만일지도 모르겠습니다. 하나님 더 간절히 베이비시터를 구하는 기도를 드리지 못하고, 아이들을 가두는 인간적인 대안을 선택한 저희를 용서해주세요, 아이들을 방치한 동안 둘째는 충치가 너무 많이 생겨 밤마다 울어요. 아버지, 제발 저희를 도울 일손을 보내주세요. 어리석게 인간의 편법, 해법을 이용해 해결하려 했던 것 회개합니다. 아버지, 제발 치유를 허락해주세요."

기도하는 동안 우리는 우리 안에 죄책감과 무너진 자존감을 위해서도 기도를 했다. 좋은 부모가 아니라는 것을 확인하는 매 주 주일 동안 우리 스스로도 많이 피폐해져 있음을 깨닫게 되었다. 그리고 아내가 기도하는 가운데 나를 많이 원망하고 있었다고 고백했다. 나는 아내의 마음에 어떤 죄책감이나 슬픔도 남지 않게 해달라고 간절히 기도했다. 기도를 마친 아내가 잠든 동안 나는 아내의 손을 잡고 엄마 역할을 하며 지친 마음, 또 나로 인해 상한 마음이 회복되게 해달라고 다시 한 번 하나님께 기도했다.

다음 날 아침, 아내가 나에게 따뜻한 커피를 한 잔 타주며 뜻밖의 고백을 했다.

"여보, 돌이켜보면 제일 힘들 때 내리막길이 보였던 것 같아요. 마치 등산하는 것 처럼요. 더 이상은 힘들어서 못 올라가겠다 싶을 때 그때가 정상이었고, 그 다음엔 순탄한 내리막길이 보였던 것 같아요. 특히… 도미니카에 온 후론 줄 곧 그랬던 것 같아요. 그러니까 제일 힘들었던 어제가 정상이고, 이제 편안한 내리막길이 보일 것 같아요. 그리고 정말 감사한 건요, 우리는 아직 한 번도 막다른 길을 만난 적이 없다는 거예요. 도미니카에 와서 받은 은혜 중 가장 큰 은혜는 하나님 안에서 고비는 있어도, 실패는 없다는 걸 매번 깨닫게 된다는 거예요. 우리 힘내서 이번 고비도 잘 넘겨요. 약속해요."

아내가 새끼손가락을 내밀었다. 나는 새끼손가락을 거는 대신 아내를 꽉 안았다. 매일 아이들에게 치이고, 수업도 놓치는 가장 힘든 당사자이면서 나를 위로하려고 하는 그 마음이 너무 고마웠다.

'그래, 하나님 안에서 고비는 있어도 실패는 없다. 그리고 잠긴 문이 있을지언정 막다른 벽은 없다. 언제나 열쇠를 주시는 하나님, 태산을 옮기는 권능이 있으신 하나님! 하나님을 찬양하며 의지합니다. 저희 앞에 탁 트인 새 길을 열어주소서!'

 루디아로 거듭난 검순이

여러 달의 기도 끝에 베이비시터가 구해졌다. '모래나'라는 이름의 자매였는데, 하나님께서 우리에게 허락하신 두 번째 특별한 만남의 축복이었다.

'모래나'는 일주일 중 하루만 빼고 우리 집에 머물며 아이들을 돌봐주기로 했는데, 아직 베이비시터 경험이 많지 않은 친구여서 돌봐주는 시간이 더 적었던 이전 베이비시터와 비슷한 금액을 받고 일을 하겠다고 했다. 나중에 알고 보니 빈민가 여성들에게 외국인 가정의 베이비시터는 매우 선망하는 일자리였다. 그러나 대부분의 외국인들이 빈민가 여성들을 마다하고 고등 교육을 받은 중산층의 여성들을 원하기 때문에 빈민가 여성들은 일자리를 잡는 것 자체가 어렵다고 했다. 기회를 얻게 된 모래나는 아주 기뻐하며 열심히 일을 해주었다. 까만 피부에 곱슬머리를 가진 모래나는 전형적인 이곳 현지인으로 태어나 지금까지 도미니카 밖으로 한 번도 나가 본 적이 없다고 하면서 유독 한국이란 나라에 호기심이 많았다.

나와 아내는 모래나 덕분에 아이들에 대한 걱정을 덜게 되었고 순조롭게 1학기를 마무리할 수 있었다.

그리고 방학 동안에도 계절 학기를 신청해 공부를 할 수 있었다. 그러던 어느 날 수업을 듣던 나는 '모래나'라는 이름이 한국으로 치면 '검순이'에 해당한다는 것을 알게 됐다. 이 곳 사람들은 자녀에 대한 애착이 적은데, 특히 빈민가 일수록 더하다. 모계 사회라 한명의 엄마가 여러 명의 남편을 거치면서 아버지가 다른 아이 여럿을 키우는 경우가 많았다. 아빠와 엄마가 울타리가 되고 그 둘 사이에서 나은 자녀들을 애지중지하며 단단한 가족의 형태를 이루는 것이 당연시되는 한국과는 달리, 도미니카는 보다 원시적인 형태에 가까운 모계 가정이 대부분이었다.

우선 엄마가 가장이 되어 가정의 축을 이루고, 남자들이 들어와 살다가 쫓겨나거나 나가기를 반복하며 아빠가 다른 자식들을 남기는 것이다. 아빠들은 자신의 핏줄을 부양해야 한다는 의무감을 별로 느끼지 않았고, 그러다보니 아이들은 아주 어렸을 때부터 방치되어 혼자 자라다시피하는 경우가 많았다. 그러다보니 이름들이 칠순이, 검둥이, 흰둥이 이런 식이다.

이런 배경을 알고 난 후 모래나를 보니 마음이 너무 아팠다.
그래서 한날은 모래나를 불러 조심스럽게 물어봤다.
"모래나, 성경에 보면 루디아라는 여인이 나오는데, 이 여인이 예수님의 제자인 바울의 말씀에 감동을 받아서 그 일행을 자신의 집에 머물게 하는 선을 베풀어, 그 후 큰 복을 받고 천국에 가게 되지. 모래나 너를 보면 남을 대접할 줄 알고, 호의를 베풀 줄 알았던 루디아가 생각난단다. 그래서 모래나라는 이름보다 루디아라는 이름으로 부르면 어떨까 하는데? 네 생각은 어떠니?"

내 말을 들은 모래나는 뛸 듯이 기뻐하며 제발 루디아라는 이름을 갖게 해달라고 했다. 나는 "네가 하나님을 영접하고 그분의 자녀 됨을 결심하면 오늘 당장 루디아가 될 수 있다."고 얘기했다. 모래나는 지금 당장 하나님의 딸이 되고 루디아라는 이름으로 살고 싶다고 했다. 우린 성경에 손을 얹고 영접기도를 드렸다.

"하나님 예수님 부활의 역사를 믿으며, 하나님 존귀하신 살아계심과 이 땅의 모든 아이들과 세상의 사람들에게 사랑을 주시기 원하시는 그 놀라운 섭리를 인정하고 의지합니다. 하나님 이제 나 모래나는 하나님의 딸 루디아가 되어 사마리아와 땅끝까지 복음을 전하는 주님의 자녀가 되겠습니다. 하나님, 이 순간 나를 사랑하시고 나를 기억하셔서 천국의 기록에 내 이름을 적어주시고 이대로 영영 하나님의 천국에 가는 날까지 주님의 사랑을 실천하며 사는 귀한 자녀가 되게 해주세요. 죽기까지 우리를 사랑하신 예수 그리스도의 이름으로 기도드립니다. 아멘."

기도를 마친 루디아의 눈에 눈물방울이 맺혔다.

"정말인가요? 나는 이제 아름답고 귀한 사람으로 다시 태어난 건가요? 우리 동네엔 나와 같은 이름을 가진 여자아이들이 아주 많았어요. 돌멩이나, 검둥 강아지처럼 별거 아닌 이름이라 내 인생도 그렇게 흘러갈 거라고 생각했는데, 이제 아닌 거죠? 내 부모도, 내 남편도 나를 특별히 여겨준 적 없는데, 나한테는 하나님이라는 위대한 신이 생긴 거고 심지어는 그분의 자녀가 되는 엄청난 일이 나한테 일어난 거죠? 나는 지금 너무 기뻐요. 천국이라니 꿈만 같아요. 만세! 이건 정말 만세를 부를 일이예요! 루디아라니 어쩜 이렇게 예쁠까 정말 예쁜 이름이에요. 감사합니다... 선교사님."

모래나의 얼굴이 기쁨으로 빛나고 있었다. 나는 하나님께서 이 작은 영혼에게 주신 은혜가 너무 눈부셔 이루 말할 수 없는 감사를 느꼈다. 잔뜩 신이 난 모래나는 우리 아이들에게도 자신의 이름을 알려 주어야 한다며 방으로 달려갔다.

다음날 루디아는 친구들이 모두 자신의 새 이름을 부러워한다며 정말 고맙다고 다시 인사를 했다 그러더니 내가 원한다면 날 자기가 사는 동네로 초대하고 싶다고 했다.

"정말? 너희 동네로 날 초대해주는 거야?"

나는 당장 가겠다고 했다. 드디어 현지인의 동네에 가 볼 수 있게 된 것이다.

"그런데 좀 오래 걸려요, 버스를 한 참 타야 하는데 괜찮아요?"

"하루에 왕복할 수 있는 거리니?"

"한 다섯 시간 걸리는데, 너무 늦으면 우리 집에서 자면 되요, 방이 세 칸이나 되거든요."

"그래? 그럼 더 늦기 전에 얼른 출발하자."

나는 오늘 안에 갔다 올 생각으로 택시를 불렀다. 그런데 불과 45분 거리였다. 나는 루디아에게 이곳이 맞냐고 물었다. 루디아는 맞다고 했다.

"다섯 시간정도 걸린다고 하지 않았어?"

"네, 맞아요, 버스로 올 때 늘 그렇게 걸려요. 버스를 다섯 번 갈아타야 하거든요."

알고 보니 도미니카의 버스들은 모두 직선 코스로만 다녔다. 그래서 가까운 건너편을 가려고 해도 직진하는 차를 타고 나가다가, 건너편 직진코스로 가는 차로 갈아타는데 이게 딱딱 맞지 않으니 아주 여러 번 갈아타야 원하는 동네를 갈 수 있는 것이다. 루디아는 이제껏 버스로 5시간 씩 걸려서 우리 집을 찾아와 우리 동네와 자신의 동네가 아주 먼 줄 알았는데, 이렇게 가까웠냐며 나보다 더 신기해했다.

"저기가 우리 집이에요."

루디아가 가리키는 곳을 보니 나무로 지어진 간이 창고 같은 단층 건물이 몇 채 보였다. 가보니 창고 건물을 열 칸으로 나누어 벽을 세우고 그 한 칸마다 한 가족씩 살고 있었다. 부엌은 구석에 간이수도를 해놓은 공간이었고, 화장실은 건물 한 동마다 뒤편에 땅을 파고 나무막대기로 축을 세워 거적 대기를 달아 놓은 게 전부였다.

나는 루디아에게 방이 세 칸이라더니 나머지 방 두 개는 어디 있냐고 물었다. 그러자 루디아가 밤에 방 가운데 칸막이를 하나 세우면 방이 두 개가 되고, 나머지 하나는 여기 있다면서 천장에서 철사로 만든 해먹을 끌어내렸다.

"이게 세 번째 방이에요."

루디아의 가족들은 원하면 자고 가도 된다고 하는데, 루디아 가족만으로 집이 비좁아 보였다. 나는 루디아 가족들에게 반가웠다고 인사를 하고 루디아의 집을 나왔다.

"혹시 이 동네에 교회가 있니?"

내가 묻자 잠시 생각하던 루디아가 이 동네엔 없고 옆 동네에 교회가 하나 있다고 알려주었다. 나는 루디아에게 모처럼 집에 왔으니 오늘은 가족들과 보내라고 한 후, 동네를 나왔다.

가로등도 없는 캄캄한 길을 걷는데, 마음이 자꾸 답답했다. 조금 전 루디아 가족의 모습 때문이었다. 도저히 집이라고 부를 수 없는 사방이 벽과 흙바닥뿐인 공간에 무려 3대가 살고 있었다. 아직 초저녁인데 TV도 라디오도 없어 벽이나, 방바닥을 보고 그냥 우두커니 있는 그들을 보는 순간, 이 땅에 정말로 복음과 교육이 필요하다는 생각뿐이었다.

색연필 하나만 있어도 얼마든지 재미있게 놀 수 있는 어린 아이들이 무료하게 손가락을 빨며 나를 쳐다보고 있었다. 내가 인사를 하고 나오자 다시 벽을 향해 등을 돌리는 아이들의 모습이 너무 안타까웠다. 그러나 지금 나에겐 그 지역 아이들 모두에게 색연필을 사줄 돈이 없었다. 캄캄한 길을 걸으며 하나님께 기도를 드렸다.

"하나님... 저들에게 선물을 주고 싶습니다. 하나님의 사랑을, 하나님의 복음을, 그리고 세상의 교육을 선물하고 싶습니다."

그 순간 내 마음에 구체적인 비전이 두 가지가 세워졌다.

"이제 사역을 시작하면 첫 번째로 도미니카 사람들이 하나님의 선물을 받게 하자! 사람이 어떻게 살든 하나님의 나라의 선물을 받는 것이 가장 좋은 것이다! 두 번째로는 이 세상에서 큰 선물이 되는 교육을 받게 하자. 그래, 교육이야말로 인생을 바꾸는 귀한 선물이다. 누구나 와서 공부할 수 있는 기독교 학교를 세우자!"

나는 구체적인 비전이 세워졌음에 감사했다.

게다가 그중 첫 번째는 당장 실천할 수 있는 비전이었다.

한 사람이라도 좋으니 하루빨리 하나님을 만날 수 있도록 어서 복음을 전해야겠다는 생각에 마음이 급해졌다. 그러나 곧 현실적인 걱정이 들었다. 매월 사역비로는 현지 생활비와 학비를 충당하기에도 빠듯한 상황, 빵이나 의약품 같은 구제품을 살 여력이 없는데 과연 사람들이 모일까 두려웠다.

이런 저런 생각을 하는 동안 루디아가 알려준 옆 동네 교회에 도착했다.

'그래 먼저 사역을 하고 계신 안드레 벨로스(Andre Velos) 목사님께 이곳 정세와 개척을 할 때 필요한 조언들을 들어보자.'

어느덧 교회에 도착한 나는 목사님에게 한국에서 온 선교사라고 신분을 밝히고 이곳 현지인들을 대상으로 선교 사역을 하고 싶다고 말씀드렸다. 그러자 목사님께서 그동안 목회를 하시며 겪은 일들과 주의 할 점을 나에게 말씀해주셨다.

"도미니카인들에게 가톨릭은 생활 면면에 고착되어 있습니다. 종교가 없는 사람도 식사하기전 성모께 감사를 드리고 성호를 긋는 걸 당연하게 생각하니까요. 이들은 예수님보다 성모가 위대하다고 믿습니다. 이런 사상은 모계사회라는 도미니카의 특성과 맞물려 매우 견고합니다. 도미니카 여성들은 매우 강하며, 자신들의 그런 지위와 영향력을 성모께서 지지한다고 믿습니다. 제가 경험한 결과 이들의 잠재의식 속에는 예수님보다 성모 마리아가 더 강력하게 자리 잡고 있습니다. 게다가 도미니카 안에서 가톨릭의 힘은 매우 강력해 정치에도 영향을 끼칩니다. 법안이나 국가의 예산도 대부분 가톨릭을 지원하는 방향으로 정해지는 경우가 많은 것도 그런 이유에서입니다."

"목사님, 저는 그래서 더 선교가 필요하다고 생각합니다. 종교의 힘을 믿는 나라, 종교를 대중들의 피난처라고 밀쳐두지 않고 국가 차원에서 존중하고 인정하는 나라. 저는 이것이 도미니카의 가능성이라고 생각합니다."

나는 성경책 사이에 끼워놓은 도미니카 국기 그림을 목사님 앞에 펼쳐 놓았다.

"목사님, 저는 도미니카의 국기에 새겨진 성경책을 발견하는 순간 하나님께서 이 나라를 사랑하시며, 이 나라를 위해 예비해 놓으신 축복이 있다고 강하게 확신했습니다. 보십시오! 도미니카 국기에 그려진 건 성모 마리아의 모습이 아닌 성경책입니다."

정말 그랬다. 도미니카의 국기에는 성경책이 선명하게 그려져 있었다. 세계 어느 나라의 국기를 살펴 보아도 그 복판에 성경책을 새겨 놓은 나라는 없다. 뿐만 아니었다 국기의 왼쪽에는 올리브 나뭇가지가 그려져 있고, 오른쪽에는 야자수 가지가 그려져 있는데, 예수님께서 예루살렘에 입성하실 때 예수님을 반기던 군중들이 흔들었던 게, 바로 올리브와 야자수 나뭇가지였다.

"저는 이 나라에 큰 가능성과 비전이 있다고 믿습니다. 비록 작지만 전 세계에 선교사를 파송한 영국처럼, 이곳 도미니카도 반쪽짜리 섬나라지만 언젠가는 믿음의 대국이 되어 세계로 선교사를 배출하는 나라가 되는 번영을 이루게 될 것이라 믿습니다."

실로 담대한 선포였다. 이미 이곳에서 여러 해 목회를 하신 목사님 앞에서 도미니카에 입성한지 얼마안된 햇병아리 선교사가 이 나라를 믿음의 대국으로 성장시키겠다고 감히 장담하고 있었다.

"선교사님의 열정이 부럽습니다. 저도 기도로 응원 하겠습니다. 일하시는 중 어려운 일이 있거나, 도움이 필요하시면 또 들러주십시오."

목사님과 함께 도미니카의 부흥을 위해 기도한 후 교회를 나섰다. 아까와 다름없는 캄캄한 길이었지만 나는 고개를 최대한 젖혀서 하늘을 바라봤다. 내일 날씨가 흐릴 모양인지 희미한 하늘에 작은 별들이 빛나고 있었다. 나는 그 별을 바라보며 하나님께 기도했다.

"하나님 비록 저 별이 지금은 희미하게 보이나 저 별의 실체는 분명 훨씬 크고 빛나는 모습임을 믿습니다. 모든 게 서투르고 부족한 상황이라 마치 '점' 같은 출발이 되겠지만, 언젠가는 사람들이 그 점과 같은 시작 뒤에 하나님의 은혜라는 거대한 실체가 있음을 목격하게 될 것임을 믿습니다."

사실 목사님을 만나러 갈 때까지만 해도 보급품을 마련할 재정이 없다는 걱정이 마음 중심에 있었다. 그런데 막상 목사님과 대화를 시작하니 그 대화 가운데 하나님이 나에게 임재하셨음을 느꼈다. 준비된 게 아무것도 없다고 생각했는데, 도미니카를 겪고, 공부하는 과정에서 품게 된 비전들이 그동안 구체적으로 성장했고, 그리고 그 자체가 원동력이 될 수 있음을 새삼 알게 된 것이다.

비록 이 나라가 현재는 대외적으로 가톨릭 국가지만, 하나님은 이미 이 나라의 국기에 성경을 새겨 놓으셨다. 나는 한치 앞을 모르며 걷지만, 하나님은 과거와 현재 그리고 미래를 완벽하게 꿰뚫어 보시며 오차도 없이 모든 것을 예비하신다.

슈퍼를 다녀오는 길에 끄리스띠안 싸빠따를 처음 만났을 때 나는 차를 얻어 탄 것만으로도 하나님의 예비하심을 경험했다고 기뻐했다. 그러나 그 만남이 훗날 영주권을 얻는데 결정적인 도움을 준 것을 본 후에야 이 만남이 내가 생각한 것 이상을 준비하신 하나님의 계획이었다는 걸 알게 됐다. 하나님은 이미 내가 영주권이 필요할 것을 아시고, 내가 영주권의 필요조차 몰랐던 수 개월 전에 끄리스띠안을 만나게 하셨고, 우리를 친구로 묶으셨고, 영주권이 필요해진 시점에는 그들 부부가 우리 가족의 신원보증인이 되는것이 자연스러운 일이 되게 하셨다. 언제나 하나님의 역사에는 감히 사람이 짐작할 수 없는 순리가 있고, 예비가 있다.

그런 은혜에 감사하며 앞으로의 일들을 통해 하나님의 큰 뜻을 잘 볼 수 있도록 넓은 시야와 포부를 달라고 기도했다. 하나님이 이 나라의 국기에 성경을 새겨 놓으신 건 고작 한 동네, 한 도시의 부흥이 아니라 도미니카라는 국가 차원에서의 은혜를 예비해 놓으신 게 분명하다는 생각이 들었다.

그리고 미래의 어느 날, 이제 하나님의 역사를 믿게 된 이곳 도미니카의 군중들 앞에서 당신들이 오늘 누리는 이 축복은 하나님께서 아주 오래 전에 예비하셨고, 성경 속 노아에게 무지개를 주어 약속을 공언하신 것처럼 온 국민이 볼 수 있는 국기의 복판에 성경을 이미 새기셨다고 선포함으로 모든 도미니카 국민이 인정하고 순종는 순간을 그리게 되었다.

그런 생각을 하자 가슴이 벅차게 뛰기 시작했다. 가슴에서 일어난 뜨거운 불길이 내 온몸을 휘감았다. 당장 꿇어 엎드려 기도를 하고 싶었다. 마음껏 부르짖으며 하나님을 만나고 싶었다. 나는 큰 길까지 한걸음에 달려 택시를 탔고 집에 도착했다. 나는 신발을 벗자마자 방으로 뛰어 들어가 창문을 향해 엎드렸다.

'아버지, 저에게 비록 가진 재물은 없으나 하나님께서 주신 젊음과 열정이 있습니다. 그냥 미지근하게 있다가 썩어버리는 것이 아니라 이 젊은 몸 하나님께 온전히 바쳐 뜨겁게 타오르게 해주세요. 낯선 타국의 땅 한복판으로 뛰어들 결심을 한 지금, 너무나 많은 미신과 우상 그리고 가톨릭이 지배하는 이곳에 복음을 들고 들어갑니다. 아버지, 나와 함께 하소서. 내 왼손에는 건강을 나의 오른손에는 말씀 있게 하셔서 매일 온전하게 하나님의 말씀을 선포하게 하소서. 매일 단 한명이라도 좋으니 무리가 늘어나게 하시고 하나님의 말씀으로 이 도시가 이 나라가 배불러지는 오병이어의 기적을 일으켜 주소서. 그리고 그들이 최초의 증인이 되어 이제는 이 나라밖 세계 방방 곳곳으로 복음을 파송하는 선교 종주국이 되게 하소서!'

나는 광장에 가득 모여 기도하는 믿음의 사람들을 그리며 간절하게 기도했다. 마음도 몸도 뜨거워져 엎드린 몸에 땀이 줄줄 흘렀다. 목도 타고, 더위에 탈진할 지경에 이르렀다. 그러나 내 평생 이렇게 간절한 기도는 처음이었기에 절대 기도의 끈을 놓을 수 없었고, 하나님을 부르짖으며 더 뜨겁게 기도했다. 그런데 어느 순간 정말 거짓말처럼 온몸에 열이 내리고 마음에 시원한 바람이 불어오는 것 같은 느낌이 들었다. 그리고 내가 이제껏 그렸던 광장에 모인 사람들의 영상이 모두 사라지고 누렇게 영근 황금 들판이 나타났다. 그 들판 위로 시원한 바람이 불고 햇살아래 황금빛 벼들이 아름답게 일렁이는 것이 보였다. 그리고 그 순간 내 입술이 시편 126편의 말씀을 고백하기 시작했다.

"눈물을 흘리며 씨를 뿌리는 자는 기쁨으로 거두리로다. 울며 씨를 뿌리러 나가는 자는 정녕 기쁨으로 그 단을 가지고 돌아오리로다."(시편 126편 5~6절)

나는 나의 마음에 두려움이 있었음을 솔직하게 고백했다. 의식적으로 외면하고 있었지만, 낯선 외국인들 사이에서 부족한 어학 실력으로 낯선 하나님을 외치다가 큰 위험에 처하게 되면 어쩌나 하는 두려움이 있었음을 고백했다. 하나님은 이미 이런 내 마음의 모든 것을 아시고 '눈물을 흘리며'라는 고백을 하게 하신 것이다.

"아들아, 나는 네가 개선장군의 모습으로 이곳에 온 것이 아니라는 것을 알고 있다.

너는 큰 투구를 쓰고, 용맹을 떨치려 애를 쓰지만 너의 마음 복판에는 눈물과 두려움이 있는 것을 알고 있다. 왜 두렵지 않겠느냐, 곳곳에 도사린 온전치 못한 영과, 버림받은 채 사단의 역사에 모든 것을 맡겨 버린 영혼들 사이로 달려가는 것이 어찌 쉬운 일이겠느냐…

그러나 아들아 나는 물맷돌 하나로 골리앗을 넘어뜨린 다윗의 하나님이다.

너의 오른손의 성경이 물맷돌이 될 것이며, 너의 왼손의 건강이 다윗의 용기가 될 것이다. 아무리 거대한 우상의 신이라도 너를 이길 수 없게 할 것이며, 이 싸움은 이미 창세전에 나의 승리로 예정되어 있음을 믿으라. 오늘까지 흘린 너의 눈물을 내가 한 방울도 남김없이 기억하고 있다. 그 눈물이 수천, 수 만 배의 생명수가 되어 넘치게 할 것이며 이 땅에 반석의 지대와 풍요로운 동산이 온전히 이루어지게 하리라.

믿음의 반석이 될 제자들을 너의 설교를 통해 세워지게 할 것이며, 전도의 씨앗이 하나 심기우면 한 알의 겨자씨에 많은 소출이 있듯 그들의 가족이 자자손손 믿음의 가정이 되는 놀라운 축복을 약속한다.

아들아, 일어나라!

너는 홀로 강한 군대가 될 것이며, 온전한 제사장이 될 수 있다. 아무것도 두려워하지 말아라. 내가 오늘 너의 눈물과 너의 헌신을 기억하며 이제 너에게 쌓을 곳 없이 축복을 부을 것이다. 너는 다만 내게 부르짖으라. 내가 너에게 승전 나팔이 되고, 깃발이 되며, 승리의 징표가 될 것이니 너는 오직 여호와 하나님 내 이름만 부르짖으며 너의 모든 것을 들고 나에게 나오라. 내가 너를 이 나라 이 세계의 중심에 온전한 나의 증거로 세우리라.”

하나님이 나에게 주시는 말씀들이 폭포수처럼 내 마음 안에서 솟아나기 시작했다 나는 그것을 귀가 아닌 마음으로 들을 수 있었다. 그리고 그 모든 말씀의 은혜가 나를 통하여 이 땅에 완벽하게 증거 될 수 있기를 다시 기도 드렸다.

그날 밤 나는 메마른 땅에 맑은 비가 내리는 영상을 그리며 잠들었다. 내가 그릴 수 없는 아름다운 영상이었고 규칙적인 빗방울 소리가 평안하고 깊은 잠으로 나를 이끌었다. 그렇게 나는 기도하던 채로 가만히 웅크려 나를 안아주시는 하나님의 손길을 느끼며 온전한 잠에 빠져 들었다.

예비하시는 하나님

드디어 교회를 개척할 결심을 하고 밤낮으로 기도했다.

아펙대학에서의 언어공부를 마쳐갈 무렵이라 언어에도 어느 정도 자신감이 생겼고 더 이상은 미루면 안 된다는 생각이 들었다. 그렇게 한 번 결심을 하니 사모하는 마음이 너무 커져서 마치 아내와 연애를 시작했을 때 사랑에 빠져 아내를 밤낮으로 보고 싶어 했듯이 새로 개척할 교회를 낮이나 밤이나 그려보고, 소망하게 됐다. 그 과정에서 안드레 벨로스 목사님을 만나게 되었고 목사님께 교회의 개척의사를 말씀 드렸더니 목사님의 교회 청년 중에 고등학교 국어교사인 호세 형제 부부가 있는 데 그분들을 동역자로 연결해 줄 테니 도움을 받아 도전해보라고 말씀하셨다. 그리고 교회가 꼭 필요한 지역으로 누에보 오리손테(Nuevo Horizonte)를 추천해 주셨다. 나는 목사님의 조언을 받아들여 누에보 오리손테 지역에 교회를 세울 결심을 하고 '예수사랑교회'라는 이름으로 개척을 선포했다.

일단 개척을 선포하고 나와 아내 그리고 호세 형제 부부가 모여 예배를 시작했지만 아직 예배당도 없는 상태였다. 하루빨리 예배당을 세우고 계척 예배를 드리고 싶었지만 내 마음과 달리 현실적인 준비는 더디게 진행됐다. 생각보다 자금 문제가 원활하지 않았던 것이 문제였다.

그러던 중 미국의 어바나(UBANA)대회에 강사로 서달라는 요청이 들어왔다. 어바나(UBANA)는 미국 일리로이스 어바나 샴페인이라는 지역에 위치한 일리로이스 주립대학에서 3년을 주기로 개최되는 청년선교대회이다. 미국 내에서는 가장 큰 규모의 청년선교대회로 대부분의 미국 선교사들이 이 대회에서 결신했노라고 고백할 만큼 유서와 전통이 깊은 선교대회였다.

세계적인 규모의 선교대회인 만큼 GMF-USA도 어바나 선교대회에 선교부 부스를 설치하기로 했고 어바나 주최 측에서 GMF-USA에 강사를 세울 수 있는 권한을 주었다. 그리고 GMF-USA 선교부는 이번 대회에 파송선교사인 나를 세우기로 결정하고 연락을 해온 것이다.

나는 기꺼이 참석하겠다고 답을 했다. 그런데 경비가 문제였다. 아무리 한국보다는 가까워졌다고 해도 도미니카에서 미국도 비행기로 이동해야했다. 한 달, 한 달 빠듯하게 살고 있는 형편이라 여윳돈이 있을 리 만무했다. 하지만 이 기회는 금전으로 보상하거나, 값을 매길 수 없는 귀한 기회였다. 특히 도미니카 청소년들에게 미국은 그야말로 선망의 나라였다.

어바나에 강사로 가는 것은 이와 같은 사실을 미국에 알리고 훗날 도미니카 청소년들을 초청해 달라고 공식적으로 부탁할 수 있는 자리였다. 어떻게든 가야했다. 아내와 나는 경비를 놓고 기도를 시작했다. 우리의 필요를 가장 잘 아시고 늘 채워주신 하나님을 신뢰하며 마음 편히 미국행 준비를 했다.

그런데 다시 한 번 놀라운 일이 일어났다. 대사관에서 전화가 온 것이다. 대사님께서 나를 만나고 싶어 하신다는 내용이었다. 나는 다음날 바로 찾아뵙겠다고 말씀드리고 이튿날 가장 깨끗한 옷을 입고 대사님을 뵈러갔다.

어떻게 된 일인지 대사님은 내가 초청강사로 미국행을 준비하고 있다는 걸 알고 계셨다.

"그 유명한 대회에 강사로 초청받아 가신다니 정말 축하할 일입니다."

대사님은 예의 그 온화한 미소로 나를 격려해주시며 서랍에서 봉투 하나를 꺼내주셨다.

"선교사님... 제 평생 처음의 연보입니다."

"대사님..."

"선교사님도 아시겠지만 전 종교가 없고, 와이프는 가톨릭입니다. 그래서 가끔 와이프가 신부님을 모셔 식사를 한 번 대접해 달라고 부탁할 때가 있습니다. 그런데 한 번도 그렇게 하지 않았습니다. 하지만 목사님께는 연보를 하고 싶습니다. 봉투 안에 돈은 어디까지나 저의 사비로 마련했습니다."

그때 나는 대사님의 마음에 신앙이 생기고 있음을 확신했다.

"대사님, 정말 감사합니다. 그리고 하나님은 대사님을 사랑하십니다."

분에 넘치는 식사까지 대접받고 대사님 댁을 나섰다.

대사님 덕분에 경비문제가 해결 되었고 무사히 미국에 도착했다. 나는 선교에 대해 강의하는 한편 틈이 나고, 기회가 될 때마다 도미니카에 대해 알렸다.

"도미니카에는 기독교 학교가 절대 부족한 상황입니다. 기독교 영성이 살아 있는 교과서, 나아가 그런 수업을 해줄 수 있는 단기 선교팀이 와주신다면 정말 큰 도움이 될 것입니다. 도미니카의 순진한 청년들이 가장 소망하고 동경하는 나라가 미국인만큼 여러분도 도미니카에 애정을 가져 주시기 바랍니다."

그런데 뉴욕에 있는 선교부로부터 뜻밖의 소식을 듣게 됐다. 어쩌면 우리 도미니카에 단기 선교팀이 파송될지도 모른다는 이야기였다. 나는 얼른 담당자를 찾아갔다.

"정말입니까? 도미니카로도 단기 선교팀이 파송 될 계획이 있습니까?"

그러자 담당자님께서 "예, 미국에 거주하는 한인 대학생들로 팀을 꾸렸는데, 생각보다 한국인 선교사님들이 많지 않네요. 그래서 도미니카로도 한 팀 파송할 수 있을 것 같습니다. 괜찮으신가요?"라고 했다.

"네! 저희로선 너무 감사한 일입니다."

도미니카로 돌아온 나는 즉시 한국에 연락해 미국에서 단기 선교팀이 온다는 소식을 알리고 그 일에 맞추어 작게나마 예배당을 지을 수 있도록 건축비를 지원해 달라고 요청했다.

나는 하나님이 우리에게 일꾼들을 허락해 주셨음을 굳게 믿고 있었다. 더욱 열심히 기도를 했다.

그런데 한국에서 연락이 왔는데 필요한 금액에 많이 못 미치는 금액을 보내겠다고 하셨다.

나는 다시 하나님께 매달렸다. 단기 선교팀이 올 때까지 반드시 자금이 마련되어야 했다. 나는 금식하며 하나님께 간절히 매달렸다. 그러나 어디에서도 물질이 채워지지 않았다.

단기 선교팀이 도착하기 일주일 전, 미국에서 연락이 왔다.

"선교사님, 이번에 선교팀이 도착하면 예배당 건축을 하고 싶다고 하셨죠."

"네."

"규모는 어떻게 생각하고 계십니까?"

"건축비가 아직 확보되지 않은 상태라 작게 생각하고 있습니다. 원래는 30평쯤 생각했는데 가능할지는 시간을 좀 더 주시면 말씀드리겠습니다."

"30평으로 지으시면 되겠습니다. 이번 단기 선교팀 총 15명이 도미니카로 갑니다. 각자 500달러씩 건축 헌금을 모아 갈 테니, 늦기 전에 빨리 자재를 신청해주세요."

"할렐루야! 감사합니다."

정말 완벽하신 하나님을 찬양할 수밖에 없었다. 일주일이면 자재를 신청하기에 빠듯한 시간이었다. 나는 서둘러 나가 건축자재상을 돌며 필요한 자재들을 주문했다.

그리고 일주일 뒤 선교팀이 도착했다. 선교팀은 무려 40일을 체류하며 교회 건축을 도왔고, 마침내 30평 규모의 작은 교회가 완성되었다. 그야말로 꿈같은 일이었다.

누에보 오리손테(Nuevo Horizonte) 지역에 '예수사랑교회' 성전이 세워졌다.

1990년 8월 3일을 교회 입당예배일로 정했다.

예배를 한 주일 앞두고 밤낮으로 기도하며 틈이 날 때마다 전도지를 돌리고 교회를 홍보했다. 공사를 마무리하고 교회 집기들을 준비하랴, 새벽예배와 작정 기도하는 가운데 말씀을 준비하랴 눈코 뜰 새 없이 바빴지만 마음에는 오직 기쁨만 넘쳤다.

마침내 8월 3일 되고, 예배시간이 점점 다가왔다. 나는 떨리는 마음을 가누려고 강대상 뒤에 엎드려 준비 기도를 드렸다.

'하나님 최소한 12명은 오게 해주십시오. 열두제자를 기억하시고 제게도 힘을 합쳐 복음을 전하고 이 교회를 일으킬 12명의 성도를 허락하여 주십시오.'

기도를 마치고 일어나 예배당을 보니 아내와 우리 아이들 외에는 아무도 없었다. 하지만 시간이 되었기에 찬양을 시작했다 그런데 두 번째 찬양을 다 불러갈 때쯤 문이 열리고 루디아와 루디아 또래로 보이는 처녀 세 명이 더 들어왔다. 나는 반가워 손이라고 흔들고 싶은 마음이었지만 다음 찬양을 시작했다. 찬양을 마치고 기도를 시작했다.

나는 도미니카어로 기도를 하고, 첫째와 둘째는 우리말로 기도를 하기 시작했다. 그러자 처녀들이 작게 웃는 소리가 들렸다. 작은 동양인 아이들이 저희 나라말로 기도하는 것이 신기하기도 하고 귀엽기도 한 모양이었다.

입당 예배를 드리는데 성도들도 울고 나도 울었다.

나는 성도들에게 오늘 이 예배를 잊지 않겠다고 얘기했다.

그런데 준비기도가 마쳐 질 때쯤 작은 아이가 울음을 터트렸다. 처녀들 중 한명이 기도하고 있는 작은 아이의 머리카락 슥 당겨버린 것이다. 그 모습에 처녀가 미안해 어쩔 줄 모르자 나머지 처녀들도 무슨 일이냐며 자기들끼리 웅성거렸다. 갑자기 언니들이 무섭게 느껴진 작은 아이가 '아빠~'를 부르며 나에게 오려고 했다. 아내가 얼른 안아 아이를 달랬다.

나는 준비한 말씀을 꺼내고 에스파냐어로 설교를 하기 시작했다. 그런데 아이가 좀처럼 울음을 그치지 않으니 자꾸 신경이 쓰였다. 설교를 달달 외우긴 했지만 중간에 까먹으면 어쩌나하는 두려움이 밀려왔다. 나는 오직 하나님만을 의지하며 마치 긴 구 구단을 외우듯 준비한 에스파냐어 설교를 달달 외웠다.

"하... 하나님은 우리를 사랑하십니다. 여러분들의 부모님이 여러분들을 사랑하는 것보다. 여러분이 여러분의 친구와 연인을 사랑하는 것보다 훨씬 더 많이 우리를 사랑하십니다. 얼마나 사랑하시냐면 나와 여러분의 죄를 용서해주시기 위해 하나님의 하나뿐인 독생자 아들 예수님을 우리를 위하여 이 땅에 보내셨을 만큼 우리를 사랑 하십니다. 그리고 우리는 그 특별한 사랑을 아가페라고 부릅니다. 이런 절대적인 아가페의 사랑을 받는 여러분은 아주 소중하고, 귀한 존재입니다."

처음에는 내 발음을 흉내 내며 웃던 성도들이 점점 설교에 집중하기 시작했다.

"... 영원한 아가페의 사랑 안에서 사는 방법은 말씀 드린바와 같이 아주 쉽고 간단합니다. 예수님 보혈의 증거를 믿고, 하나님의 자녀 되었음을 이 순간 저와 함께 고백하는 것입니다. 하나님의 자녀 되기를 소망하시는 분은 지금 손을 들고 저를 따라해 주십시오."

나는 준비했던 마지막 한 줄까지 무사히 설교했다. 그런데 아무도 손을 들지 않았다. 나는 다시 한 번 또박또박 자녀 되기를 소망하시는 분 손을 들어 달라고 했다. 그러자 루디아가 손을 번쩍 들었다. 루디아를 따라 처녀들 중 두 명이 손을 들었다. 나는 그들과 함께 결신의 기도를 했다. 기도를 마치고 다음 예배를 광고했다. 찬양을 드리고, 주기도문으로 예배를 무사히 드렸다.

그날 저녁 어떻게 집으로 왔고, 언제 잠들었는지 기억이 나지 않을 만큼 내내 긴장 상태였다. 아침에 눈을 떴는데 눈을 뜨자마자 드는 생각이 '다음 설교는 어떻게 하지?'였다. 우선 한국어로 설교를 적은 다음 그걸 에스파냐어로 바꾸는 사전 작업을 한 다음 외우는 순서로 설교를 준비해야 했기 때문에 마음에 부담이 컸다. 화장실을 가는 시간 외에는 거의 모든 시간 내내 사전과 설교 노트를 옆에 끼고 지냈다. 어제 무사히 설교를 마쳤다고 해서 다음에 막히지 말란 법이 없었다. 부담감을 잔뜩 안은 채로 설교를 암기하니 잘 외워지지가 않았다.

다음 예배시간에도 나는 준비한 설교를 중얼중얼 외우며 교회로 갔다.

그런데 우리 교회로 향하는 길가에 스무 명 정도 되는 사람들이 모여 웅성거리고 있었다. '나는 무슨 일로 사람들이 모였나?' 하는 호기심이 생겨 사람들이 모인 자리로 슬쩍 가봤다. 그런데 사람들 사이에서 루디아가 툭 튀어나오더니 "목사님! 이제 오시면 어떻게 해요. 우리 아까부터 기다렸단 말이에요!"라고 말하며 아는 척을 했다. 그러자 사람들이 일제히 나를 보았다. 몇 명은 반갑다고 박수를 치고, 몇몇은 자기들끼리 옆구리를 찌르며 수줍게 웃었다.

다함께 예배당으로 들어와 예배를 드리기 시작했다.

사람들 수가 늘어나니 어제보다 훨씬 더 떨렸다. 나는 제발 설교를 까먹지 않게 해달라고 기도하며 예배를 인도했다. 찬양이 시작되자 사람들 중 절반이 자리에 일어나서 박수를 치고 흔들흔들 춤을 췄다. 내가 '할렐루야'라는 말을 가르쳐줬더니, 시키지 않아도 설교 중 분위기가 올라가면 할렐루야를 외치며 손뼉을 쳤다. 나중에는 너무 자주해서 설교에 방해가 될 정도였다. 흥이 많고, 분위기를 잘 타는 이 나라의 민족성이 이날 한 번의 예배로 납득됐다.

성도들이 점점 늘어나기 시작했다. TV도 라디오도 없이 무료하게 저녁시간을 보내던 사람들에게 나의 등장은 내심 반가운 뉴스가 된 모양이었다. 그래서 개척 후 초반에는 예수님과 천국보다는 '한국'에 대한 질문이 더 많았다. 내가 살던 곳이 한국의 '서울'이라고 했더니, 한 청년이 '서울'이라면 '일본'의 수도냐고 질문을 할 만큼 이곳 사람들은 한국에 대한 정보가 없었다.

그래도 다행인 것은 외국인에 대해 호의적인 사람이 대부분이고, 도미니카 바깥 세상에 대해 호기심들이 많아서 늘 활기찬 모습으로 성전에 나와 예배에 동참했다는 점이다. 어떤 날엔 설교 이후에도 한국에 대한 다양한 질문들이 이어져 몇 시간씩 대화를 하며 밤늦도록 예배당에 웃음꽃을 피우기도 했다.

그렇게 순탄하게 몇 개월이 흐르던 어느 날 큰아이와 작은 아이가 교회를 가지 않겠다고 버텼다. 왜 그러냐고 물었더니 언니 오빠들이 자꾸 머리카락을 잡아 당겨서 싫다는 황당한 이유를 댔다. 처음엔 아이들을 혼냈다. 언니오빠들이 예쁘다고 그러는 건데 그걸 이유로 예배를 안 드리겠다니 말이 안 된다고, 예배는 목숨을 다하는 날까지 무조건 드려야 하는 거라고 다소 무서운 이유까지 대며 아이들을 혼냈다. 다른 문제도 아닌 예배 문제이기 때문에 엄격하게 버릇을 잡아야 한다는 생각이 들어 더 그런 것인데, 큰 아이가 닭똥 같은 눈물 뚝뚝 흘리며 정말 아프고 힘들다며 울기 시작했다.

본래 참을성이 많은 아이이고, 어렸을 때부터 밥 먹는 것만큼

이나 예배를 당연히 드린 아인데 언니오빠들이 좀 과하게 머리를 쓰다듬었다고 해서 예배를 못 가겠다고 버티는 게 이상한 거였는데 무심한 난 그런 생각도 못하다가 아이가 여느 때와는 비교가 안 되게 너무 서럽게 우니 그제야 '무슨 이유가 있나?' 하는 생각이 들었다. 그래서 차근차근 물으니 성도들이 아이들의 머리카락을 쓰다듬고, 장난으로 당겨보는 것뿐만 아니라 몇 가닥씩 뽑기도 한 모양이다. 그런데 예배시간에 그런 일이 일어났으니 큰 아이 딴에는 예배에 방해 될까봐 꾹꾹 참고, 또 참다가 이제 한계에 다다른 모양이었다.

얼굴이 파래지도록 우는 아이를 보니 마음이 너무 아픈데, 또 한편으로는 이곳 청년들이 왜 그러지는지도 이해가 가니 누구 하나 혼낼 수도, 편들어 줄 수 없었다.

청년들이 아이들의 머리카락을 만져 보고 싶어 하는 이유는 아주 간단했다. 도미니카에는 '직모'를 가진 사람이 아주 드물다. 도미니카 주민은 유럽계 16%, 아프리카계 11%, 뮬라토 73%로 구성되어 있는데 주민의 대다수를 차지하는 뮬라토는 중남 아메리카에 사는 백인과 흑인의 혼혈이다. 대부분 피부가 검고, 아주 강한 곱슬머리다. 드물게 백인의 얼굴을 가진 사람들도 있으나 그들도 머리카락은 흑인의 곱슬머리를 가졌다. 그러다보니 성도들의 눈에 우리아이들의 긴 생머리가 너무 신기하게 보인 것이다. 그래서 틈만 나면 아이들 머리카락을 만져 보고 싶어 하는 거였는데 뽑기까지 하는 줄은 나도 미처 몰랐었다.

그런데 아이들의 스트레스가 점점 심해졌다. 슈퍼마켓이나, 상점에서 사람들이 예쁘다고 머리를 쓰다듬으려고만 하면 깜짝깜짝 놀라며 울음을 터트렸다. 그러더니 나중에는 예배만 드리러 가자고 하면 얼굴이 파랗게 질리도록 울며 싫다고 버텼다. 그 모습을 보니 미안하기도 하고, 속도 상했지만 어느 누구에게 하소연 할 수도, 주의를 줄 수도 없었다. 아직 개척 초기, 예배가 무엇인지도 모르고 은혜도 체험해 보지 못한 사람들이 내 말 한마디에 시험이라도 들까봐 주의를 줄 수도 없었다.

결국 고심 끝에 예배시간 동안 아내와 아이들을 맨 뒤에 앉게 했다. 그리고 더 재미있는 설교와 박수, 할렐루야 구호 등을 동원해 그들의 집중력을 높이기 위해 애를 써야했다. 그런데 감사한 것은 아이들에게 관심을 갖는 그들의 주의를 끌기 위해 조금이라도 더 재미있고, 흡입력 있는 설교를 준비하느라 애를 썼더니 짧은 시일동안 말도, 설교도 많이 늘게 되었다.

나는 이 모든 과정조차 하나님의 은혜라고 생각했고, 이토록 세밀하게 이 교회를 돌보시는 하나님을 바라보며 이 교회에 임할 더 많은 부흥과 영광을 기대하게 됐다. 나는 매일 틈이 날 때마다 하나님께 이 교회는 제게 '이삭' 같은 교회이며, 기쁨이라고 고백했다.

'하나님 도미니카에 오기까지 3년, 그리고 도미니카에 도착해 다시 여러 해 저는 오직 이날만을 소망하고 기대했습니다. 아브라함이 긴 기도와 순종 끝에 이삭을 얻는 모습을 새기며, 힘들 때나 어려울 때면 더욱 생생히 저에게 허락하실 '교회'를 그렸습니다. 그리고 마침내 도미니카의 복판에 교회가 건축되어, 성도들과 함께 예배드리게 하시니 아버지 나는 아브라함이 이삭을 얻었을 때와 같이 기쁘고, 기쁩니다.'

그런데 그런 벅찬 감동이 채 가시기도 전에 나의 마음에 자꾸 이상한 생각이 들었다. 성전을 두고 기도하며 아브라함과 이삭의 이야기를 묵상할 때 마다 아들을 얻고 기뻐하는 아브라함의 모습이 아닌 이삭을 이끌고 '번제'를 떠나는 모습을 떠오르는 것이다.

> "여호와께서 이르시되 네 아들 네 사랑하는 독자 이삭을 데리고 모리아 땅으로 가서 내가 네게 일러 준 한 산 거기서 그를 번제로 드리라."(창세기 22:2)

처음엔 우리 교회의 이름을 바꾸라고 하시는 줄 알았다. 하나님이 아브라함의 믿음을 시험하시고 숫양을 예비하사 번제를 드리게 하시고, 축복을 하신 곳 '모리아…', 혹시 '모리아'가 우리 교회의 새 이름인가 하는 생각이 들었다. 아니면 '이삭일까?' 하는 생각도 들었다. 사실 나의 마음에는 '이삭'이 더 가깝게 느껴졌다.

이삭이 누군가. 아브라함이 100살에 얻은 귀한 자식이었다. 수십 년을 애타게 기다려 허락받은 자녀였으니 얼마나 소중하고, 어여뻤겠는가. 어쩌다 그 머리칼을 쓸어 볼 때면 '아 만져도 지고, 숨도 쉬는 이 존재가 내 아들이구나…' 새삼 기쁘고 행복했을 것이다.

그리고 이 성전이 나에게도 그랬다. 건축에 '건' 자도 모르는 상태로 지은 아주 평범한 건물이지만 문이 열리는 것도, 창문이 열리는 것도 신기했고. 비라도 오는 날에는 그 비를 고스란히 감당해주는 지붕이 기특해 마음이 뿌듯할 정도였다. 그러니 이 교회는 나에게 '이삭' 같은 교회였다. 나는 하나님께 어느 이름이 맞는지 알게 해달라고 기도를 드렸다. 하나님 이름을 정해주시면 산토도밍고에서 간판을 제일 잘 만드는 집을 수소문해 근사한 간판도 달아야지 생각했다.

그런데 어느 날 새벽 기도 가운데 이 교회가 나에게 진정 '이삭'이며, 이삭인 이 성전을 아브라함처럼 하나님께 온전히 바치시기를 원하신다는 것을 알게 되었다. 나로서는 선뜻 납득이 가지 않는 응답이라 다시 기도했다. 그러나 열 번을 다시 기도해도 마음에는 오직 이 한 구절뿐이었다.

"여호와께서 이르시되 네 아들 네 사랑하는 독자 이삭을 데리고 모리아 땅으로 가서 내가 네게 일러 준 한 산 거기서 그를 번제로 드리라."(창세기 22:2)

내가 하나님보다 이 성전을 더 사모해 화가 나신 것일까?

그게 아니라면 이쯤에서 나의 믿음을 점검 하시려는 것일까?

하지만 나는 더 이상 생각하지 않기로 했다. 믿음이 연약해지면 여러 가지 이유들이 끼어들게 되고 그러다보면 결국 사람의 생각에 미혹된다. 나는 하나님께서 원하시니 태우라면 태우고, 부수라면 부수겠다고 다시 기도를 시작했다.

그러나 기도를 시작한지 얼마 지나지 않아 태우고 부수는 것은 내 마음 안에 남아있는 분노이고 하나님을 향한 원망의 소리였음을 깨닫고 회개했다.

나는 그냥 솔직하게 나의 마음을 하나님께 고백하기 시작했다.

'하나님, 도미니카에 도착한 후 오직 현지인 선교를 하겠다는 결심 하나로 한인교회에도 적을 두지 않고 떠돌이를 자청하다 이제야 내 교회가 생겨서 기뻤습니다. 그런데 다시 거리로 나가라고 하시다니요. 아버지 솔직히 억울하고 아쉽습니다. 이 교회 안에서 저도 따뜻하게 선교를 하고 싶습니다.'

그러나 하나님은 내 마음에 아무런 감동도 주시지 않으셨다.

'하나님 순종이 제사보다 나음을 고백합니다. 나의 마음을 만져주시고 나의 생각을 온전하게 해주세요. 사람의 마음으로는 이것이 옳은 것 같아도 하나님의 뜻과 계획에 맞지 않는다면 그것은 결코 답이 될 수 없습니다. 아버지 제게 지혜와 나아갈 길을 보여주세요.'

나는 조금은 잠잠해 진 마음으로 창세기 22장을 묵상했다.

"여호와의 사자가 하늘에서부터 그를 불러 이르시되 아브라함아 아브라함아 하시는지라 아브라함이 이르되 내가 여기 있나이다 하매 사자가 이르시되 그 아이에게 네 손을 대지 말라 그에게 아무 일도 하지 말라 네가 네 아들 네 독자까지도 내게 아끼지 아니하였으니 내가 이제야 네가 하나님을 경외하는 줄을 아노라

아브라함이 눈을 들어 살펴본즉 한 숫양이 뒤에 있는데 뿔이 수풀에 걸려 있는지라 아브라함이 가서 그 숫양을 가져다가 아들을 대신하여 번제로 드렸더라 아브라함이 그 땅 이름을 여호와 이레라 하였으므로 오늘날까지 사람들이 이르기를 여호와의 산에서 준비되리라 하더라."(창세기 22:11~14)

"아브라함이 눈을 들어 살펴본즉 한 숫양이 뒤에 있는데 수풀에 걸려 있는지라…"

하나님은 아브라함과 이삭이 번제를 드릴 수 있도록 숫양을 예비하셨다.

'그래 하나님은 이제껏 내게도 늘 예비하심의 은혜를 보여주셨다. 분명 이번 시험에도 뭔가 하나님의 뜻이 있을 것이며, 하나님이 이 교회를 맡아 줄 누군가를 예비하셨을 것이다. 그럼 도대

체 누굴까…'

그런데 그 순간 아주 선명하게 안드레 벨로스 목사가 떠올랐다. 순간 나는 "아! 하나님!"을 외치며 나직한 탄성을 냈다.

성전을 맡을 사람은 당연히 목사다. 그리고 이 땅 도미니카에서 내가 아는 목사는 안드레 벨로스 목사님 딱 한 분뿐이다. 개척을 시작하기 전 처음이자 마지막으로 만나고 오늘까지 왕래가 없었는데, 10개월 전 그 만남조차 오늘을 위한 하나님의 예비하심이었다.

나는 한국 선교회에 편지를 썼다. 하나님이 나에게 이런 응답을 주셨고 그대로 순종하고자 한다는 보고를 보내고 답장이 오기를 기다렸다.

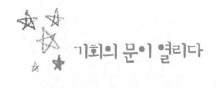

기회의 문이 열리다

몇 주 뒤, 한국 선교회에서 하나님 뜻 안에서 진행되는 모든 일을 지지한다는 내용의 편지가 왔다. 나는 안드레 벨로스 목사님을 찾아가 교회를 넘길 뜻을 밝혔다.

"목사님, 이번에 건축한 교회를 목사님께 넘기고 싶습니다."

"베드로 목사님, 그게 무슨 말씀이십니까?"

"하나님께서 제게 다른 계획을 주실 것 같습니다. 그래서 저희 교회를 목사님께서 맡아주셨으면 합니다."

"그 뜻이 분명하시다면 교단과 의논하겠습니다."

"교단이요?"

"네, 저희 교회는 하나님의 성회에 소속된 교회입니다. 새로운 교회를 맡는 건에 대해 교단과 상의하고 연락드리겠습니다."

나는 목사님의 연락을 기다리기로 하고 교회를 나왔다. 처음 목사님을 뵐 당시에는 몰랐는데 하나님의 성회라면 도미니카 안에서도 가장규모가 큰 기독교단이었다.

집으로 돌아오는 길에 나는 '이 큰 교단에 작은 교회 하나가 별 의미가 있지도 않을 텐데 왜 이 교단에 교회를 넘기게 하신 걸까?' 하는 의문이 났다.

그런데 하나님의 이번 명령엔 엄청난 뜻이 숨어 있었다.

안드레 벨로스 목사님의 연락을 받고 교회로 갔다.

"교단에서 승인했습니다. 정말 감사합니다."

우리는 그 자리에서 바로 서류를 만들어 수속을 마쳤다. 절차가 끝나자 안드레 벨로스 목사님께서 나에게 이런 말씀을 하셨다.

"선교사님, 선교사님은 장로교라 저희 교단원은 되실 수 없지만, 교단원 같은 친구가 되었으면 좋겠습니다. 그래서 드리는 말씀인데요, 성경과목 중 특히 자신 있는 분야가 있으신가요?"

나는 모세5경이라고 대답을 했다.

그러자 목사님께서 "정말 놀랍고 감사한 일입니다. 마침 저희 재단 신학대학에서 모세5경을 가르칠 선생님을 찾고 있습니다. 혹시 대학 강의도 하시는지요?"라고 물으셨다.

나는 당연히 할 수 있다고 했다. 그러자 목사님께서 학장님과 상의하여 면접 일을 정해 조만간 연락을 주겠다고 말씀하셨고, 며칠 뒤 간단한 시강 테스트를 거쳐 모세5경 강의를 맡게 되었다.

새로운 사역지를 발견하고, 강의할 수 있는 기회까지 얻었으니 정말 분에 넘치는 축복이었다. 그런데 하나님은 또 다른 선물을 내게 허락하셨다.

내가 무상으로 새 교회를 넘긴 것이 하나님의 성회 교단에서 큰 화제가 된 모양이다. 그러자 교단에 소속된 목사님들은 물론 지역사회에서 '최광규' 선교사를 인지하게 되었다. 어느 순간 누군가 나의 신원을 궁금해 하면 "왜 그, 하나님의 성회 교단에 교회를 통째로 넘긴 외국인 선교사 있잖아."라는 설명이 자연스럽게 따라 붙었고, 나중엔 "아, 최광규 선교사? 하나님의 성회 중앙대학교 교수잖아."라는 설명이 덧 붙여졌다.

동시에 이런 이야기들은 산토도밍고 내에서 영주권보다 강력한 신용보증이 되었다. 내가 어디를 가든 나를 먼저 알아보는 사람들이 늘어났다. 지역 사회 안에서 나의 신분이 아주 확실해 진 것이다. 이건 돈으로도 살 수 없는 특권이었다. 나는 순식간에 변두리 이름 없는 선교사에서 산토도밍고 사람 누구나 아는 외국인 선교사가 되었다.

선물과 기회는 언뜻 보기엔 비슷하지만 아주 다른 본질을 갖고 있다.

'선물'은 주는 사람의 뜻이 크게 반영된다. 주는 사람의 취향, 주는 사람의 능력, 주는 사람의 계획에 의해 모든 것이 결정되고 받는 사람은 그것에 대해 충분한 고마움을 느끼고 나아가 감사를 표현하는 정도의 행동을 할 수 있다.

그러나 '기회'는 다르다. 주는 사람이 절반을 그리고, 받은 사람이 나머지 절반을 그리는 합동작품 같은 성격을 갖는다.

마태복음 25장 14절~30절을 보면 한 주인이 세 명의 종을 부른 다음, 첫 번째 종에게는 다섯 달란트를, 두 번째 종에게는 두 달란트를, 세 번째 종에게는 한 달란트를 주고 타국으로 떠나는 이야기가 나온다. 나는 이때 주인이 종들에게 준 것은 '선물'이 아니라 '기회'라는 생각을 하게 됐다. 주인이 준 달란트가 '선물'이었다면 종들은 각자 그 달란트만큼의 즐거움을 누리면 된다. 누군가는 필요한 것을 사고, 누군가는 맛있는 것을 먹고, 누군가는 저금의 기쁨을 위해 땅에 묻어 두어도 된다.

주인이 선물로 준 것이라면, 달란트만큼의 기쁨을 주길 원한다는 뜻이고 그 이상의 것을 종들에게 바라지 않아야 맞다. 세상 어느 누가 '선물'을 준 다음 일 년이나 이년 뒤에 그 선물로 어떤 수익을 냈는지 확인한단 말인가? 그러나 오랜 후에 돌아온 주인은 종들을 불러 '결산'을 한다. 그리고 달란트를 땅에 묻은 하인에게 크게 진노한다. 왜냐하면 주인은 그 동전을 '기회'의 의미로 주었기 때문이다. 다른 두 명의 종들은 그 기회를 살려 '수확'을 거두었다. 즉 주인이 '달란트'를 줌으로 열어준 기회를 성실과 지혜로 살려 '수확'이라는 결과로 확장해낸 것이다.

"각각 그 재능대로 달란트를 한 사람에게는 금 다섯 달란트를, 한 사람에게는 두 달란트를, 한 사람에게는 한 달란트를 주고 떠났더니."(마태복음 25장 15절)

나는 이 말씀에도 주목을 하게 됐다. 우리는 누군가에게 선물을 할 때 그 사람의 재능을 평가해 그에 맞는 점수대로 선물을 정하지 않는다. 선물은 어디까지나 주는 사람의 마음, 주는 사람이 느끼는 고마움, 호의, 애정의 정도에 의해 책정된다. 그러나 주인은 종들의 재능을 파악하고 그 재능에 걸 맞는 달란트를 책정했다. 이것은 세상 사람들이 직원을 채용하거나, 뭔가 중요한 역할을 맡길 대상을 선발할 때 거치는 절차와 같다. 그러므로 다시 한 번 생각해 보아도 주인이 종들에게 준 것은 단순한 '선물'이 아닌 '기회'가 분명하다.

이런 기준으로 볼 때 하나님이 나에게 주신 것은 단순한 '선물'이 아닌 '기회'였다. 특히 '교수'라는 직위가 선물이었다면 나는 그 활동을 통해 얻어지는 월급과 지위로 도미니카에서 편한 삶을 누려도 관계없었다. 그러나 나는 선교사다. 하나님은 나를 도미니카 대학에 취직시켜 주시려고 부르신 것이 아니라 하나님의 사역을 하는 데 필요한 지역사회의 '신뢰'를 얻게 하시려고 기회로 열어 주신 것이다. 나는 이런 생각을 통해 당시의 신뢰, 신시가지라는 엄청난 청사진을 허락하신 데에는 분명히 하나님의 큰 뜻이 있다고 확신하게 되었다.

나는 하나님이 허락하신 이 큰 기회에 걸 맞는 대단한 노력을 어서 시작해야 된다는 생각을 하게 되었다. 우선 이런 시기일수록 각별히 행동을 조심해야겠다는 생각을 했고, 보다 완벽한 현지화를 이루겠다는 욕심에 현지인의 언어, 현지인의 복장을 하기 위해 애썼다.

도미니카 사람들은 서구권답게 말이나 행동이 아주 자유분방했다. '선생님, 목사님' 하는 격식 있는 호칭을 잘 사용하지 않았다. 대부분의 사람들이 서로를 부를 때 '너'라는 의미의 '뚜'를 사용할 정도였다. 아주 가까운 친구는 이름, 그 밖의 대부분의 사람은 '너'라고 부르는 식이었다.

그리고 동시에 그게 친하다는 표현이었다. 격식 없이 친근하게 호칭하는 것이 상대를 가깝게 여긴다는 뜻이었다. 존칭의 표현으로 '당신께'라는 의미를 가진 '우즈댓'이 있는데 친하다고 생각한 상대가 '우즈댓'이라고 호칭하면 오히려 서운해 하는 분위기였다. 즉 어머니도 하나님도 '우즈댓'으로 부르는 것보다 '뚜'로 부르는 게 더 친근하다는 뜻이었다.

그래서 난 우리 성도들이 나를 '베드로'라고 부르는 것을 좋아했다. 그만큼 친하고 가깝다는 뜻이니까 우선 이들과 친구가 되는 게 맞는 거라고 생각해서 허용했는데, 어느 날 우리 아이들의 언어 선생님이 나에게 조심스럽게 말했다.

"목사님, 가까운 사람에게 '뚜'라는 호칭을 쓰는 건 주로 빈민들이 하는 대화법입니다. 이 나라에서도 어느 정도 교양이 있고, 배움이 있는 계층들은 절대 그렇게 호칭하지 않아요. 서로서로 존칭하고 특별히 지위가 있는 변호사, 의사, 장관 등에게는 반드시 직함을 붙여 부른답니다."

"아니 그런데 왜 나한테 그런걸 알려주지 않았나요?"

"아무래도 목사님이시고 하니까, 어려워서요..."

도미니카는 국교가 가톨릭인 만큼 '신부'의 지위가 아주 높다. 로마에 교황이 우대 받는 것과 맞먹는 우대와 존중을 받는데, 언어선생님은 교양이 있는 분이다 보니 같은 성직자인 나에게도 존경의 마음을 갖고 계셨던 모양이다. 그런 선생님의 마음은 고맙지만, 너무 오랫동안 나의 호칭이 '베드로 초이'였는데, 이걸 어떻게 바로 잡아야 하나 걱정이 됐다.

사실 나도 그때 격없는 리더의 한계를 서서히 느끼고 있었다.

초반에 하나님의 사랑과 복음을 전하고 천국을 증거할 때 까지는 성도들에게 편안하고 친구 같은 대상으로 인식된 것에 별 문제를 느끼지 못했는데, 이제 그들의 믿음도 성장하고 시험과 고난, 크리스천으로서의 사명과 제자 훈련으로 인도하려하니 뭔가 어색해 하는 게 느껴졌다.

어제까지 농담을 주고받던 친구가 오늘 갑자기 하나님의 나라와 의를 위하여 목숨이 다하기까지 충성해야 하는지를 진지하게 가르친다면 누구라도 어색하고 우스울 것이다. 나는 그동안 설교의 흐름이 끊긴 이유, 일정 수준이상으로 성도들의 믿음이 성장하지 못하는 이유가 다름 아닌 나의 '처신'에 있었다는 것을 깨닫고 큰 충격을 받았다.

나는 '리더십'에 대한 진지한 묵상이 필요한 시기임을 깨달았다. 이곳 사람들에게 어떻게 보일지가 중요한 것이 아니라, 하나님 보시기에 준비된 리더여야 다음 행보가 허락될 수 있음을 깨달았기 때문이다. 나는 도미니카 사회와 사람들을 향해 분산돼 버린 내 마음을 다시 하나로 모으고 하나님의 말씀을 교재 삼아 하나님이 원하시는 리더의 모습을 공부할 결심을 했다.

여호수아 리더십

리더십을 공부하기로 한 날부터 성경에 나오는 리더들의 모습을 새로이 묵상하기 시작했다. 기적과 표적을 보이며 월등한 능력으로 이스라엘 백성을 압도한 모세. 그는 절대적인 하나님의 인도하심 아래 기적과 표적을 보임으로서 이스라엘 백성들의 존경을 받았다. 나는 그런 영력과 은혜를 갖추지 못함에 대해 반성하는 한편, 하나님께 온전히 순종하므로 신앙의 최선을 보여준 '여호수아'를 롤모델로 정하고 매일 시간을 정해 여호수아와 관련된 말씀들을 다시 읽기 시작했다.

다음날 성도들에게 이제 나를 '목사님'이라고 부르라고 하니 다들 농담인 줄 알고 웃었다. 내가 뿌린 씨앗이었다. 눈물로 진중하게 뿌린 씨앗이 아니라, 인간적인 생각과 무지로 흘린 씨앗은 사역에 걸림돌이 되는 쭉정이로 자라나 있었다. 결국 무너진 권위를 다시 세우고, 리더의 위치를 회복하기까지 많은 노력과 시간이 들어갔다. 나는 그 과정을 통해 어떤 계획을 세우든지 사람의 생각이 아닌 성경말씀이 기초가 되어야 함을 깨달았고, 강한 리더는 세상의 인지도나, 시류로 세워지는 것이 아니라 묵상과 기도로 세워진다는 것을 알게 되었다.

내가 친구로서 그들에게 이런저런 조언을 했을 때는 되도록 'NO'를 말하지 않는 이곳 사람들은 정서대로 '그래 그래' 대답만하고 실천으로 옮기지 않았다.

예를 들면 예배시간 만큼은 경건한 옷차림을 하라고 늘 얘기했는데 좀처럼 개선되지 않았다. 열대기후라는 특성도 있고, 평소엔 나도 반바지에 운동화 차림이라 어느 정도 용인하는 분위기가 있었다. 그런데 그것이 나의 역할에 맞지 않는 방만함임을 깨닫고 나부터 평소에 옷을 단정히 갖추어 입기 시작했다.

'그래, 나는 도미니카에 속한 것이 아니라 하나님의 나라에 속한 하나님의 자녀이다. 이곳의 문화를 존중하되 리더로서 본이 되어야 한다는 본분을 망각해선 안 된다.'

우선 나부터 정장을 하고, 경건을 회복하자 성도들의 옷차림과 태도가 점점 달라지기 시작했다.

나는 책임과 영향력이 리더십의 핵심이라는 생각을 하게 됐다.

'그래! 교회 안에서 리더를 성장 시키자. 잘 키운 리더 하나를 도미니카 사회 중심으로 보내 도미니카의 리더가 되게 한다면, 그를 따라 모두 자연스럽게 하나님을 경외하는 삶을 살게 될 것이다!'

새로운 비전의 발견이었다. 그날부터 나는 청년들을 위한 '제자훈련' 프로그램을 개발하기 시작했다. 가장 많은 가능성을 가진 세대, 장차 이 나라 도미니카의 운명을 바꿀 세대, 나는 그 세대를 교육시켜 도미니카에 리더로 성장시켜야겠다는 구체적인 소망을 갖게 됐다.

"그래 최고의 믿음, 최선의 교육, 최대의 기회를 위해 노력하자!"

나는 두 번째로 개척하는 교회는 학교의 기능을 할 수 있는 교회가 되었으면 좋겠다는 생각을 하게 됐다. 하나님의 나라 교육과 세상의 교육이 교회 안에서 동시에 이루어진다면 믿음의 리더이자 동시에 도미니카의 리더가 될 수 있는 인재를 양성할 수 있게 되기 때문이다.

'그래! 주님의 제자, 세상의 엘리트 이 두 가지 비전이 실현되는 성전을 만들자. 영성과 지성의 보고가 되어 장차 도미니카를 이끌어 갈 인재들을 양성하자!'

나는 이런 비전을 주시는 분이 하나님임을 인정할 수밖에 없었다. 가톨릭이 국교인 이나라에 세워질 기독교 교회, 그리고 그 교회학교 안에서 성장한 도미니카의 인재들 이것은 장차 도미니카의 미래를 바꿀 수 있는 아주 강력하고 체계적인 플랜이었다.

그리고 진심으로 고백하건데 내 안에는 저런 규모의 계획을 세우고 이끌 만큼의 지성과 경험이 없다. 왜냐하면 세상의 기준으로 볼 때 나는 유능하거나 전략적인 사람이 아니기 때문이다. 세상에서 사귄 친구들을 보면 내 또래 남자들은 정말 스마트하다. 재산을 불리기 위해 주식이나 재테크 정도는 기본으로 하고, 친구 중 몇몇은 아이들의 미래에 투자한다는 개념으로 영어교육을 위해 조기 유학을 보내 놓기도 했다. 그런데 나는 도리어 거꾸로 한국보다 문맹율이 높고 환경도 열악한 도미니카에 와있다.

선교사 최광규로 생각하면 도미니카는 당연한 선택이다. 아니, 선택의 차원이 아닌 사명 그 자체다. 그러나 한 아이의 아빠로서 생각하면 이곳 도미니카는 아무런 이점이 없었다. 그런데 '아빠로서 생각하니 아이에게 미안하고, 큰 이점이 없다'는 사실조차도 지금에야 든 생각이지 그 전에는 그런 생각도 못했다.

첫째가 학교에서 이를 옮아왔을 때, 아내가 혼잣말로 "나 어릴 때도 이런 꼴은 못 봤는데 정말 지독하게 많이도 옮아왔다."고 여러 날 속상해 했었다. 나는 그걸 보고도 '애들 크다보면 그럴 수도 있지.'라고 생각하고 대수롭지 않게 넘어갔다. 그런데 거리예배를 드리게 된 후, 가끔 심방이라고 가보면 집 안도, 집 밖도 위생 상태가 엉망이었다.

가축을 놓아먹이니 밖에서 오만가지 것들을 주워 먹고, 각종 오물을 밟아 마당이며 때로는 집 안까지 퍼트려 놓았다. 수도시설과 화장실 시설이 열악하니 집안에 오물 냄새와 땀 냄새가 늘 가득했다. 아내는 여자고 살림하는 사람이니까 아이가 머리에 이를 옮아 온 것을 보고 유치원의 위생 상태를 대번에 짐작한 것이다. 이가 들끓는 요를 덮고 낮잠을 자고, 거기서 밥을 먹고... 그래도 정말 하나님의 은혜인 것이 다니는 동안 이를 옮아 온 것 말고는 그 흔한 설사병 한번 앓지 않고 무사히 지냈다.

이렇게 부족하고, 헤아림도 느린 나에게 이 나라를 이끌 인재를 키울 비전을 주시고, 그 비전이 실현 될 수 있도록 상황을 열어주시니 비록 내가 걷고, 뛰며 다니고 있지만 이 모든 일은 하나님께서 하시는 것이 분명했다. 나는 이 큰 계획에 맞는 담대함과 열정을 달라고 하나님께 기도를 했다.

그리고 최근 다시 살펴보고 있는 '여호수아의 리더십'을 묵상하기 위해 성경을 펼치고, 기도 메모를 해 놓은 노트도 열었다.

오늘은 민수기 13장을 읽을 차례였다. 먼저 말씀 통독으로 묵상을 시작하려고 13장부터 읽어 내려가기 시작했다.

"여호와께서 모세에게 말씀하여 이르시되 사람을 보내어 내가 이스라엘 자손에게 주는 가나안 땅을 정탐하게 하되 그들의 조상의 가문 각 지파 중에서 지휘관 된 자 한 사람씩 보내라."(민수기13장 1,2절)

하나님께서 모세에게 열두지파 별로 대표를 뽑아 가나안을 살피고 오게 하라고 명령을 내리시는 장면이 시작됐다. 모세는 즉시 순종을 하여 열두지파에게 한명씩의 대표를 선발해 가나안 정탐을 하게 했다. 그러나 그들 중 열 명은 장대한 아낙 자손들을 보고는 잔뜩 겁을 먹었고 모세에게 부정적인 보고를 한다.

"우리는 능히 올라가서 그 백성을 치지 못하리라 그들은 우리보다 강하니라."(민수기 13장 31절)

그들은 싸워 보지도 않고 자신들의 패배를 기정사실화 한 것이다. 그러나 마지막 두 명, 여호수아와 갈렙은 전혀 다른 보고를 한다.

"그 땅을 정탐한 자 중 눈의 아들 여호수아와 여분네의 아들 갈렙이 자기들의 옷을 찢고 이스라엘 자손의 온 회중에게 말하여 이르되 우리가 두루 다니며 정탐한 땅은 심히 아름다운 땅이라 여호와께서 우리를 기뻐하시면 우리를 그 땅으로 인도하여 들이시고 그 땅을 우리에게 주시리라 이는 과연 젖과 꿀이 흐르는 땅이니라."(민수기 14장 6절에서 8절)

어쩌면 이리도 나의 상황과 절묘하게 들어맞는 말씀인지!

방금 읽은 구절을 선포하는 마음으로 다시 한 번 크게 외쳤다.

"여호와께서 우리를 기뻐하시면 우리를 그 땅으로 인도하여 들이시고 그 땅을 우리에게 주시리라 이는 과연 젖과 꿀이 흐르는 땅이니라. 아멘! 이 모든 게 하나님 뜻 안에서 창대하게 이루어질 것을 믿습니다!"

여호수아와 갈렙도 분명 아낙 자손들의 장대함을 목격했을 것이다. 그러나 그들은 아낙자손의 장대함과는 비교할 수 없이 창대하신 하나님을 보았고, 모든 전쟁의 승리는 하나님의 손에 있음을 잊지 않았다. 앞선 정탐꾼 열 명도 열두지파를 대표하는 리더들이었으므로 분명 엘리트들이었을 것이다. 성경말씀 어디에도 열 두 지파들 중 누군가 그들이 리더가 되는 것을 반대했다는 기록이 없는 것을 보면 백성들에게 인정받을 만한 지식과 능력을 갖춘 자들이었을 것이다. 그러나 그들은 마음에 스며든 두려움의 영에 시야를 빼앗기고 하나님의 존재와 백성들을 통솔해야 하는 자신들의 본분마저 망각한 것이다.

그러나 여호수아와 갈렙은 달랐다 하나님이 주신 눈으로 가나안을 바라봤고, 오직 하나님의 뜻 안에서 나아간다면 승리가 임할 것을 확신했다. 나는 하나님께 여호수아와 같은 믿음을 달라고 기도를 했다.

'하나님, 저에게 큰 믿음을 주소서. 이제 새로 새워질 신시가지에 우리교회가 세워짐으로 그곳이 도미니카의 영적 가나안이 되게 하소서. 가나안에서 젖과 꿀이 흐름같이 풍요로운 지혜와 나를 살릴 강한 영성을 가진 리더들을 배출해 도미니카에 생명의 말씀을 퍼트리게 하시고, 부강한 나라를 만드는 일꾼이 되게 하소서. 그리하여 마침내는 또 다른 나라로 선교사를 파송하고, 믿음의 산지가 되어 결코 마르지 않는 지원을 할 수 있는 영적인 부국이 되게 하소서! 하나님 이 모든 계획을 하나님께서 기뻐하시면 반드시 창대하게 이루어 질 것을 믿습니다!'

 두 번째 교회를 개척하다

첫 번째 교회를 교단에 넘길 때 나는 오직 '순종이 제사보다 낫다'는 생각으로 일을 추진했다. 그러나 리더십을 공부하는 동안 하나님 나에게 첫 번째 교회를 놓게 하신 또 다른 이유가 있었음을 알게 되었다.

"나는 교회를 세우는 데는 성공했지만, 리더의 첫 번째 덕목인 권위는 세우지 못했다."

이것이 첫 번째 교회를 통해 얻은 교훈이었다. 뒤늦게 그 사실을 깨달은 나는 지금은 리더십에 대해 공부할 시기임을 확신하고 매일 학교를 다니듯 진도를 정해 여호수아의 리더십과 제자들의 훈련 과정을 연구했다.

리더십 공부가 막바지에 이르렀을 즈음 안드레 벨로스 목사님에게서 연락이 왔다. 만나기를 청해서서 약속을 하고 교회로 찾아가니 산티아고에있는 보세 무역 수출 공단 지대에 교회를 하나 세우면 어떻겠냐고 하셨다.

산티아고는 수도인 산토도밍고 다음으로 규모가 큰 도시로 수출 공단 지대가 있었다. 그중엔 한국인이 운영하는 봉제 공장수도 꽤 됐다. 공장 근로자의 대부분은 도미니카 현지인이었고 공장장 이상은 한국에서 파견 온 한국인이 맡고 있었다.

"선교사님 제가 알기론 그쪽에 한국 분들이 꽤 많이 거주하시는 것으로 알고 있습니다. 한국 분들을 위한 교회는 아니더라도 같은 동포이니 목사님이 교회를 세우신다고 하면 다들 도울 것 같습니다."

나는 우선 기도를 해보겠다고 대답을 했다. 그런데 바로 이튿날 산티아고에 있는 봉제공장 총 책임자라는 청년에게서 전화가 걸려왔다.

"최광규 선교사님이십니까?"

"네, 제가 최광규입니다."

"저는 산티아고에 있는 봉제공장의 총책임자 '한'입니다. 저희 공장에 한인들이 30여명 정도 있는데요, 현재 산티아고에는 한국인 목사님이 안 계셔서요. 이곳에 오셔서 예배를 인도해주실 목사님을 찾고 있습니다."

"네, 그러시군요. 그런데 저는 선교사라 현지인 분들을 위한 사역을 주로 해야 해서요. 혹시 공장에 함께 예배를 드릴 현지인 분들이 계신가요?"

"선교사님께서 예배만 인도해 주신다면, 500명, 800명, 1000명도 모을 수 있습니다!"

나는 즉시 산티아고로 가겠다고 얘기를 한 후 안드레 벨로스 목사님을 만났다.

"산티아고에서 연락이 왔는데, 그곳 봉제 공장에서 일하는 현지인들을 모아주시겠다는 분이 나타났습니다. 그래서 이번 주에 한 번 가보려고 합니다."

그러자 목사님께서 산티아고 중앙교회 주소를 적어주시며 미리 전화를 걸어 놓을 테니 간 김에 꼭 만나보라고 했다.

그 주 토요일 나는 아침 7시에 출발하는 산티아고행 버스를 탔다. 꼬박 두 시간을 달려 산티아고 터미널에 도착하니 자신을 '한'이라고 소개해 했던 그 형제가 마중을 나와 있었다. 알고보니 '한'은 청년의 성씨였다. 이렇게 먼 이국땅, 그것도 산토도밍고가 아닌 산티아고에서 한국 사람을 만나니 정말 너무 반가웠다 우린 누가 먼저랄 것도 없이 얼싸안으며 반가움을 나눴다.

"선교사님, 여기에 있는 한국인들 30명 모두 예배를 너무 사모하고 있습니다. 저희 공장만 해도 300명 이상의 현지인들이 있구요. 다른 공장에 있는 한인들에게 연락해 현지인들을 모으면 최소 500명은 모을 수 있습니다. 매주 주일 한 번만 예배를 드려주세요. 나머지는 저희가 최선을 다해 돕겠습니다."

나는 당연히 내가 할 일이라고 얘기를 했다. 예배를 드리는 건 문제가 되지 않는데 장소가 아직 마련되지 않았으니 다함께 기도

하며 찾아보기로 했다.

첫 예배는 장소가 마련되는 그 주에 하기로 약속하고 다함께 합심하여 장소를 위해 기도를 하기로 했다. '한'형제와 헤어진 나는 안드레 벨로스 목사님이 가르쳐준 주소로 찾아가 산티아고 중앙교회의 미겔 가르시아(Rev. Miguel Garcia) 목사님을 만났다.

"처음 뵙겠습니다. 베드로 최 선교사입니다."

"반갑습니다. 최선교사님, 안 그래도 꼭 한 번 뵙고 싶었는데 이렇게 기회가 생겼네요. 저희 교단에 첫 교회를 통째로 기부하셨다는 말을 듣고 감사하기도 하고, 궁금하기도 했습니다. 하나님의 명령이라도 결코 쉽지 않았을 텐데, 선교사님의 소식을 듣고 많은 도전을 받았습니다. 어떻게 오늘 만나신분과 얘기는 잘 되셨는지요."

"예, 한인 분들이 30여명 정도 예배를 드리길 원하시고, 그분들이 다니는 공장에 현지인 분들이 최소 300에서 500분정도 그렇게 총 500~600명 정도가 모여 예배를 드릴 수 있을 것 같은데, 장소가 없어 기도하기로 했습니다."

"그 기도 벌써 응답 받으신 것 같습니다."

목사님의 말을 들은 나는 깜짝 놀라 잠시 아무 말도 하지 못했다.

"저희 교회는 대예배를 저녁에 드립니다. 이제 지내보셔서 아시겠지만 도미니카는 열대지방이라 중요한 행사는 시원한 저녁에 하는 관례가 있습니다. 그래서 주일 예배도 저녁에 대예배를 드립니다. 목사님만 괜찮으시다면 오전에 두 시간 정도 교회를 빌려 드릴 수 있습니다."

"정말이십니까? 당장 다음 주일부터 사용이 가능할까요?"

"네, 목사님만 준비 되신다면 가능합니다!"

본래 교회를 위한 기본이라고 하면 예배당, 성도, 목사인데 설교는 내가 맡으면 해결 되니 지금 방금 교회의 3요소가 딱 갖추어진 것이다. 나는 목사님께 전화를 한통만 쓰겠다고 말하고 '한' 형제에게 전화를 걸었다 그리고 다음 주일부터 산티아고 중앙교회에서 예배를 드릴 수 있게 되었다고 이야기를 했다. 내 말을 들은 '한' 형제는 기적 같은 일이라며 뛸 듯 기뻐했다. 나 역시 하나님 또 한 번 이렇게 놀랍게 예비하심에 감사를 드렸다.

하나님이 계획하신 일이니 그 후로 예배까지 막힘이 없었다. 교회 이름을 '산티아고 선교교회'로 정하고 산티아고 중앙교회 성전을 빌려 매주 11시에 예배를 드리게 됐다. 성도들 중 현지인도 있지만 한국에서 파견 온 근로자들도 적지 않은 상황이라 예배를 어느 나라 말로 해야 하나 고민이 됐는데, 마침 공장에 현지인과 결혼한 한국인이 있어서 그가 도와주기로 했다. 대신 동시통역은 어려우니 내가 미리 원고를 보내면 그분이 번역을 해 원고를 준비했다가 읽는 형태로 진행하기로 했다. 나는 주일보다 하루 앞선 토요일까지 설교를 완성해 팩스로 원고를 보냈고, 성도님은 토요일 퇴근 후와 밤 시간을 이용해 그것을 번역한 다음 나의 설교에 맞추어 에스파냐어로 읽었다. 덕분에 한인 성도들도 현지인 성도들도 편안하게 설교를 들을 수 있게 되었다.

교회도 성도들도 대부분 평안한 가운데 사역이 진행됐다. 하나 문제가 있다면 먼 거리가 점점 장애가 됐다.

주일날의 내 스케줄은 '산티아고 선교교회'에서 오전 예배를 인도한 후 싼도도밍고로 돌아와서 코트라 관장이라는 분의 간절한 부탁으로 그분 아파트에서 몇몇 가족들과 함께 오후 예배를 드렸다. 그리고 저녁에는 현지 교단에 인계한 첫 번째 교회인 '예수사랑교회'에서 협력사역을 했다. 예배로만 치면 오전 예배, 오후 예배 그리고 저녁 예배를 각각 다른 장소에서 인도하는 스케줄이었지만 두 지역 간의 거리차가 2시간 이상이었다. 그러다보니 집에서 새벽 6시경 나와 터미널로가 아침 7시에 출발하는 산티아고행 버스를 탄 뒤 9시에 산티아고에 내려서 시내에 있는 교회에 도착하면 10시가 된다. 준비기도 후 예배를 마치면 성도 분들은 모여서 점심을 드시는데, 나한테는 그럴 시간이 없다. 곧장 다시 터미널로 가서 12시 버스를 타야 2시에는 산토도밍고에 도착하고 3시 예배를 인도할 수 있다. 그렇게 3시 예배를 마치고 나면 5시경이 되는데 예배에 참석하신 성도님들과 간단한 안부를 나누다보면 다시 7시 현지인 대 예배가 시작되는 스케줄이 된다. 그러다보니 어느 새 매주 주일은 그냥 하루 종일 굶는 날로 정해져 버렸다.

그 무렵 내 머릿속엔 '어떻게든 견뎌야한다'는 생각뿐이었다.

첫 교회를 넘기고 짧지 않은 기다림 끝에 다시 얻은 사역의 기회였다. 절대 놓쳐서는 안 되고, 반드시 성공해야 한다는 생각에 몸이 무리라는 신호를 보내도 무시하고 버텼다. 아직은 삼십대 후반이라는 젊은 나이에 대한 믿음도 있었다. 그러나 그런 믿음과 노력이 무색하게 불과 3개월 만에 과로로 쓰러졌다.

언제부턴가 자고 일어나도 개운하지 않다고 느껴지기 시작하더니, 폭풍 같은 주일을 보낸 다음 날인 월요일에는 입맛도 없고, 가끔 구토도 했다. 그때만 해도 '왜 이 정도로 피곤한 티를 내지?

내 건강이 이것밖에 안되나…'라고 자책하며 혼자 속상해 했다. 그런데 점점 주위에서 내 상태를 걱정하기 시작했다.

"선교사님, 안색이 너무 안좋으세요."

"선교사님 얼굴이 원래 이렇게 검었었나? 여기 와서 타서 그런 가요?"

나는 그때마다 "괜찮습니다. 햇볕을 너무 많이 봐서 그렇습니다."라고 씩씩하게 대답하고 나도 그냥 그렇게 생각했다. 거울을 볼 때 유독 눈 밑이며, 입가가 까맣게 죽어있는 느낌이 들어도 그냥 햇볕 때문이겠지 생각하고 무시해 버렸다. 사실 그 무렵엔 내 얼굴을 꼼꼼히 들여다보고 있을 시간도 없이 주일설교 준비와 양쪽 교회에서 들어오는 기도 요청과 성도님들의 근황을 챙기느라 정신없이 바빴기 때문이다.

그러다 어느 월요일 세수를 하러 욕실에 들어갔다가 그대로 쓰러져 버렸다.

일어나보니 병원이었고 눈을 뜬 시각이 화요일 오전이었다. 꼬박 24시간동안 잠이 들어있었다. 의사는 심각한 과로로 인해 면역력이 약화 되었으며, 간과 다른 장기 등에 무리가 갔다며 한 달간 푹 쉴 것을 권유했다. 그러나 그때에도 내 마음에는 주일날 설교 준비를 할 시간이 하루 줄어들었다는 걱정과 병원비 걱정뿐이었다. 나는 의사의 만류를 뿌리치고 의식이 든 화요일 날 오후에 퇴원해 버렸다.

집에 돌아오는 차안에서 아내가 걱정스러운 목소리로 말했다.

"여보, 본래 올해가 안식년이잖아요. 좀 쉬시는 게 어때요?"

"그게 무슨 소리야. 이제 개척한 교회를 두고 어떻게 안식년을 떠나요, 안 그래도 이번 주에 기도 편지 보낼 때 1년 정도 안식년을 미루겠다고 할 예정이야. 당신도 그렇게 알고 있으면 돼요."

안식년까지 미루며 더욱 열정적으로 사역에 매달렸고, 다시 3개월 동안 똑같은 생활을 반복했다. 새벽 6시에 집을 나서는 걸로 주일이 시작되고, 두 곳의 예배를 드린 후 기진맥진 해 쓰러지던 어느 날 이번에는 코피가 나기 시작했다. 아무래도 안 되겠다는 생각에 그제야 성도 분들께 기도 부탁을 드리고, 나도 건강을 위해 집중적으로 기도를 하기 시작했다.

이제 한인 분들 사이에 내가 아프다는 소문이 나기 시작했다. 내가 다시 쓰러지거나 주일 예배에 빠지거나 한 적이 한 번도 없었음에도 불구하고 오직 나의 안색과 모습만 보고 내가 아프다고 확신들을 할 만큼 건강이 나빠진 것이다. 결국 한국 교회에까지 이 소식이 들어갔고, 한국 교회에서 내년에 시작될 안식년 기간 동안 내 역할을 대신할 후배 선교사를 좀 더 빨리 파송시키는 대안을 취했다. 결국 나는 사역 6개월 만에 후배 선교사에게 '산티아고 선교교회'를 넘겨주었다.

일이 이렇게 되니 그야말로 내면에 전쟁이 일어났다.
'하나님 나를 못 미더워 하는 건가?'라는 생각부터 어쩌면 나는 하나님이 생각하신 것보다 작은 그릇이라 이제 하나님도 나를 포기하시려나보다 라는 생각까지. 여러 날 쉬지도 못하고, 그렇다고 일하지도 못하면서 마음을 찢는 기도만 반복됐다.
'하나님, 하나님이 가라 하셔서 이곳까지 왔고 하나님이 보여주신 수많은 비전과 가능성을 매순간 의지하고 신뢰하며 여기까지 왔습니다. 그런데 여기인가 하고 뛰어가면 다시 돌아서라 하시고, 이것인가 싶어 꽉 붙들면 하나님이 놓으라고 하십니다. 하나님, 저는 이제 어떻게 해야 합니까? 이대로 안식년을 맞아 한국에 돌아가면 이제껏 나를 후원해주시고 기도해주신 성도님들에게 어떤 보고를 할 수 있겠습니까? 첫 번째 교회를 개척했으나 10개월 만에 넘겼고, 두 번째 교회를 다시 개척했으나 6개월 만에 후배 선교사에게 양보하였습니다. 과연 이것도 성과라고 할 수 있는지요? 헌신과 사역이라고 할 수 있는지요? 아버지, 선교 보고라 하면 현지에 어느 교회에서 몇 명의 원주인민들을 선교하여 목회를 하고 있다고 보고 하는 것이 아닙니까? 그런데 지금 제 성도는 없습니다. 아버지 이대로 빈손으로 돌아가야 합니까? 하나님 정말 제게 원하시는 것이 무엇입니까? 아버지 제발 저를 온전히 사용하여 주소서.'

나는 온전히… 온전히 사용하여 달라는 기도를 하며 하염없이 울었다.

자꾸만 내가 반쪽짜리 선교사라는 생각이 들어 비전은 물론, 자존감마저 반 토막이 나고 있었다. 선교 초반에는 도미니카를 복음으로 부흥시키겠다는 꿈을 꿨으나 이제는 성도 열 명이라도 좋으니 내 성도가 있었으면 좋겠다는 기도를 하게 되었다.

나는 말할 수 없이 초라한 마음이 들어 몸을 최대한 작게 웅크리고 하나님께 기도하고 울기를 반복했다. 눈물이 나면 날수록, 부르짖으면 짖을수록 내 몸이 작아지고 초라해지는 것 같아 너무나 괴로웠다. 그래도 기도를 놓으면 이대로 끝날 것 같아 끝까지 기도를 했다. 그러자 내 몸이 더 작아지는 것 같은 느낌이 들더니 어느 순간 아주 작아져 먼지처럼 흐트러지는 영상을 마음으로 보게 됐다.

"사랑하는 아들아 나는 너를 아주 작게 마치 먼지와 같이 작고 겸손한 자로 만들어 일하게 하려 함이라. 너는 너를 잃었다고 슬피 울지 말아라. 오직 너를 부인하고 나를 따르는 자라야 내게 합당한 자가 되는 시작을 이룬 것이니라."

나는 마음에서 들리는 음성에 귀를 기울였다. 고개를 더욱 숙여 가슴에서 울리는 소리에 귀를 기울였다.

'아버지, 저를 부인하겠습니다. 하늘 아래 제 교회, 제 성도가 어딨다고 제가 이렇게 울고 있습니까? 모두 하나님의 것인데 저는 가진 적도 없는 것인데 잃었다고 울고 있으니 어리석고 어리석습니다. 아버지 저의 마음에 있는 욕심을 모두 사라지게 해주십시오. 아무것도 남지 않게 하시고 온전히 하나님의 말씀과 은혜만 담는 투명한 그릇이 되게 해주십시오. 그래서 사람들이 저 최광규를 보는 것이 아니라 제 안의 하나님을 온전히 바로 보고 갈 수 있는 그런 도구가 되게 하여 주소서.'

나는 하나님께 내 안에 있는 모든 성공에 대한 욕심과 착각을 모두 사라지게 해달라고 기도했다. 하나님은 나를 철저하게 비우는 기도를 허락하셨고 나는 하나님이 원하시는 겸손과 은혜를 구하고 또 구했다. 그러자 마음에 이런 생각이 들었다.

'나는 하나님의 포도원을 지키는 파수꾼이고 농부다. 어느 한 철 포도가 흉년이라고 해서 나의 처지는 바뀌지 않는다. 농장이 사라진 것도 아니요. 나의 주인이 나를 버린 것도 아니다. 나의 먹는 것과 사는 것은 나의 주인이 동일하게 책임을 져 주며 나는 그가 베푸는 식사와 의복을 입고 다시 농사를 지으면 되는 것이다. 그리고 풍년이 들면 나는 인자하신 주인의 초대로 그 풍년 잔치에 동참할 수 있는 그분에 속한 농부일 뿐이다. 어찌하여 한 해

의 흉년으로 다음 봄까지 슬퍼울까? 다시 씨를 뿌리고, 밭을 갈 생각을 해야 한다.'

하나님은 그 순간 내 입술에 시편의 말씀을 두셨다.
"눈물을 흘리며 씨를 뿌리는 자는 기쁨으로 거두리로다.
울며 씨를 뿌리러 나가는 자는 정녕 기쁨으로 그 단을 가지고 돌아오리로
다."
나는 내 입술에 역사된 그 말씀을 암송하고 또 암송했다.
"눈물을 흘리며 씨를 뿌리는 자는 기쁨으로 거두리로다.
울며 씨를 뿌리러 나가는 자는 정녕 기쁨으로 그 단을 가지고 돌아오리로
다."(시편 126편 5절~ 6절)

넓고 넓은 산토도밍고가 내 앞에 펼쳐져 있었다. 그리고 아직
도 수많은 현지인들이 주님을 모른 채 저 시가지를 오고가고 있
었다. 나는 당장 내일 거리로 달려 나가 그들에게 복음을 전하면
된다. 그날 한 사람이 영접하면 한사람의 열매가 맺히는 것이고,
그날 아무도 영접하지 않는다고 해도 도미니카 거리 한복판에 복
음의 씨앗은 뿌려졌으므로 언젠가 단이 될 것이다. 그 생각에 이
르자 마음에 기쁨이 차오르기 시작했다.
"그래! 다시 내일이 오면 나는 농부가 되어 씨를 뿌릴 것이다.
나에게는 할 일이 있다."

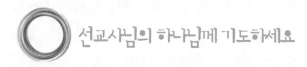

선교사님의 하나님께 기도하세요

일주일 간 작정기도 끝에, 우선 현지인의 가정에서 교회를 세울 계획

을 세웠다. 마침 휴가 중인 루디아를 만나기 위해 그녀의 집으로
갔다.

"루디아! 우리 같이 교회를 세우자."

"좋아요, 목사님"

생각도 안하고 좋다는 대답이 돌아왔다. 이건 진심어린 대답이
아니라 '나는 네 말을 듣고 있어' 정도의 신호라고 보는 게 맞다.
도미니카 사람들은 여간해서는 "NO"를 하지 않는다. 거의 모든
대답에 "좋아요.", "그래그래."라고 긍정적으로 대꾸한다. 진짜
대답은 그 다음 행동을 보아야 아는 것이지 대답만으로는 그들의
마음을 알기가 어렵다. 이제는 그런 이들의 대화법을 잘 알기에
나는 좀 더 강하고 확실하게 나의 의견을 피력했다.

"루디아, 나는 예배드릴 교회가 필요해. 그런데 당장은 건물을
빌릴 돈이 없어. 그래서 여기 너희 집을 교회로 썼으면 좋겠어."

그러자 루디아가 또 한 번 건성으로 "그래요."라고 말했다. 하
지만 곤란한 마음이 곧장 행동으로 드러났다. 우선 내 시선을 마
주치지 못하고 천정을 보고 대답했고, 입고 있는 옷매무새를 계
속 만지작거렸다. 나는 루디아의 어깨를 붙들고 눈을 맞추고 다
시 한 번 또박또박 말했다.

"대신 너희 집 뒤편의 공터까지 집을 늘려주고, 한 달에 200달
러씩 렌트비를 줄게. 그리고 교회에는 교회를 지키는 직원이 한
명 있어야 하는데 너에게 그 일을 주고 월급으로 100달러를 줄
게."

그러자 루디아가 활짝 웃으며 "좋아요! 좋아요! 좋아요!"라고
말했다. 이번 대답은 누가 봐도 진심이었다.

당시 현지여성들이 식모일이나, 베이비시터를 하며 받는 월급

이 한 달에 50달러이었으므로, 한 달에 300달러는 아주 큰 금액이었다.

그렇게 큰 금액을 제시 한데는 두 가지 이유가 있었다.

우선은 가톨릭이 국교인 이 나라에서 가정집을 교회로 빌려주는 게 결코 쉬운 일이 아니기 때문에 그 정도 조건은 되어야 할 것 같았기 때문이고, 이왕이면 현지인 가정에 교회를 세워야 이 지역에 현지인들이 편히 드나들 것 같다는 생각 때문이었다.

1991년 3월 5일.

루디아의 가정에서 첫 예배가 시작되었다. 첫 예배 날 루디아는 집 안팎을 깨끗하게 청소하고 예배 준비를 했고 루디아의 집 거실에서 우리부부와 루디아의 가족이 첫 예배를 드리게 됐다.

당장 옆집과 동네에 누가 사는지도 정확히 모르는 상태에서 가정교회를 세우는 것은 큰 모험이었다. 이 지역의 미신을 믿는 사람이 있다면 분명 교회를 배척 할 게 뻔했고, 가톨릭을 믿는 가정들도 우리를 반겨 주지 않는 게 당연했다. 하지만 다행인 것이 내가 외국인임에도 불구하고 하나님의 성회에 교회도 기부하고, 대학에서 공부를 가르치는 교수님이라는 소문이 여기까지 나서 사람들이 내 신분에 대해서는 경계를 하지 않았다. 그것만으로도 정말 큰 도움이 되었다.

물론 유명세가 중요한 것은 아니었지만 외국인인 나로서는 이런 인식으로 인해 신분이 확실해 지므로 안전이라든가 여러 면에서 큰 도움을 받게 된 것이다. 예전 같았다면 쥐도 새도 모르게 납치를 당해 사라져도 아내 외엔 몰랐겠지만, 이젠 옆집 사람은 물론 지역 사람들 대부분이 내가 보이지 않는다는 것을 인지하며 궁금해 할 만큼 존재감이 생긴 것이다.

찬찬히 생각해보니 그동안 이곳에서 지내면서 알게 모르게 쌓인 도미니카에 대한 이해, 그리고 사람들의 평판, 루디아와 같은 현지인과의 친분이 이미 큰 성과라는 걸 새삼 알게 됐다.

예배를 마치고 집에 돌아와 한국과 미국 후원교회에 첫 예배를 보고하는 기도편지를 쓰고 있는데 전화벨이 울렸다. 받아보니 미국 뉴욕순복음교회 김남수 목사님이었다.

"선교사님 이번에 산토도밍고에서 한인교회를 맡아주실 김종효목사님이라는 분이 조만간 도미니카로 가실 거예요. 모든 비용은 저희 후원회에서 지불할 테니 그 목사님이 머물 숙소를 좀 알아봐주실 수 있을까요?" 그리고 공항 픽업도 부탁드립니다.

나는 당연히 알아볼 수 있다고 대답한 뒤 집을 알아보기 위해 나갔다. 내가 경험해보니 도심 쪽이 차량 없이도 이동이 용이해서 살기가 편하실 것 같았다. 그래서 집을 알아보다가 마침 한국 대사관 근처에 두 칸짜리 집이 좋은 가격에 나와서 알아보러 갔다.

집주인을 만나 이런 저런 이야기를 나누는데 그분이 나에게 먼저 '혹시 한국사람'이냐고 물었다. 내가 그렇다고 했더니 자신이 지금은 대학교수인데 과거 도미니카 정부에서 외교관련 일을 했다고 했다. 그래서 많은 나라들을 여행하고, 외국 정보도 많은데 특히 한국이 좋았다고 이야기했다.

나는 모처럼 들은 고국 얘기에 신이나 그분과 꽤 긴 시간 대화를 했다. 카를로스라는 그분 이름도 알게 되고, 내 이름도 말씀드렸다.

얘기해보니 카를로스 씨는 정말 한국을 좋아하고 한국에 관심이 많은 분 같았다. 그것이 인연이 되어 종종 연락을 하고 차도 마시고 했는데, 어느 날 그분이 아주 뜻밖의 이야기를 했다.

"선교사님, 선교사님 교회는 어딘가요?"

"네? 저는 아직 교회가 없어서 거리에서 예배를 드리고 있습니다."

"거리에서요? 정말입니까? 목사님, 그러지 말고 땅을 신청하세요."

"땅이요?"

"네, 도미니카에는 지역사회에 꼭 필요한 단체에는 땅을 지급해주는 제도가 있습니다."

"지급이요? 대여가 아니고 지급?"

"네! 무상으로 대여해 줍니다. 그런데 대부분은 성당들에 지급되는데, 이번에 로스 알카리소스(Los Alcarrizos) 지역에 새로 들어서는 신시가지는 워낙 규모가 커서 기부용으로 묶인 땅이 많을 겁니다. 혹시 모르니까 한 번 신청해 보세요."

"신시가지요?"

"최근 대선을 앞에 두고 현재 정당을 반대하는 세력들이 계속 데모를 한건 알고 계시죠? 그런데 그게 생각보다 아주 극렬했습니다. 자칫하면 나라가 두 동강이 날 위기로 여겨졌을 정도니까요, 결국 무력으로 해결할 수 없다고 판단한 정부에서 대중을 회유하기 위해 3천 세대 규모의 신시가지를 지어 주택을 무상으로 공급하는 정책을 통과시켰습니다."

"정말입니까? 확실한 정보입니까?"

한국 같으면 벌써 TV와 신문이 떠들썩했겠지만 여기 도미니카는 아직 TV나 언론이 많이 보급되지 않은 탓에 정보도 소문도 느렸다.

"확실하고말고요. 이미 천 세대는 완공 되었습니다."

나는 당장 그곳 주소를 알려달라고 했다. 그분의 집에서 나와 택시를 타고 로스 알카리소스로 갔다. 가서 보니 내가 길거리 예배를 드린 동네와 생각보다 멀지 않은 곳에 이미 1천 세대 규모의 다세대 주택들이 완공되어 있었다. 나는 이제 3분의 1정도 공사가 진행된 그곳을 바라보며 하나님의 엄청난 계획하심을 깨달았다.

"그래! 이거였구나!"

하나님이 원하신 건 30평 규모의 교회가 아니라, 여기 3천 세대를 아우르는 교회였다.

만약 이 3천 세대에 모두 복음이 전해진다면, 이곳은 명실공히 도미니카 기독교의 메카가 될 것이다. 나는 한국에서 전도훈련을 할 때 배웠던 수칙이 떠올랐다.

"새로 지어진 아파트, 특히 신규분양 아파트를 공략하라! 그곳이야 말로 황금텃밭이다!"

황금 텃밭이란 잠재적인 성도가 많다는 뜻이었다. 신규분양 아파트의 경우 아파트 단지 전체가 비슷한 시기에 새로 입주를 한다. 즉, 서로서로 모르는 사람들이 타지에서 어제, 오늘 사이로 이사를 온 것이다. 그러니 이웃이라는 개념도, 아직 부녀회나 친목회 개념도 없이 다들 낯선 상태 그럴 때 전도를 나가면 우선 친구를 사귀고 외로움을 달랠 생각에 교회에 출석할 확률이 아주 높아진다. 그리고 이 논리는 지금 내 눈앞에 있는 신시가지 3천 세대에도 동일하게 적용되는 이야기였다.

이미 지어진 천 세대의 주택들을 보니 도미니카에서는 보기 드
문 고급스러운 주거지였다. 앞으로 2천 세대가 더 들어선다면 산
토도밍고 내에서도 손꼽히는 대형 주거 타운이 될 확률이 높았
다. 나는 다시 택시를 타고 달려가 다시 카를로스를 만났다.

"교회 부지를 신청하고 싶습니다. 저 좀 도와주시겠습니까?"

그러자 그분이 일단 차를 한 잔 들라고 말씀하였다 그리고 차
근차근 절차를 설명해주셨다.

"우선은 그 지역에 신청부지가 얼마나 되는지, 어떤 용도로 묶
여있는지 알아보겠습니다. 그 다음 3천 세대 주민을 위한 교회와
학교, 병원들이 필요하니 공고를 내라는 안건을 내겠습니다. 그
공고가 나면 나를 다시 찾아오십시오. 서류 쓰는 걸 도와드리겠
습니다."

다음 주 예배시간 나는 루디아의 집 가정교회에 모인 성도들에
게 로스 알카리소스 지역에 조성이 되는 신시가지에 교회를 개척
하는 비전을 갖자고 선포하는 한편, 한국후원교회와 미국후원교
회에 신시가지가 조성된다는 소식을 알리고 그곳에 개척하는 비
전을 세웠으니 기도와 도움을 부탁한다는 요청을 했다. 그리고
안드레 벨로스 목사님을 찾아가 새로운 사역지로 로스 알카리소
스 지역에 세워지는 신시가지를 소망하게 됐다고 말씀드리고 정
보를 구했다.

"네, 저희 교단도 그곳을 잠재적인 선교지로 생각하고 있습니
다. 하지만 저희는 교단 규모가 있어 아무래도 일이 진행되는 데
시간이 걸릴 것 같습니다. 하지만 목사님은 혼자 움직이실 수 있

으니 지금 서두르신다면 큰 텃세 없이 개척하실 수 있을 것 같습니다. 단, 신시가지가 구성되기 전 그 지역이 도미니카 안에서도 최고의 문제 지역으로 꼽혔던 우범지역이라는 걸 유의하셔야 합니다. 아직도 퇴거하지 않은 원주민들이 살고 있으니 굉장히 위험할 수 있어요. 튼튼한 교회를 세우고 들어가셨으면 좋겠습니다."

나는 일단 비전이 생기면 당장 할 수 있는 일부터 시작하는 편이데, 이번만큼은 막막했다. 첫 건축 때는 그래도 사례금을 모아놓은 종자돈이라도 있었지만 얼마 전 버티다, 버티다 심방을 위해 중고차까지 구매한 터라 완전히 빈손이었다.

터덜터덜 집으로 들어가는 데 현관문을 열자마자 아내가 달려왔다.

"여보! 오늘 한국에서 오시는 분 마중 나가기로 한 날 아니에요?"

아뿔싸! 시간을 보니 바로 출발해도 시간이 아슬아슬했다. 부리나케 공항으로 갔다. 최대한 빨리 갔는데도 30분이나 늦었다.

"목사님 죄송합니다! 많이 기다리셨죠!"

"아닙니다. 저희도 짐 검사가 늦게 끝나 방금 나왔습니다."

서둘러 짐을 싣고 숙소로 달려갔다. 목사님을 내려드리고 카를로스에게 연락해 차를 한잔 대접하고 싶다고 했다. 사실은 공고가 어떻게 됐는지 궁금해서였다.

"언제쯤 공고가 날까요?"

"안 그래도 연락드리려고 했습니다. 아마 다음 주 중으로 공고가 날 것 같습니다."

그 말을 듣는데 갑자기 마음에 의심이 일어났다. 정말일까?

분명 중요한 국가정책사항이고 이런 경우 경쟁이 치열해 비밀에 붙여지는 경우가 많은데, 무려 일주일 전에 그 정보를 알았다고? 일이 너무 순조로우니 이 모든 장면이 영화나 드라마에서 보았던 사기사건 장면 같다는 생각이 들었다.

"최광규, 정신 바짝 차려. 만약 이게 사기라면 이러다 금품을 요구할 거야. 절대 휘말리면 안 돼."

이런 생각이 드는 순간부터 어찌나 긴장을 했는지 카를로스 씨가 이런 저런 재미있는 얘기를 하는데도 제대로 웃지도 못했다. 한 삼십분 더 얘기를 하고 일어서는 데 카를로스 씨가 내 어깨를 툭툭 두드리며 말했다.

"선교사님, 너무 걱정 마시고 선교사님네 하나님께 기도하세요."

'선교사님네 하나님이라…'

마치 너네 엄마한테 가서 말해 그런 말투였다. 나는 이게 무슨 얘기인지 몰라 잠시 아무 말도 못하고 카를로스를 쳐다봤다. 그러자 카를로스가 한 바탕 웃더니 이내 차분하게 말했다.

"선교사님이 믿고 계신 하나님께 기도를 하세요, 식은땀까지 흘리니 너무 안쓰러우십니다."

맙소사, 망신도 그런 망신이 없었다. 그분이 내 의중을 알았을 리는 없지만 나는 순간 겁을 먹어 나를 도와주려는 호의도 구별 못하고 그분과의 대화에 집중하지 못한 채 안절부절 하는 실례를 범하고 만 것이다. 게다가 "선교사님이 믿고 계신 하나님께 기도를 하세요."라는 말이 내 양심을 아주 세차게 찔렀다.

'내 등 뒤에 하나님이 버티고 계시다는 걸. 믿음이 없는 저분도 인정하시는데, 정작 나는 이 모든 걸 은혜로 받아들이지 못하고 이렇게 겁을 먹고 있구나. 정말 부끄러운 일이다.'

일주일 뒤, 카를로스 씨의 말대로 정말 부지공고가 났다.

신문에서 그 내용을 본 나는 슬리퍼 바람으로 카를로스를 만나러 갔다.

"공고가 났습니다! 정말 공고가 났어요! 이제 무얼 어떻게 하면 되죠?"

"공고인가는 대통령실 산하부서에서 처리가 되는데, 그 부서들의 수석 자리는 대부분 가톨릭 신부가 맡고 있습니다. 그러니까 이런 공고가 나고 신청서가 접수되면 그걸 심사하는 사람이 대부분 신부이거나 가톨릭 신자입니다. 그러다보니 도네이션을 용도로 공고된 땅은 대부분 수녀들이 운영하는 고아원이나 신부님이 운영하는 학교로 증여됩니다. 하지만 앞서 말씀 드렸다시피 이번 신시가지는 부지가 워낙 크니 교회 하나 정도는 세울 부지가 남을 수도 있습니다. 우린 그걸 기대해야 합니다. 우선 신분증을 지참하시고 국가재산청으로 가셔서 신청서를 교부받아 오세요. 서류 쓰는 건 제가 도와드릴 수 있습니다."

나는 물어물어 국가재산청을 찾아가 서류를 교부 받았고, 카를로스의 도움을 받아 신청서를 썼다.

"아무래도 서류가 좀 약한 것 같습니다. 한국 대사님 추천서를 받으면 도움이 될 것 같은데… 그건 좀 어렵겠지요?"

"가능합니다…"

대답을 하는데 목이 멨다. 대사님의 인자한 얼굴을 떠올리니 순간 죄송하고, 그리운 마음이 든 것이다. 선교사라는 직함, 종교인이라는 타이틀 때문에 혹여 대사님께 누가 될까 가끔 뵙고 싶어도 선뜻 찾아갈 수가 없었다. 그런데 오늘 다시 대사님께 도움을 구해야 한다니 정말 죄송하고 송구한 마음이 들면서도 이렇게라도 한 번 뵐 수 있으니 너무 반갑고 기뻤다.

나는 대사관으로 전화해 약속을 하고 찾아갔다.

"최선교사… 얘기 많이 듣고 있어요. 대학교에서 수업도 하고. 우리 한국 사람이 도미니카에서도 알아주는 대학 교수가 되었다고 해서 내가 얼마나 기뻤는지요…내가 무얼 해드리면 좋은지 얘기해 보세요."

"국가에서 공영주택을 짓고 있는 지역에 공영부지 무상분양 공고가 났습니다. 그래서 교회부지를 신청해 보려고 합니다."

대사님은 비서를 불러 펜과 종이를 준비하게 하셨다. 그리고 그 자리에서 바로 추천서를 써주셨다. 나는 대사님께 감사 인사를 드리고 다시 카를로스를 만나러 갔다. 초청장을 확인한 카를로스가 자세를 반듯하게 고쳐 앉으며 아주 진지한 목소리로 말했다.

"베드로 초이, 당신은 한국에서도 꽤 대단한 사람인 모양이군요! 베드로, 전에도 말했지만 난 교수직을 하기 전에 도미니카 정부에서 오래 일했습니다. 외교 일에도 참여 한 적이 많아서 많은 공문서와 추천서를 보았습니다. 그런데 내 평생 이렇게 기품 있고 대단한 추천서는 처음 봅니다. 이 문장들은 스페인어를 전공한 사람이 보아도 감탄할 만큼 고상합니다. 게다가 당신에 대한 한국의 신뢰는 정말 대단합니다. 내가 당신에 대해 잘 모르고 있었나 봅니다. 그동안 결례한 게 있다면 친분의 표시로 생각하고 이해해주세요."

나는 그 순간 '대사'의 위엄과 영향력에 대해 다시 한 번 절감하게 됐다. 나는 김성식 대사님 한 분의 인정을 받았을 뿐인데, 그분은 대사라 도미니카에서는 그분이 곧 한국이었다. 즉 한국을 대표하는 대사님이 나를 인정해 주시는 순간, 온 한국이 나를 인정한 것이 되는 것이다.

'보라, 대사는 그 나라의 대표이다. 그의 한 마디가 그 나라의 입장이 된다. 나는 하나님의 나라 대사이다. 나의 모든 것에 신중을 기해야 한다. 나는 내 역할에 걸 맞는 믿음의 사람이 되어야 한다.'

나는 이런 생각을 마음에 다시 새겼다.

대사님의 추천장을 본 후 카를로스는 더욱 적극적으로 나를 도와주었다.

"베드로, 문교부 추천서가 있으면 유리하다고 하니 그것까지만 받아오면 좋겠는데요! 혹시 문교부에 아는 사람 있습니까?"

아는 사람이 있을 리가 없었다. 하지만 우선 찾아가 보기라고 하겠다고 말했다. 그러자 카를로스가 문교부에 가서 할 이야기들을 정리해 주었다.

"문교부에 가면 사립학교 국장이 있을 겁니다. 그에게 신시가지 3천 세대에서 배출될 학생들을 수용하기엔 인근의 공립학교들이 너무 작으니 한국인 선교사로서 좋은 학교를 지어서 교육의 기회를 제공하겠다라고 말씀하세요. 우선 그렇게 추천서를 받고 교회를 먼저 지은 후 차차 학교인가를 준비해도 되고 안 해도 됩니다."

카를로스는 학교이야기는 추천서를 받기 위해 하는 얘기니 크게 신경 쓰지 않아도 된다고 했지만, 나로서는 오히려 그게 진실이었다. 교회를 짓고, 학교를 지을 계획을 이미 하나님 안에서 세웠으므로 떳떳한 진실이었다. 나는 이번 기회에 문교부에 대해 잘 알아놔야겠다는 생각을 하며 문교부로 달려갔다.

생전 처음 와보는 문교부 입구에 들어서니 내가 다녀본 이민국과는 달리 조용하고 엄숙한 분위기였다. 한 참을 서있는데 응대를 해주는 사람이 없었다. 나는 짧지만 강하게 기도했다.

'하나님 도움의 손길을 보내주세요.'

그리고 눈을 뜨자마자 제일 처음 눈이 마주치는 사람에게 다가가 "나는 한국에서 온 선교사인데 추천서를 받고 싶습니다."라고 말했다.

그런데 그분이 나를 위아래로 한 참 보더니 "정말 한국에서 오셨습니까?"라고 묻는 것이었다. 나는 다시 한 번 "네, 나는 선교사입니다. 기독교 학교를 짓고 싶어서 추천서를 받으러 왔습니다."라고 말했다.

그러자 그분이 손을 내밀며 이렇게 말씀 하셨다.

"정말 반갑습니다. 저도 크리스천입니다."

정말 도움의 손길이 내 앞에 나타났다 나는 얼른 그 손을 꽉 잡았다.

가톨릭이 국교인 도미니카에서, 그것도 가장 보수적인 문교부에서 크리스천을 만날 확률이 얼마나 될까? 그것도 이렇게 한 번에! 하나님의 도우심이 아니고는 정말 불가능한 일이었다. 나는 하나님의 동행에 든든함을 느끼며 그분을 따라 안으로 들어갔다.

"저는 한국인 선교사님은 처음 뵙습니다."

"네, 당연합니다. 제가 도미니카1호 한국인 선교사거든요."

"오신지는 얼마나 되셨죠?"

"4년 됐습니다."

"어떤 일로 추천서를 받고 싶으신가요?"

"새로 지어질 신시가지에 교회와 기독교 학교를 세우고 싶습니다. 만약 추천서를 써주신다면 한국은 물론 미국에 있는 한인 후원회의 도움을 받아 글로벌한 학교로 성장시킬 것을 약속드릴 수 있습니다."

"선교사님 제가 크리스천인게 너무 자랑스럽습니다. 꼭 부지를 받으셨으면 좋겠습니다."

그 분은 눈물까지 글썽거리며 추천서를 써주셨다. 양식에 빈칸이 모자랄 정도로 빼곡하게 써진 추천서를 받고, 그분을 위해 잠시 기도하는 시간을 가진 후 문교부를 나왔다.

그리고 다음날 추천서들을 모두 첨부해 신청서를 넣었다. 신청 할 수 있는 최대 규모가 무려 7천 평방미터였고, 나는 담대하게 최대 규모를 신청했다. 7천 평방미터를 평수로 환산하면 약 2300평에 해당했다. 이 부지가 확보된다면 교회는 물론 학교, 체육시설까지 세울 수 있었다. 물론 건축자금이 많이 필요하겠지만 그건 하나님께서 당연히 채워 주실 거라고 믿었다.

신청서를 넣고 기대에 부푼 나는 한국교회와 미국후원회에 신청서를 넣은 사실을 알리고 합심기도를 부탁드렸다. 그러자 한국교회와 미국후원회에서 난리가 났다. 도미니카에 도착한지 이제 4년째 인데 그런 고급정보는 어디서 어떻게 얻었으며, 그런 사실

하나만 미루어볼 때 정말 유능하게 일하고 있음이 분명하다는 칭찬 세례가 쏟아졌다. 으쓱해진 나는 모두 하나님의 인도하심이며 앞으로 더 큰 기적이 일어날 테니 다함께 기도로 힘을 모아 달라고 이야기했다.

그러나 한 달이 가고, 두 달이 가도 소식이 감감했다. 카를로스에게 물어보니 이 나라는 행정처리가 느린 편이라 그럴 수 있다고 했다. 한국과 미국에서는 합심하여 기도하고 있으니 좋은 소식 기대한다는 연락이 주기적으로 오기 시작했다. 처음엔 든든하고 반가운 이야기였는데 시간이 흐를수록 부담이 되고, 나의 무능력을 들키는 것 같아 마음이 불편해졌다.

"선교사님 어떻게 진행은 잘 되고 있나요?"라고 묻는데, 얼마만큼 진행되었다고 말 할 수조차 없으니 얼마나 내 자신이 무력하게 느껴지는지. 내가 할 수 있는 것이라고는 기도뿐이었다.

그런데 5개월이 지나고, 6개월이 지나니 기도조차 힘들었다. 전화벨이 울리면 한국이나 미국일까봐 불편했다. 기다림은 사람을 지치게 하고 끝내는 초라하게 만드는 성질이 있다. 그래서 하나님께서 사람을 낮추실 때 종종 기다림이라는 도구를 사용하시기도 하는 것 같다. 모든 일이 너무 잘 풀리고 당장 2,300평의 땅이 생길 것 같으니 내 마음이 온통 거기에 가 있었던 걸 나는 몰랐으나 주님은 아셨다. 오직 땅만을 바라보는 사이 나는 일상의 기쁨들을 볼 수 없게 되었고, 마치 외눈박이처럼 우편함만 바라보며 재산청 우편물만 기다렸다. 그러자 내가 돌보지 않은 일상, 내가 외면하고 있던 제단이 무너지기 시작했다.

모든 것 위에 계신 하나님

8개월 쯤 되었을 때 미국 후원회 분이 나와 꼭 통화를 하고 싶다고 전화를 하더니 첫 마디가 "선교사님 실망하지 마세요."였다. 8개월이 되도록 보고가 없자 위로 차 전화를 주신 것이다.

"선교사님, 하나님께서 분명 더 좋은 기회를 주실 겁니다. 건강은 괜찮으신 거죠?"

진심 어린 위로를 듣는데도 마음속에 평안이 채워지지 않았다. 나는 대충 대답을 드리고 전화를 서둘러 끊었다. 마음에 근심과 패배감이 차올랐다. 그대로 있으면 화를 이기지 못할 것 같아 방으로 들어가 기도를 시작했다.

한참 기도하고 있는데, 아내가 조용히 들어와 찬양을 틀었다.

"누군가 널 위하여, 누군가 기도하네…"

도미니카에 정착한 후 낯선 이곳에서 아내와 나, 둘 만 동떨어져 있다는 생각이 들 때마다 듣던 찬양이었다. 이 찬양을 들으며여기 도미니카엔 우리 둘 뿐이지만 한국과 미국에서 우리를 위해기도하는 성도들이 계심을 다시 새기며 위안과 힘을 얻었었다.

아내는 그런 회복이 일어나길 소망하며 찬양을 틀었을 텐데, 이상하게도 내 마음에 분노가 일어나기 시작했다.

'그래, 알고 있어. 한국에서도 미국에서도 땅이 허락되기를 기도하고 있는 걸 잘 안다고, 그런데 지금 나한테는 그 기도조차 너무 큰 짐이고, 부담이라고. 기다림을 견디는 것도 힘든데, 내가 나에게 실망할 성도들의 얼굴까지 떠올리며 기도해야 해? 아내란 사람이 어쩌면 내 맘의 이런 부담감도 못 헤아리고, 정말 실망스럽군!'

나는 벌떡 일어나 카세트의 코드를 확 뽑아버렸다. 놀란 아내가 나를 쳐다봤다.

"선교사 사모라는 사람이 이런 식으로 기도를 방해하나? 기도하고 있을 때는 혼자 내버려두어야 한다는 걸 몰라?"

여간해서는 아내에게 반말을 쓰지 않는 나였다, 특히 다투거나 감정이 상한 상태에서는 더욱 존칭을 쓰려고 노력하는 게 우리 부부 사이에 암묵적인 약속이었는데, 내가 그 모든 질서를 깨트리고 거친 말투에, 존칭까지 무시하고 화를 낸 것이다.

"당신, 요즘 정말 딴 사람인 것 같아요. 아니, 미안해요. 선교사님 요즘 너무 딴 분 같아요."

"당신이라니, 지금 나한테 당신이라고 했어요?"

아내가 다시 선교사라 부르며 호칭을 정정 했건만, 나는 싸우지 못해 안달 난 사람처럼 아내를 몰아붙이려 하고 있었다. 그런데 그 순간 마주친 아내의 눈빛에 분노가 아닌 깊은 슬픔이 담겨 있는 게 보였다.

"아빠, 왜 그러세요, 엄마 울지 마요."

아이들이 달려와 우는 엄마를 보고 놀라 따라 울기 시작했다. 아내는 더 이상 아무 말도 않고 아이들과 함께 방을 나갔다. 나는 방문이 닫히자마자 방바닥에 털썩 주저앉았다.

못나도 이렇게 못 날 수가. 여기 먼 타국까지 따라와 하소연 할 곳도 없는 사람에게 이런 못난 짓을 해버리다니. 나 자신에 대한 실망이 목 끝까지 차올랐다. 이런 못난 모습을 자식에게 까지 보였다는 생각을 하니 끝도 없는 자책이 들었다. 나는 그대로 무너져 하나님께 원망의 기도를 드리기 시작했다.

'하나님… 저는 이 모든 게 분명한 하나님의 은혜라고 생각했습니다. 만약 하나님의 뜻이 아니었다면 중간에 막으실 기회는 너무 많았습니다. 카를로스 씨를 못 만나게 하셨을 수도 있고 문교부의 추천서를 못 받게 하실 수도 있었습니다. 그런데 그 모든 게 이토록 순탄하게 진행되게 하시고, 이토록 꿈에 부풀게 하시고 저를 버리십니까? 눈물로 씨를 뿌리는 자는 기쁨으로 단을 거두게 되리라는 말씀을 주셨습니다. 저는 진심으로 씨를 뿌렸는데 최선을 다해 씨를 뿌렸는데 왜 이런 비참한 지경에 처하게 된 것입니까? 모두가 저를 비난하고 무시하는 것 같습니다. 이제는 저 자신조차 저를 무시하고 있는 것 같습니다. 도대체 저는 무얼 어떻게 해야 한단 말입니까…'

그런데 그 순간 마음에 아주 잔잔한 음성이 들렸다.
"눈물을 흘리며 씨를 뿌리는 자는 기쁨으로 거두리로다.
울며 씨를 뿌리러 나가는 자는 정녕 기쁨으로 그 단을 가지고 돌아오리로다."(시편 126편 5절~ 6절)
나는 그 음성을 따라 이전과는 다른 차분한 목소리로 이 구절을 암송하게 됐다.
"눈물을 흘리며 씨를 뿌리는 자는 기쁨으로 거두리로다."
그러자 마음에서 이런 질문이 들려왔다.
'씨앗을 뿌림으로 모든 것이 이루어지는 것이 아니다. 과연 너는 경작을 하였느냐?'
그 순간 씨앗을 뿌리는 장면과 추수하는 장면 두 장의 그림 사이에 모를 내고, 피를 뽑고, 물을 대는 경작의 장면들이 들어서기 시작했다.

'아! 하나님!'

그제야 깨달았다. 나는 씨를 뿌려놓고 저절로 모내기가 되고, 피가 뽑히고, 물이 대지길 바라고 있었던 것이다. 서류를 넣어 놓고 내가 한 일이라고는 기다리는 것뿐이었다.

하나님이 나에게 씨를 뿌리라고 하셨고, 단을 거두게 되리라고 하셨으면 당연히 경작의 노력을 해야하는 데 나는 당장 추수할 기대에 부풀어 경작하는 수고를 아예 잊고 있었던 것이다.

'하나님, 제가 어리석었습니다. 어찌하여 저는 이렇게 긴 시간 아직 오지 않은 미래만 그리며 현재를 버리고 있었단 말입니까? 아버지, 제가 게을렀습니다. 그리고 교만했습니다. 하나님이 저에게 돕는 자들을 붙여주셨고 그들로 인해 수월하게 준비를 했으면 이제 제가 땀을 흘리고 알아보는 수고를 할 차례인 걸 알았어야 했는데 그걸 미처 깨닫지 못하고 있었습니다. 아버지 회개합니다. 이렇게 젊고, 이렇게 에너지가 넘치는데 저는 그것을 원망과 실망에만 쓰고 있었습니다. 아버지, 이제는 그것을 경작에 사용하게 해주소서. 아버지! 제 발로 뛰겠습니다. 제 손으로 물을 대 보겠습니다. 아버지! 깨닫게 해주셔서 정말 감사드립니다.'

나는 기다림을 핑계로 방만해 있던 시간들을 돌이켰다. 새로 세울 교회를 개척해야 하니 전도도, 사역도 모두 미루고 땅 허가가 나기만을 기다린 것이다. 그러다 보니 시간이 남게 됐고, 열정이 식게 됐고 무료해졌으며 나태해졌다. 기다림을 핑계로 잠시 모든 것을 놓아 버렸던 것이다. 나는 자리에서 일어나 하늘을 향해 두 팔을 들고 기도를 했다.

'아버지, 제가 이곳에 온 것은 편하기 위함도 아니요. 누리기 위함도 아니요. 성공을 위함도 아닙니다. 다만 하나님의 음성을 바로 듣고 그것을 이 나라와 이 땅에 바로 전하는 것. 그것이 제 본분입니다. 하나님, 원하시면 먼지 같이 흩으시고, 하나님, 뜻하시면 제 몸이 부서지는 한이 있더라도 일하고 쟁취하게 하소서. 하나님이 원하시는 것만을 위해 일하고 일하겠습니다. 아멘!'

기도를 마치고 거실로 나아가 아내에게 진심으로 사과했다.

"여보, 미안해요. 정말 내가 너무 실망스러운 모습을 보여 미안해요."

아내는 내 손을 꼭 잡고 말했다.

"여기 온 후 제일 힘든 반년이었지만 이제 펼쳐질 은혜가 있을 것임을 믿어요. 그래서 당연히 용서해드릴 거예요. 하지만 다음에 또 이렇게 주저 앉으시면 그땐 안 봐 드릴 거예요!"

"안 봐준다고? 그럼 어떻게 할 건데?"

"그땐, 나도 반말하지 뭐!"

아내가 소리를 내 웃기 시작했다. 분명 마음이 많이 상했을 텐데 그렇게 넘겨주는 아내가 너무 고마웠다.

아내가 저녁을 차리러 들어간 사이 나는 탁상 달력을 들고 날짜를 헤아려보았다.

"8개월..."

아니 어떻게 8개월 동안 기다리고만 있었지?

다시 생각해도 나와 정말 안 어울리는 행동이었다. 추진력 빠르기로 소문난 내가, 도대체 무슨 생각으로 이렇게 넋을 놓고 있었나 생각해보니 답은 하나였다.

너무 큰 프로젝트, 국가에서 주관하는 공공사업. 이 두 개의 규모에 주눅이 들어버린 것이다. 사실 중간에 한 번씩 재산청을 찾아가 알아볼까 하는 생각이 들었는데, 그러다 괜히 서류심사에 누가 될까봐 참은 것도 있었고, 특히나 나는 이곳에서 보기 드문 동양 외국인이라 한 두 번 가도 눈에 곧장 뜨일 테고 그럼 너무 조바심 내는 모습이 안 좋게 보여 심사에 불이익을 받게 될 지도 모른다고 생각한 것이다.

하지만 그건 잘 못돼도 한참 잘못된 생각이었다. 이건 도미니카 재산청의 일이 아니라 하나님의 일이다. 재산청 위에 계신 하나님이 재산청을 도구로 진행하고 계신 것 일뿐, 결정의 권한은 그들에게 없다. 모든 것 위에 계신 하나님께서 이미 내 진심을 아는 데 내 열정을 기특하게 여기시면 기특하게 여기시겠지, 나쁜 점수를 주실 리가 없다.

'그래 하던 대로 하자, 열정을 가지고 당장 부딪혀 보자!'

결심을 새롭게 다진 나는 그동안 밀쳐놓았던 FAX와 편지들을 읽었다. 한 구절, 한 구절 나를 위한 응원과 기도들로 가득했다.

'그래! 하나님 이 기도들을 버리지 아니하실 걸 믿자, 아버지 저 다시 한 번 달려가겠습니다. 제게 힘을 주세요!'

이튿날 일어나자마자 옷만 대충 입고, 쏜살같이 재산청으로 달려갔다. 가보니 공무원들도 이제 막 출근을 하고 있었다. 담당공무원에게 달려가 서류제출 날짜를 이야기 하고 지금 8개월째 기다리고만 있는데, 도대체 어떻게 진행되고 있냐고 물었다.

"확인해 보겠습니다."

담당 공무원이 컴퓨터 화면을 쓱 살펴보더니 아주 간단하게 대답을 했다.

"신청 내역이 없습니다."

나는 그게 무슨 소리냐고 분명히 제출했다고 다시 잘 확인해

보라고 말했다. 잠시 서류와 컴퓨터를 다시 뒤적이던 직원이 누락이 된 것 같다고 말했다.

누락이라니! 나는 순간 다리가 풀려 휘청했다. 양손으로 접수대를 잡고 잠시 버티는데 직원이 나에게 반문을 했다.

"서류 접수하신 건 맞습니까?"

"접수를 했으니까, 확인하는 거 아닙니까?"

"글쎄요... 어쨌든 저희에겐 없습니다. 혹시 서류접수를 했다는 걸 증명할 사람이 있습니까?"

나는 당장 데려오겠다고 말하고 카를로스 씨의 집으로 갔다.

"서류가 누락됐답니다. 서류를 접수했다는 사실을 증명할 사람이 필요합니다."

카를로스 씨도 깜짝 놀라 그게 정말이냐며, 제대로 확인을 해보자며 나와함께 재산청으로 갔다. 현지인인 카를로스 씨까지 와서 따져 물으니 직원도 당황하는 눈치였다. 그는 잠시 기다려 달라고 하더니 잠시 후 조사관을 데리고 왔다.

"저와 같이 가시죠, 어느 지역을 어떻게 신청하셨는지 사실여부를 조사 하겠습니다."

조사관의 차를 타고 로스 알카리소스 지역으로 갔다. 땅의 위치를 확인한 조사관은 이제야 이유를 알겠다는 표정으로 이야기했다.

"이 땅은 설탕공사 소유의 땅입니다. 저희 쪽에 접수를 하셨어도 설탕공사로 바로 보내졌을 겁니다. 설탕공사에 문의하시죠."

"설탕공사요?"

내가 질문을 하자 카를로스가 대신 대답을 해주었다.

"도미니카 토지의 주인은 크게 세 부류로 나눌 수 있습니다. 3

분의 1은 민간인들이 소유하고 있고, 3분의 1은 국가, 그리고 나머지 3분의 1을 설탕공사가 소유하고 있습니다."

그 말을 들은 나는 깜짝 놀랐다.

"네? 국토의 3분의 1이 설탕공사 소유라구요?"

"도미니카는 쿠바와 함께 주요 설탕생산국입니다. 그래서 사탕수수밭을 많이 보유하고 있지요. 나라의 어떤 기업보다 재산과 규모가 큰 막강한 곳입니다. 베드로 최, 안타깝지만 나는 더 이상 도와드릴 수가 없을 것 같습니다. 설탕공사는 오직 비즈니스 마인드로만 거래합니다. 내 평생 설탕공사에서 공적인 용도로 땅을 내주는 건 본 역사가 없습니다. 그러니까 이제부터 어떤 노력을 해도 헛수고가 될 뿐이니 아쉽겠지만 베드로도 이만 포기하는 게 나을 겁니다."

하지만 나는 포기 할 수 없었다. 이 땅은 설탕공사의 땅이 아니라 하나님의 땅이라는 외침이 마음 깊은 곳으로부터 들려왔다.

"그래! 난 절대 포기하지 않겠다."

집으로 돌아오니 대사관에서 전화가 왔다는 메모가 있었다. 전화를 해보니 대사님께서 오늘 오후에 있는 한인 행사에 참석하실 계획인데, 시간이 되면 나도 참석했으면 하신다는 얘기를 비서가 전해주었다. 추천장을 받아갔는데 8개월간 감감 무소식이니 궁금하실 만도 했다. 추천장만 받고 중간보고라도 한 번 드렸어야 하는데, 이번 일로 여러분들께 심려만 끼쳐드리고 있었다. 나는 꼭 가겠다고 대답한 후, 서둘러 준비를 하고 대사님을 뵈러갔다.

대사관에서는 한인회의 운영과 발전을 위한 다양한 플랜들이 교류하는 자리가 마련되고 있었고, 나는 대사님의 일정이 끝날 때까지 한쪽에서 기다렸다. 행사가 끝나고 대사님께서 나를 빈 사무실로 부르셨고, 대사님과 둘만 이야기를 할 수 있게 됐다.

"선교사님… 요즘 어떻게 지내십니까?"

"대사님, 지난번에 추천서만 부탁드리고 이제야 뵙게 됐습니다. 중간에 찾아뵙고 진행 사항이라도 말씀 드렸어야 하는데… 면목이 없습니다."

"아니요, 선교사님 봉사하시고, 예배인도 하시느라 많이 바쁘신 거 압니다. 그래서... 그 토지 증여건에 대해 저희가 좀 알아봤습니다."

"네?"

"추천서 한 장 들려 보내고, 제가 마음이 많이 아팠습니다. 선교사님 좋은 일 하시려고 백방으로 뛰어다니시는데, 제대로 도와드리지도 못하고 이렇게 뒤에 멀찍이 물러나 간간히 어찌 지내시나 소식만 알아봐서 참 미안했습니다. 그래서 이번에는 제가 제 권한으로 이런저런 상황을 좀 알아봤습니다. 그래서 조언을 좀 드리고 싶은데… 괜찮으신가요?"

"저야, 어떤 말씀이든 감사합니다."

"선교사님, 좀 외람되지만 세계 어느 나라도 국가에서 땅을 기증할 때는 가치가 없는 땅을 줍니다. 시내에 땅 값이 올라가는 지역은 절대 무상으로 증여하지 않습니다. 대신 한적한 곳, 개발이 필요한 지역만 줍니다. 옛날에 언더우드 선교사가 연세대학교 부지를 신청했을 때도, 사대문 밖 영토를 주었습니다. 고금과 나라를 막론하고 늘 그랬지요. 그런데 알아보니 로스 알카리소스는 도미니카에서도 보기 드문 대규모 신시가지로 이 나라 정부에 힘 있는 사람들도 눈독을 들이는 땅이라고 합니다. 그러니 그 귀한 열정을 실현 어려운 일에 쏟지 마시고, 제가 다른 외곽 지역을 알아봐 드릴 테니 그쪽으로 한 번 신청해 보십시오. 선교사님의 동기와 목적이 너무 귀하고 좋으니 다른 지역 땅을 신청하시면 분명 수락이 될 겁니다."

대사님의 말씀을 들으니 낙심하는 마음이 생겼다. 오전에 카를로스 씨가 그만 손을 놓겠다, 이건 승산이 없는 시도라고 말했을 때는 정말 전혀 영향을 받지 않았는데, 평소 믿고 의지하던 대사님마저 이렇게 말씀을 하시니 참으로 암담했다. 그리고 나도 모르는 사이 이렇게 세심하게 나를 살펴주신 대사님의 선의에 전혀 보답을 못하는 것 같아 죄송했다. 나는 대사님께 그래도 끝까지 최선을 다해보고, 안되면 다시 찾아와 도움을 받겠다고 말씀드렸다. 대사님께서는 언제든 좋으니 다시 얘기하자고 말씀하시며 내 손을 꼭 잡아주셨다.

집에 돌아와 가만히 생각해 보니, 국가재산청에서 보낸 서류를 설탕공사가 누락시키거나, 파기한 게 분명했다. 둘 중 하나가 아니라면 최소한 탈락 되었다는 통보는 오는 게 절차였다. 내 개인의 서류도 아니고, 하나님의 교회를 지을 부지를 신청하는 서류를 그렇게 함부로 대했다는데 화가 났다. 그 서류 한 장을 위해 얼마나 많은 성도들이 기도를 했는데, 이것은 분명한 사단의 방해이다.

'그래, 포기하지 말자! 다시 부딪혀 보자!'

나는 그길로 설탕공사 전화번호를 알아내어 전화를 했고, 전화가 연결되자마자 설탕공사 사장과 통화를 하고 싶다고 말했다. 그러자 직원이 성함과 직함을 얘기해 달라고 했다. 그런데 그 말투가 아주 불손했다.

'당신이 뭔데 우리 사장님을 바꿔달라는 거야.'

딱 이 뉘앙스였다.

'오, 그래 좀 대단한 회사에 다닌다고 오만했겠다.'

화가 난 나는 아주 빠른 속도로 내 직함과 이름을 외쳤다.

"쏘이 엘 흐레베렌도 뻬드로 초이, 엘 프레시덴데 데 아소시아시온 끄리스띠아나 이 미시온네라 페엔 디오스 인꼬프라시온!"

그런데 레베른도라는 단어는 성직자라는 의미인데 나중에 알고 보니 도미니카에서는 가톨릭 신부를 의미하는 말로 쓰였다. 그러나 미국에서는 목사님을 의미하기도 했고 나는 목사라는 내 신분을 밝히는 의미에서 '레베렌도'라는 표현을 썼는데 아무래도 상대는 나를 신부님으로 착각한 모양이다. 갑자기 태도가 공손해졌다.

"너무 빨라서 못 들었는데 다시 한 번 말씀해 주시겠습니까?"

나는 여전히 화가 난 목소리로 직함을 하나하나 세게 끊어서 읽어 주었다.

"소이 엘 흐레베른도 베르도 초이, 엘 프레시덴데 데 아소시아시온 끄리스띠아나 이 미시온네라 페엔 디오스 인꼬프라시온."

한국어로 풀자면 '목사 베드로 최. 크리스천선교사 협의회장입니다.'라는 뜻이었다. 그러나 상대는 '레베렌도(Reverendo)'라는 표현을 재차 확인하고는 나를 신부라 확신했고 더 이상 묻지 않고 사장 비서를 바꿔주겠다고 했다. 가톨릭이 국가인 도미니카에선 추기경이 대통령보다 지위가 높았다. 그래서 신부님의 지위도 높았는데 거의 장관대우를 받는다. 비서가 전화를 받았고 나는 다시 한 번 빠르게 내 직함을 이야기했다. 그녀 역시 나를 가톨릭 신부로 알았고 군말 없이 사장을 연결했다.

설탕공사 사장이 전화를 받았다. 나는 우선 내 이름으로 접수된 토지신청 서류를 보았냐고 물었고, 설탕공사 사장은 아직 보지 못했다고 대답했다.

그 말을 듣자 마음이 더 격해졌다. 무려 8개월의 시간 사이에 나의 서류는 어디로 사라졌단 말인가! 국가재산청은 설탕공사로 분명히 넘겼다고 했으니, 누락이든 일방파기든 설탕공사 쪽에서 서류를 없앤 게 분명했다.

나는 이런 상황에 대해 설탕공사 사장에게 거세게 항의했다.

'나는 한국에서 온 선교사다, 이번에 부지 공고가 나서 도미니카에 꼭 필요한 교회와, 학교를 지으려고 서류를 냈다. 나의 서류는 도미니카 문교부는 물론, 한국대사님의 친필 추천서까지 첨부된 귀한 서류다. 그런데 설탕공사 측에서 무려 8개월 째 내 서류를 무시하고 있다. 무조건적인 수락을 원하는 게 아니다. 만약 탈락이 되었다면 탈락통보라도 있었어야 하는데 현재까지 나는 아무 통보도 받지 못했다. 이건 명백한 무시이며, 서류의 성격상 나 한 사람에 대한 무시가 아니라 그 서류에 추천서를 써 준 대한민국 대사와, 대한민국 정부에 대한 실수다. 나는 이 문제를 좌시하지 않을 것이며, 대한민국 대사관과 정부에 알려 도미니카 정부에 정식으로 항의하겠다.' 라는 식으로 말했다.

그러자 설탕공사 사장이 크게 당황하며, 잠시만 시간을 달라고 했다. 수화기 너머로 긴급하게 대화가 오고가는 소리가 들렸다. 잠시 후 설탕공사 사장이 다시 전화를 받았다.

"정말 죄송한데, 이번 일은 실수에 의한 '누락'이지 무시나 파기가 아닙니다. 제가 보증할 테니, 정말 죄송하지만 서류사본이 있으시다면 한 부 마련하셔서 내일 저희 설탕공사로 와주십시오. 제가 직접 처리하겠습니다."

나는 알겠다고 하고 전화를 끊었다. 전화를 끊고 나서 제일 처음 든 생각이 '내가 이렇게 말을 잘하는 사람이었나?'였다. 정말 단 한 번의 막힘도 없이, 그것도 정중하되 강력한 어조, 정확한 발음으로 항의를 한 것이다. 난 하나님께서 나를 돕고 계신다는 확신을 가졌다.

당시 도미니카 정서로 볼 때 설탕공사 사장은 크게 당황한 게 맞았다. 게다가 나를 신부로 알았으니 더 큰 문제로 느껴졌을 것이다. 비록 한국에서 온 신부라 해도 신부는 신부이며, 한국 대사의 서포트를 받는 신부인 것 같은데 서류가 중간에서 임의로 사라졌다니, 없앴다고 하면 정말 큰 문제가 될 것 같고, 그렇다고 없는 서류를 만들 수도 없으니 우선 나와 만나 이야기를 해야겠다고 판단을 한 것 같았다.

복사본을 정리해 아침 일찍 설탕공사로 갔더니, 설탕공사의 토지를 관리하는 담당자가 아예 문 앞에서 기다리고 있었다. 그는 내가 보는 앞에서 서류를 빠짐없이 복사하고, 내일 현장검증을 할 테니 다시 한 번 나와 달라고 했다. 나는 바쁘지만 최대한 시간을 내보겠다고 하고 집으로 돌아왔다.

집에 와서 찬물을 연신 3컵이나 들이켰다. 사실 긴장되고 떨렸다. 그들이 서류를 복사한 후 서류누락에 대해 사과하고 다시 검토해보겠다고 하면 사실 나는 할 말이 없다. 다만 내가 바랄 수 있는 건 이 여세를 몰아 조금이라도 유리한 방향으로 일이 진척되는 것이었다. 그런데 정말 현장검증까지 일사천리로 이루어졌다.

본래는 서류차원에서 탈락이 되는 경우가 많고, 서류를 통과해야 현장검증이 되는 건데 그들은 내 서류를 복사만 하고 아직 검토도 안한 상태에서 현장검증 약속까지 잡은 것이다. 나는 이 기회를 반드시 잡게 해달라고 하나님께 간절히 기도했다. 그렇게 밤을 새다시피 기도하고 약속한 시간에 맞추어 설탕공사로 갔다.

"말씀하신 땅이 저 부근입니까?"

조사관이 내가 원한 부지를 손으로 가리켰다.

"네, 바로 저곳입니다."

잠시 몇 초간의 정적이 흘렀다. 나는 침 한 모금을 못 삼킨 채 마음을 다해 기도만 하고 있었다.

"저 땅은 안되겠습니다."

역시나 일이 너무 술술 풀린다 했더니, 결국 여기서 막히는 건가. 마음에 무거운 추 하나가 쾅 떨어진 듯 큰 동요가 일어났지만 애써 침착하게 왜 안 되냐고 물었다.

"보시면 저쪽에서 이쪽까지 땅이 반듯하지 않고 경사져 있습니다. 이왕이면 저쪽 편편한 땅으로 하시지요."

순간 나는 내 귀를 의심했다.

'편편한 땅으로 하라고? 오, 하나님!'

이들은 무조건적으로 증여를 할 생각에 나를 이리로 데려온 것이었다. 아! 8개월간 한 치의 진척도 없었던 일이 하나님 매듭을 푸시니 24시간 만에 해결되고 있었다.

어디든 좋다고 소리치고 싶을 만큼 마음이 들떴지만 나는 최대한 그런 마음을 누르고 조사관이 권하는 땅을 봤다. 분명 내가 고른 땅보다 편편하고 좋은 땅이었다. 그런데 주위를 크게 다시 둘러보니 조사관이 권한 땅은 주택들이 들어서는 곳과 거리가 멀었다. 내가 도미니카에 대해 모르면 몰라도, 아마도 주택이 들어서는 인근에만 수도와 전기가 들어오고 거리가 있는 쪽엔 수도와 전기가 들어오지 않을 확률이 컸다.

"경사는 상관없습니다. 제가 저 땅을 원합니다."

"그럼 대통령 수석실로 이동하시지요."

"대통령 수석실이요?"

"네, 저희 설탕공사에서는 증여를 결정했으나, 이 공고를 주관하는 곳은 대통령 수석실이니 거기에 최종 통보를 하고, 신시가지 도면을 받으시면 됩니다."

"어서 갑시다."

조사관의 차를 타고 대통령 수석실로 갔다. 그리고 정말 도면을 받았다.

"총 7천 평방미터 모두 승인이 났습니다. 이제 선교사님 땅이니 건축 시작하시지요."

할렐루야! 모든 것 위에 계신 하나님께서 마침내 땅을 허락하셨다!

마지막 광야

도면을 받아들고 수석실을 나오는데, 설탕공장 조사관이 자신과 함께 로스 알카리소스로 다시 가자고 했다.

"로스 알카리소스로 가자구요? 설탕공사를 가서 땅문서를 받는 게 먼저 아닙니까?"

"이 나라는 행정처리에 많은 시간이 걸립니다. 대통령 수석실에 보고하고, 도면을 받았으니 이제 선교사님 땅입니다. 우선은 증여받은 토지 주변에 철조망을 치고 교회 간판이라도 붙여두시는 게 선교사님께 유리 할 겁니다."

"유리하다니요?"

"나중에라도 증여가 번복되거나, 이전을 할 확률이 적어진다는 겁니다."

"증여가 번복 될 수도 있습니까?"

"드물기는 하지만 그런 경우가 있습니다."

마음이 급해졌다. 나는 조사관에게 잠시 전화 한통만 하고 오겠다고 하고 끄리스띠안에게 전화를 걸어 갑작스럽게 땅을 증여받게 되었고, 조사관이 철조망을 두르는 작업이라도 당장 시작하라고 재촉한다는 이야기를 했다.

"베드로, 걱정하지 말아요. 그건 일종의 관례에요. 특히 증여받은 토지는 문서가 발급되기 까지 시간이 걸리고, 중간에 변수도 많은데 어떤 형태로든 건축이 시작된 경우엔 토지 문서를 빨리 발급해 줍니다. 이 나라에선 증여토지에 먼저 건물을 세우는 사람이 임자라고 봐도 무방해요."

끄리스띠안의 말을 듣자 마음이 더 조급해졌다. 나는 조사관에게 무엇부터 해야 하냐고 물었다. 그러자 그가 말했다.

"사실은 내 사위가 건축 일을 합니다. 이번 공사를 내 사위에게 맡겨주시면 내가 하루빨리 토지 문서가 나오도록 돕겠습니다."

나로서는 나쁜 제안이 아니었다. 별도로 건축업자를 아는 것도 아니고, 건축을 맡기면 토지문서가 나오기까지 힘을 실어 준다하니 서로 윈윈 할 수 있는 제안이었다. 하지만 당장 주머니엔 철조망을 살 돈도 없었다. 나는 나의 자금처가 외국에 있어 연락을 주고받을 시간이 필요하니 오늘은 여기서 헤어지고 내일 다시 만나자고 하고 조사관과 헤어졌다.

집으로 온 나는 한국에 연락해 토지를 증여 받게 되었다는 소식을 전하고, 철조망과 간판을 세울 비용으로 2천달러가 필요하다고 이야기를 했다. 그러자 전화를 받은 후원 담당자님께서는 2천불이 작은 돈도 아니고, 급하게 일을 추진하면 선교사로서 신용을 잃을 수도 있으니 땅 문서부터 보내라고 했다. 나는 우선 공사를 시작해야 이후 땅문서 발급도 용이한 이곳의 상황을 최대한 설명했지만, 아무래도 한국 상식과는 다른 부분이 많아 납득하기 어렵다는 대답만 들었다. 나는 자세한 내용을 편지로 다시 전하겠다고 이야기를 하고 전화를 끊었다.

나는 답답한 마음에 신학교 동창이며 친구인 유충국 목사님에게 개인적으로 연락을 했다. 내가 이차저차 하여 땅을 증여 받게 되었는데, 이곳 절차가 한국과 달라 우선 공사를 시작하는 게 땅문서를 받는데 유리한데 철조망과 간판을 마련할 비용이 필요한 현재 상황을 말했다. 고맙게도 최대한 빨리 마련해 보내 줄 테니 기다리라고 했다. 그리고 정말 빠른 시일 안에 돈을 부쳐왔다.

송금이 오기로 한 날짜에 은행에서 기다리고 있다가 돈이 들어오자마자 찾아 건축상으로 가서 철조망을 샀다. 간판도 사고 싶었지만 간판의 자재인 함석의 값이 워낙 비싸 철조망을 사는데 만족해야 했다. 나는 트럭을 빌려 철조망을 싣고 부지로 갔다. 그날 밤 늦게까지 부지 둘레에 철조망을 치고 설탕공사 조사관에게 전화를 걸었다.

"우선 철조망을 세우는 일은 마쳤습니다. 그러나 외국에서 건축 자금이 오기까지 시간이 걸릴 것 같습니다. 자금이 도착하는 대로 사위 분과 건축계약을 하겠습니다. 그때까지 제가 할 수 있는 일이 있으면 알려주십시오."

"제 생각엔 건설부에 가셔서 불도저와 기사를 신청하시는 게 좋을 것 같습니다."

"불도저요?"

"네, 여기 도미니카엔 중장비 대여료가 아주 비쌉니다. 특히 불도저는 그 수량도 적고, 그걸 다루는 기사들 인건비도 비싸서 큰돈이 들 겁니다. 그러니 그걸 개인 돈으로 하지 마시고, 건설부에 불도저와 기사를 신청해보세요, 개인 공사용으로는 대여해주지 않지만 그 땅이 경사진 땅이므로 도로를 닦는다고 얘기하신 후 불도저를 신청하시면 승인이 날 것 같습니다."

"하겠습니다. 어디로 가면 됩니까?"

"건설부 도로작업팀으로 가십시오. 대신 신청서가 많이 복잡할 텐데 혼자 하실 수 있겠습니까?"

나는 걱정 말라고 말한 뒤 건설부로 달려갔다. 영주권 신청 서류부터, 토지 신청서류에 문교부와 대사관 추천서까지 작성을 해봤으니 이제 서류작성이라면 도가 텄다.

건설부에 도착한 나는 '도로작업을 위한 불도저 신청서'를 달라고 했다. 담당직원이 양식을 주면서 첨부서류를 알려주는데, 토지 대장부터 현장사진, 건축도면, 건축예산서, 공사예산서, 지자체장의 승인서와 각종 추천서까지 준비할 서류가 열 가지도 넘었다.

그 서류들을 준비하는 데만 해도 꼬박 한 달이 걸렸다. 그런데 그렇게 힘들게 작성해 제출했건만 다시 또 감감 무소식이었다. 나는 다음날부터 이틀에 한 번 꼴로 건설부로 달려가 진행 사항을 물었다. 나중에는 그곳 사람들이 나를 다 알아서 차도 주고, 신문도 주고 가끔 농담도 걸 정도로 친해졌다.

그렇게 한 달을 출근하다시피 하던 어느 날, 그날도 아침 일찍 건설부로 가 불도저가 언제쯤 나오냐고 물었더니, 오늘은 정말 일이 많아서 바로 못 알아봐주니까 집에 가서 기다리면 오후까지 연락을 주겠다고 했다. 나는 알겠다고 하고 집으로 돌아왔다 그런데 집에 도착한지 1시간도 안되어 전화가 왔다.

"불도저가 승인 났습니다."

"정말입니까? 그럼 언제부터 쓸 수 있습니까!"

"오늘이요. 1시간 전에 공사현장으로 출발했으니까, 어서 나가서 받으세요."

나는 설탕공사 조사관에게 전화를 걸어 불도저 승인이 나 지금 온다고 하는데, 정말 공사를 시작해도 되냐고 했다. 그러자 조사관님이 불도저 승인이 났으면 가서 불도저를 받아야지 이렇게 통화를 하고 있으면 어떻게 하냐고 답답해하며, 여기 사람들은 공사장에 왔다 담당자가 없으면 그냥 그대로 퇴근해 버리는데 어서 가서 붙들라고 하며, 자신이 아는 변호사를 그쪽으로 보내주겠다고 했다.

맙소사, 이렇게 난데없는 경우가 어디 있단 말인가! 토지를 받을 때도 8개월을 기다리게 하다 만 하루 만에 승인을 하더니, 불도저도 두 달을 기다리게 하다 오늘 승인과 함께 출발시켰다니!

나는 급히 달려 나가 차에 시동을 걸었다.

마음이 급해 과속을 하다가 단속에 붙잡혔다. 그런데 내 머릿속엔 오직 불도저를 잡아야 한다는 생각뿐이라, 과속하셨다며 신분증을 달라는 경찰에게 다짜고짜 "지금 내 앞에 불도저 가는 거 봤어요?"라고 물었다. 로스 알카리소스로 가는 도로는 그 도로 하나라 이미 지나갔다면 내가 늦은 것이었다. 내가 워낙 다급하게 물으니 경찰관도 엉겁결에 "한 십 분 전에 지나가는 걸 봤다"고 이야기했다. 큰일이었다. 핸드폰이나 호출기도 없는 사항이라 불도저 기사가 도착했다 나를 못 찾았다는 핑계로 가버리면 그냥 그대로 끝이었다.

나는 경찰에게 건설부가 보내준 불도저를 받으러 가는 길인데, 너무 급해서 그러니 돌아가는 길에 딱지를 끊으면 안 되냐고 물었다. 워낙 다급한 상황인 걸 안 경찰은 두말없이 어서 가라고 나를 보내주었다. 전속력으로 달려 겨우 불도저를 만났다.

그리고 현장엔 설탕공사 조사관이 소개해 준 변호사도 도착해 있었다.

"선교사님 불도저와 운전기술자는 무상으로 제공되지만, 기름 값은 선교사님이 내셔야 합니다. 그리고 가능하시면 운전수에게 밥값 정도만 더 얹어주십시오. 그럼 선교사님 원하시는 대로 정말 열심히 일해 줄 겁니다."

나는 기름 값과 밥값을 불도저 기사 분에게 드렸다. 밥값을 확인한 기사 분은 신이나 콧노래를 부르며 신나게 작업을 했다. 그 모습을 보니 나도 신이 났다. 밥값과 기름 값만 가지고 땅을 평평하게 다지게 되다니, 정말 감사한 일이었다. 그렇게 한참 공사가 진행되는데 점점 사람들이 몰려들기 시작했다. 그 사이 다 지어진 1천 세대에 입주한 주민들이었는데, 철조망과 교회 간판을 보고 그들 사이에 내가 아주 대단한 사람이라고 소문이 난 모양이었다.

그도 그럴 것이, 아직 성당 부지도 확정이 안 되어 있는데 떡하니 교회 간판이 서있으니 그들로서는 보기 드문 광경이었던 것이다. 그런데 건설부 불도저까지 와서 부지를 다듬어주고 있으니 그야말로 난리가 난 것이다. 나를 두고 도대체 저 사람은 누구인데 대통령이 땅을 주고, 건설부 불도저가 와서 일을 하나? 정말 대단한 빽이 있는 사람인 것 같다고 수군거리는 소리가 내 귀까지 드릴 정도였다.

공사가 진행되는 것을 보고 있는데 변호사가 식사를 하러 가고 했다. 나는 불도저 기사한테 우리 집 전화번호를 메모해 주고 변호사와 함께 공사장을 빠져 나왔다.

근처에 마땅한 식당이 없어 우리 집으로 가 식사를 하기로 했다. 집에 도착하니 아내는 곧 도착할 단기 선교팀을 맞기 위해 분주한 터라 내가 식탁을 차려 대접했다. 한참 식사를 하고 있는데 전화벨이 울렸다 전화를 받아보니 불도저 기사였다. 받아보니 숨이 넘어가는 목소리로 군인들이 자신을 잡아가려고 한다고 외쳤다. 깜짝 놀라 변호사와 차를 타고 공사현장으로 갔다.

현장에 가보니 설탕공사 소속 군인들이 와서 불도저를 멈추고 공사장을 점거하고 있었다.

"이 현장의 책임자 베드로 초이입니다. 당신들 무슨 권리로 내 공사를 막는 겁니까?"

"이 작업 공사 허가증, 땅문서, 시장 허가증을 보여주십시오."

"아직 없습니다."

"그럼 불법 점거 및 무단 용지변경으로 당신을 체포하겠습니다."

"나는 이것이 관례라고 알고 있었습니다. 그것도 당신 측 조사관으로부터 들었습니다."

내가 그렇게 대답하자 조사관이 나섰다.

"행정착오가 있는 것 같습니다. 충분히 해명 할 수 있으니 책임자를 만나게 해주십시오."

그러자 군인들이 소환장을 주며, 내일 10시 까지 설탕 공사 알카리소스 지역 본부로 오라고 했다.

"불도저 기사 분은 아무 잘 못이 없으니 책임을 묻지 말아주십시오."

내가 이야기하자 그들은 그럼 당신이 모든 걸 책임지는 것으로 알겠다며 불도저 기사를 풀어주고 가버렸다. 갑작스럽기도 하고 그들의 불손한 태도에 화가나 씩씩거리는데, 변호사가 지금 화를 낼 상황이 아니라 잡혀가지 않은 것만으로도 할렐루야 할 만한 일이라고 했다.

변호사는 설탕공사 조사관이 건축 일을 따서 사위에게 줄 생각에 성급하게 일을 진행 한 것 같은데, 저들이 원칙대로 나오면 아무리 관례라고 해도 편법으로 일을 시작한 우리가 불리하다고 했다. 그러니 땅문서가 나올 때까지 공사를 보류하고, 내일 저들에게는 최대한 겸손하게 타협을 요청해야 한다고 이야기를 했다. 단 구두 허가는 떨어진 게 사실이니 그걸 잘 설명해서 합의점을 찾아보자고 했다. 나는 알겠다고 말하고 집으로 돌아갔다.

집에 도착하니 미국에서 온 단기 선교팀이 도착해 있었다. 그들 보기엔 참 민망한 마음이 들었지만 상황이 너무 급하니 소환장을 받은 상황을 이야기하고 합심하여 기도해 달라고 부탁했다. 다행이 청년들은 당연히 우리가 할 일이라며 기도에 동참해 주었다.

함께 기도하는데 눈물이 났다. 누군가 어디선가 나를 위해 기도해 주고 있다는 걸 위안으로 삼으며 지내다가 이렇게 곁에서 날 위해 기도하는 15명의 기도 소리를 들으니 너무 든든했다.

'그래, 하나님이 나를 붙들어 주시려고 이렇게 귀한 청년들을 보내 주신 것이다. 하나님, 이 소중한 청년들에게 승리를 목격하게 하시려 이 먼까지 보내신 것이지 패배와 실망을 보게 하시려 이들을 보내신 게 아님을 믿습니다.'

나는 오직 하나님의 계획하심에 의지하며 강하고 담대한 마음을 가져야겠다고 결심했다. 여호수아처럼, 갈렙처럼 담대하고 긍정적인 시선과 마음을 달라고 그 밤 내내 간절하게 기도를 했다.

"선교사님 걱정하지 마세요! 저희가 중보하고 있겠습니다!"

청년들의 응원을 받으며 설탕공사로 갔다. 나는 이 나라의 법을 몰라 실수한 것 같다고 솔직하게 얘기했다. 그리고 변호사는 이미 구두 허가를 받은 것인데 그 상황을 파악해 봤냐고 물어봤다. 그런데 그들이 우리의 말을 반신반의 하는 것이다. 알고 보니 그들은 설탕공사 토지를 지키는 일을 주 업무로 하지 토지 소유권 등의 업무와는 거리가 있었다.

즉 순찰하던 길에 공사가 시작된 것을 보고 제동을 건 것이었다. 변호사가 우선 본부에 조회를 요청하면 문제가 해결될 것 같다고 얘기를 했다. 그런데 의외로 순순히 그럼 알겠다고 대답을 하더니 본부와 통화를 했다, 옆에서 들으니 설탕공사 사장 비서실까지 통화가 연결된 것 같았다.

"사장님의 특별지시로 구두증여 된 것을 확인했습니다. 하지만 저희에게도 원칙이란 게 있으니 공사 재개를 하시려면 설탕공사 본사에 가서서 임시문서를 받아 제출해 주셔야겠습니다."

그렇게 하겠다고 이야기를 하고 설탕공사 지부를 나왔다. 변호사와 상의하니 내일 임시 문서를 받으면 공사를 재개하는 데에는 큰 문제가 없을 것 같은데, 불도저를 다시 신청하는 건 어려울 것 같다고 했다. 아마도 불도저 기사가 많이 놀랐을 것이고 건설부에 이미 보고를 했을 텐데 그쪽 입장에서는 허가도 안 된 땅에 공공중장비를 내어 준 것이 되니 아마 두 번 기회가 없을 것 같다고 했다. 나는 알았다고 이야기를 하고 변호사님과 헤어져 홀로 공사 현장으로 갔다.

공사가 시작되다만 땅을 보는 데 마음이 착잡했다. 다행히 하나님의 은혜로 체포와 같은 봉변은 면했지만, 불도저는 놓쳤다. 나는 이번 일을 계기로 아무리 시간이 많이 걸리고, 비용이 들더라도 절대 편법을 사용해선 안 된다는 걸 깨달았다.

'그래. 하나님께서 나를 가나안으로 인도하심이 확실하기에, 지금 나는 광야를 거치고 있는 것이다. 하나님은 이스라엘 백성들이 광야를 도는 동안 그들을 정비하셨다. 새로운 땅으로 들어가기 전 이전의 악습을 벗고, 하나님의 질서를 몸에 익히도록 가르치고 훈련시켜 주셨다.

그리고 오늘 나도 그 훈련을 받았다. 앞으로 새롭게 펼쳐질 사역에 앞서 급한 마음에 편법을 택한 나를 발견하게 하셨고, 그게 죄이며 잘못 임을 깨닫게 하신 것이다. 나는 오늘 지금 내가 사는 세상에도 발을 딛고 서 있지만, 동시에 성경 안에도 서 있다는 걸 생생하게 느끼게 되었다.

그래 성경은 살아있는 실체고, 하나님의 역사는 지금 우리 삶에 동일하게 반복 된다. 성경을 바로 아는 것 그것이 세상과 인생을 바로 아는 가장 빠른 길이다. 그러므로 세상의 어느 학문보다 삶의 지혜, 정의, 도리가 들어 있는 학문이 성경이다.

나는 오늘 그걸 몸소 체험했다. 오늘의 체험을 기억하고 이제 정말 어떤 일을 하든지 성경에 비추어 일하자, 그것이 가장 정의로우며, 가장 진보적인 결정임을 나는 오늘 확실히 깨달았다.'

생각해보니 언제나 나는 하나님의 나라에 속한 사람이라고 이야기를 하면서 실제론 그러지 못 할 때가 많았다. 이번 일만 해도 이 나라 편법에 귀 기울이고, 그것에 잠시 나마 동화되어 일을 벌인 것이다. 나는 이번 일은 하나님께서 나에게 주신 가르침이고, 경고라고 생각했다. 그리고 이후 아무리 좋은 기회라도, 또 세상의 법에는 걸리지 않는다고 해도 성경의 양심과 하나님의 정의에 어긋나는 방법은 절대 사용하지 않겠다고 굳게 다짐했다.

그리고 며칠 뒤, 내 앞으로 우편물이 한 통 배달되었다. 열어보니 그토록 기다리던 땅 문서였다. 1988년 처음 도미니카 땅을 밟은 후 만 4년 만에 일어난 기적, 도미니카 한 복판 로스 알카리소스 신시가지 중심에 교회 부지가 생긴 것이다.

하나님의 은혜로 40년이 아닌 단 5년 만에 도미니카 광야 생활이 끝나고 마침내 가나안에 입성하게 되는 기적이 일어났다.

2부

지시하신 땅을 축복하시다!

하나님께 맡겨라 / 길거리 예배 / 누군가 널 위하여 기도하네 / 가나안 교회 / 오늘은 도미니캐 내일은 세계로! / 가나안교회 사람들 / 은혜로 채우시는 하나님 / 소망의 사다리 / 도미니카 유소년 전도 / 학교를 세우다 / 제자훈련 / 노방 전도로 교회를 개척하다 / 로스 알카리소스에 부는 변화의 바람이 되다 / 시험에 들다 / 갑상선 암 / 0점 아빠, 100점 아버지 / 다시 부흥 / 신문과 방송에 보도

하나님께 맡겨라

부지를 증여 받고 며칠 동안은 너무 감사한 마음에 잠을 잘 수 없었다. 그러나 사람의 본성이 참 연약한 탓에 며칠 뒤엔 건축비 걱정에 잠을 설쳤다. 건축 경험이라곤 벽돌 몇 개와 시멘트 몇 포대씩 나눠 사서 지은 30평짜리 건물 건축이 유일한 내 앞에 무려 2,300평의 부지가 놓여있던 것이다.

지난 1년은 제발 저 땅을 달라고 울며 기도해 놓고, 이제는 저 엄청난 땅을 어떻게 하냐고 부르짖기 시작했다. 다행히 기도를 하면 할수록 저 땅보다, 훨씬 크신 하나님을 바라보자는 생각이 들었다. 나는 의식적으로라도 땅의 규모와 현실에 눌리지 않으려고 밝은 찬양과 긍정적인 생각을 하려고 노력했다.

우선 있는 재정으로 야자수, 아보카도, 망고 묘목을 구입해 성도들과 부지 주변을 조경했다. 나름 있는 재정을 다 털어 묘목을 샀지만 막상 심고 보니 땅이 너무 넓어 군데군데 듬성듬성 심는 흉내만 낸 것처럼 보였다.

"목사님 이렇게만 해 놓으면 누가 우리 땅인지 모를 것 같은데요."

"맞아요, 이러다 묘목만 도둑맞을 것 같은데 차라리 우리가 돌아가면서 경비라도 설까요?"

남자 청년 둘이 걱정이 된다는 말투로 말했다. 하긴 밤이면 오가는 인적도 없는데 이까짓 묘목은 뽑아가는 사람이 임자일 것 같긴 했다.

"하지만 경비를 서는 건 위험해요, 주변에 공사장도 많고, 아직 입주를 안 한 건물에 깡패들이 먼저 들어가 차지하는 경우도 있다는데, 괜히 깡패들과 마주치기라도 하면 어떻게 해요."

　동네 정세를 잘 아는 여자 성도 한 명이 만류했다. 듣고 보니 청년들이 돌아가며 경비를 서는 건 아무래도 위험한 일 같았다. 그래서 어떻게 할까 결정을 내리지 못하고 있는데, 마음속에 '하나님께 맡기면 되잖아!'라는 생각이 들었다. 나는 잠시 어리둥절해서 '이미 하나님의 땅이고, 맡겨 드렸는데 무슨 뜻이지?' 혼자 생각을 했다. 그런데 더 이상 아무 생각도 나지 않았다. 더 지체하기엔 날이 이미 많이 어두워져 우선은 묘목심기를 마치고 성도들과 그 자리를 떠났다.

　이제 남아있는 문제는 건축비였다.

　성도들이 십시일반 건축헌금을 했지만 다들 형편이 어려운 터라 시멘트 한 포대 살 돈이 되지 않았다. 나는 성도들과 매일 작정기도를 드리며 건축비를 구했다. 이제는 성도들도 점점 늘어나 루디아의 집 거실이 비좁았다. 옆집을 임대해 거실을 두 배로 늘렸는데도 예배시간에는 모두 서서 예배를 드려야 할 만큼 비좁았다. 상황이 그렇다보니 더욱 간절히 성전을 소망하게 됐다.

　나는 후원을 주실 수 있는 단체와 교회, 개인 후원자 분들의 리스트를 만든 다음 한 분, 한분께 기도편지를 썼다. 부지를 증여받기까지 약 9개월의 과정과 로스 알카리소스 지역을 향한 비전, 나아가 새로 세워질 교회를 통해 이루어질 도미니카의 변화를 최대한 상세히 썼다.

　우선은 단기 선교팀들이 가지고 온 헌금으로 기초 공사를 시작했다. 그 뒤로 미국에 있는 선교본부에서 5만 달러를 약속한다는 연락이 왔고 뒤이어 서울에 있는 후원회에서도 5만 달러를 지원하겠다는 연락이 왔다.

그런데 문제가 생겼다. 지원 약속은 되었는데 미국 선교본부에서는 한국에서 지원금이 들어오면 그 다음으로 지원금을 보내겠다고 이야기를 했고, 한국에서는 반대로 미국에서 후원이 되면 한국도 후원을 하겠다고 이야기하기 시작한 것이다. 결국 그것이 이유가 되어 지원이 지체 되었고, 결국 공사가 멈췄다. 다급해진 나는 개인적으로 도움을 줄 만한 사람들에게 연락하기 시작했다.

한국과 도미니카는 13시간의 시차가 난다. 즉 도미니카가 아침이면 한국은 밤, 도미니카가 밤이면 한국은 아침이었다. 그래서 통화하기 좋은 점심시간이나, 오후를 맞추려면 도미니카 시간으로 새벽 1시, 3시에 깨어 있어야 했다. 나는 알람까지 맞춰놓고 쪽잠을 자다가 일어나 후원회분들과 통화하고, 편지를 썼다.

그날도 한국시간에 오후 4시에 맞추어 전화를 하느라 3시에 일어나 통화를 하고 새벽기도를 나갔는데 너무 졸려 내 평생 처음으로 기도시간에 졸았다. 졸다 기도하다가를 반복하는데 문득 마음에 내가 무엇과 씨름을 하고 있는건가 하는 질문이 생겼다.

야곱은 천사와 씨름을 했는데, 나는 왜 사람들과 씨름을 하고 있는건가 라는 반문이 든 것이다. 무언가 잘못되었다는 생각이 들기 시작했다. 나는 다시 정신을 차리고 이왕 씨름을 할 바에야 천사와 씨름을 해 하나님의 복을 받고 싶다고 기도했다.

'하나님, 매일 누군가에게 도움을 요청하고, 거절당하는 것이 마음에 너무 상처가 됩니다. 이 씨름은 제 마음에 슬픔과 실망만 줄 뿐 아무것도 해결되지 않는 씨름입니다. 저는 이게 방법이라고 생각했는데, 제가 그 사이 또 잊었습니다. 사람에게 매달리는 것은 아무런 해결이 될 수 없습니다. 아버지 하나님께 매달리고 천사와 씨름하여 반드시 하나님의 복을 받고 싶습니다.'

그런데 나도 모르게 마음에서 뜨겁고 쿡쿡 찌르는 듯한 기분이 느껴졌다. 분명 하나님의 일이고 사명이라는 생각으로 했는데 그럼에도 거절당할 때의 실망감, 때로는 바쁘다는 상대에게 제발 5분만 내 얘기를 들어달라고 애원할 때 느꼈던 구차함과 절망감이 내 가슴에 고스란히 있었음을 알게 되었다. 나는 가슴을 치며 기도를 했다.

'하나님, 이 부정적인 마음들이 모두 부서지게 하여 주옵소서, 모두 부서져 사라지게 해 주소서. 이런 마음들이 나를 기운 빠지게 하고, 실망되게 하고, 때로는 더 안달하게 하고 조급하게 하오니 나에게 필요 없는 이 감정들은 모두 사라지게 해주소서!'

가슴을 연달아 치는데 점점 뜨거워지는 것이 느껴졌다

그리고 순간 마음에 불길 확 일어나 내 얼굴까지 뜨거워졌다. 나는 그 불길을 고스란히 느끼며 하나님 앞에 엎드렸다. 화르르 불길이 타면 탈수록 내 마음이 점점 고요해지는 것이 느껴졌다. 나는 하나님께서 그 동안 내 마음 안에 쌓인 거절감과 실망감을 모두 태워 주셨음을 알게 되었다.

'하나님! 다시 깨끗해진 마음으로 이제 주님만을 담겠습니다. 아버지 사람과 세상에 이야기하는 것이 아니라 오직 하나님께 나아가겠습니다. 모든 것 아버지께 맡기겠습니다. 아... 하나님 모든 것 아버지께 맡기겠습니다.'

나는 모든 것을 맡기겠다는 기도를 하면서 부지에 묘목을 심던 날에, 성도들과 주고받았던 말을 떠올렸다.

"목사님 이렇게만 해 놓으면 누가 우리 땅인지 모를 것 같은데요?"

"맞아요, 이러다 묘목만 도둑맞을 것 같은데 차라리 우리가 돌아가면서 경비라도 설까요?"

청년들의 물음에 나의 마음속에 잠시 '하나님께 맡기면 되잖아!'라는 외침이 일어났던 게 생각났다. 나는 오른 손으로 바닥을 쾅쾅쾅 치며, '하나님 알겠습니다! 알겠습니다!'를 외쳤다.

'하나님, 그 땅을 하나님께 맡기겠습니다. 매일 돌아가며 경비를 서는 인간의 수고를 할 것이 아니라 그 땅위에서 예배를 드리겠습니다. 매일 그 자리에서 예배를 드리므로 하나님께 하루의 안전을 소망하고, 건물보다 견고한 예배를 세워가겠습니다!'

그렇게 모든 숙제가 풀렸다. 루디아의 집 거실이 좁게 불어나는 성도들을 이끌고 교회 부지로 나아가 길거리 예배를 드릴 계획을 세우게 된 것이다. 나로서는 예측도 못하고 상상도 못했던 놀랍고 아름다운 계획이었다. 나는 교회 부지를 얻음으로서 광야가 끝나고 가나안이 시작되었다고 생각했는데, 하나님께서 우리 교회 성도 모두에게 광야의 이스라엘 백성이 되는 복을 허락하신 것이다.

그랬다. 아직 예배가 없는 그곳은 황량한 광야이다. 철조망과 몇 그루의 나무만이 서있는 그곳은 아직 하나님의 영적인 인치심이 없는 메마른 사막과 같은 자리인 것이다. 그러나 그곳에 믿음으로 교회를 세우고 예배를 드린다면 건물 따위는 문제가 되지 않는 것이다.

예배를 통해 이미 그곳에 하나님의 교회가 영적으로 세워지는

것이고 하나님이 그 자리에 축복을 붓지 않으실 리 없었다. 누군
가는 건물이 지어지지도 않았는데, 어떻게 교회가 세워지냐고 순
서가 거꾸로 된 것이 아니냐고 반문할 수 도 있겠지만 그건 세상
적인 시각일 뿐이었다. 물론 나도 당시까지 그런 시각에 갇혀 있
었다. 그러나 하나님의 시선에는 한계가 없고 거리든 교회이든
하나님을 찬양하는 성도들만 있다면 모든 걸 자연스럽고 온전하
게 받아주신다.

40년간의 광야생활동안 누구도 건물을 짓지 않았다. 그러나 그
들은 성막을 세우고 예배를 드렸다. 나는 우리도 그렇게 할 수 있
다는 확신을 가졌다. 그리고 동시에 그것은 정말 크나큰 은혜가
될 것이며 성경의 역사를 재현하는 영광된 일이라는 생각을 하게
됐다.

"하나님 당장 내일 거리로 나가겠습니다. 성도들을 이끌고 하
나님 허락하신 그 부지 복판에 서겠습니다. 하나님이 우리의 예
배를 받아주시고 우리에게 복 주실 것을 믿습니다. 오직 하나님
을 높이고 오직 하나님을 경외하는 신실한 예배를 소망합니다!"

 길거리 예배

"길거리 예배요?"
저녁 예배를 위해 모였던 성도들이 눈을 동그랗게 뜨고 다시
물었다.
"그래, 오늘부터 교회부지에서 예배를 드릴거야."
내 말을 들은 한 여자 청년이 기대 반, 걱정 반의 표정으로 물

었다.

"길에서 예배를 드리면 친구들을 많이 데려올 수 있어요. 친구들이 교회 가는 걸 좀 무서워하는데, 길에서 예배를 드리면 그런 걱정이 없잖아요."

"교회가 무섭다고?"

"네. 성모님이 싫어하실 수도 있으니까."

청년의 말을 듣고 보니, 과거 우리나라에 기독교가 막 보급될 무렵 어르신들이 교회에 드나들면 조상신이 노하고, 부정 탄다며 말렸던 것과 같은 정서인 듯 했다.

나는 길거리 예배가 부흥에도 긍정적인 결과를 가져올 것 같다는 기대를 하게 됐다.

생각해보면 '문'이라는 게 은근히 부담스러운 기분을 주긴 한다. 그래서들 흔히 무언가를 시작할 때 '입문'한다는 표현을 쓰는데, 우선 문을 열고 들어오면 그 분야에 속한 기분이 든다. 그래서 문을 지날 때 한번 이 안에 들어가면, 바로 속하게 될 것 같다는 부담을 주게 되는 것이다. 그런데 길거리 예배에는 문도 없고, 턱도 없으니 오히려 부담을 줄일 수도 있겠다는 생각이 들었다.

그날 저녁 성도들과 함께 공사 부지로 갔다. 아직 개발진행 중인 지역이라 가로등도 멀리 있고 어두워서 촛불을 들고 예배를 시작했다. 준비한 찬양을 부르는 것으로 예배를 시작했다. 그런데 두어 곡이 마쳐질 때쯤 작은 아이가 울음을 터트렸다. 처녀들 중 한 명이 기도하고 있는 작은 아이의 머리카락을 슥 당겨버린 것이다. 작은 아이는 울음을 터뜨렸고 그 모습에 처녀가 미안해 어쩔 줄 몰라 했다. 그러자 나머지 처녀들도 무슨 일이냐며 자기들끼리 웅성거렸다. 작은 아이가 "아빠~"를 부르며 나에게 오려고 했다. 아내가 얼른 안아서 골목 저쪽으로 가버렸다.

'저쪽은 너무 어두운데, 길도 잘 모르면서 어디까지 가는 거야.'

아내의 모습이 시야에서 사라지자 불안감이 커졌다. 하지만 하나님께서 당연히 지켜주시리라 믿고 다시 예배에 집중했다.

"오늘의 말씀은 이사야 54장 3절 말씀입니다. 다함께 한 목소리로 읽겠습니다."

"이는 네가 좌우로 퍼지며 네 자손은 열방을 얻으며 황폐한 성읍들을 사람 살 곳이 되게 할 것임이라. 아멘."

"여러분, 지금 이곳은 흙과 마른 바람뿐인 황폐한 지역입니다. 하지만 우리는 이곳이 물댄 동산이 되고, 가나안과 같이 충만해지고, 비옥해 질 것을 믿어야 합니다. 하나님께서 이 지역을 선택하셨고, 이제 이곳에 하나님의 신령한 영이 임하사 이 성읍에 은혜의 사람들로 넘쳐 나게 될 것을 믿고 소망하는 기도를 드려야 합니다. 제일 먼저 여러분이 은혜의 사람이 될 것이며, 이 땅에 하나님 영생의 말씀이 샘솟게 될 것이며, 훗날 이곳이 도미니카 복음의 성지가 될 것임을 믿고 소망해야 합니다."

나는 우리교회가, 우리 성도들이 지역의 중심이 되고, 리더가 되어야 한다고 외쳤다, 마음이 뜨거워진 성도들은 하늘 높이 손을 들고 아멘을 외쳤다. 우리는 그날 밤이 늦도록 하나님의 역사가 이곳에 일어날 것임을 믿고 선포하며 뜨겁게 기도했다. 그날 처음으로 은혜의 단비가 그 땅에 내렸고, 우리는 이제 우리가 뿌린 씨앗들이 은혜의 단비로 싹을 틔우고 무럭무럭 자랄 것을 믿고 소망하게 됐다.

우리가 기도하는 동안 인근에 사는 주민들이 주변을 오가는 걸 봤는데, 그냥 슥 구경하고 가더니 이튿날 윗마을 사람 여럿이 예배 구경을 왔다. 비록 구경이지만 제 발로 성도들이 우르르 왔으니 나는 너무 기뻐 펄쩍 뛸 것 같았다. 그렇게 사람이 조금씩 늘어났다. 지나가던 사람이 구경을 하게 되고 구경을 하다 재미를 느낀 사람들이 같은 동네 사는 사람들에게 소문을 냈다.

그렇게 단 며칠 만에 인근 마을 전체에, '저쪽 공터에서 드리는 꼬레아 목사님 예배가 재밌다.'고 소문이 났다. 사람들이 심심하니까 매일 모여서 예배를 드렸다. 이곳도 다른 대부분의 지역과 마찬가지로 전기와 TV가 없었고, 아직 이웃 형성이 안 된 신시가지라 서로서로 친하지도 않았다. 저녁을 먹고 나면 그냥 식구들끼리 멀뚱멀뚱 얼굴을 보며 시간을 보내다가 갑자기 매일 저녁 할 일이 생겨 다들 즐거워했다.

특히 내 에스파냐어 발음의 악센트가 웃긴다고 소문이 나서, 내가 좀 특이한 악센트를 하면 다들 배를 잡고 웃었다. 이래저래

웃음이 많아지니 마음들이 온유해졌고, 찬양도 예배도 다들 잘 따라왔다. 그래도 다들 초신자라서 설교가 심각해지면 대번에 지루해 했는데, 그럴 때 한국 이야기를 해주면 호기심에 반짝하고 다시 집중했다.

도미니카에서는 바나나가 1달러에 24개인데, 한국에서는 1달러에 1개 밖에 못 산다는 얘기를 듣고 몇 명은 나한테 거짓말일 것 같다고 얘기했다, 그래서 파인애플은 하나에 무려 5달러에서 7달러나 한다고 했더니 이번에는 눈을 반짝 거리며 바나나랑, 파인애플만 들고 가면 부자가 되겠다며 박수를 쳤다. 당시 도미니카에서 꿈의 과일은 사과였는데, 한국에는 사과가 흔하다고 하니 다들 좋겠다며 부러워했다. 그러다 그중 한 청년이 "그럼 한국에 갈 땐 바나나를 들고 들어가서 판 다음, 그 돈으로 사과를 사서 여기 와서 팔면 부자가 되겠네!"라고 말했다.

청년의 말을 들은 나는 얼른 "진짜 더 맛있는 사과, 과일이 다 있는 나라가 있는데, 거기에는 우리가 한 번 본적도 들은 적도 없는 귀한 과일들이 많고 그곳의 주인이 너무 사랑이 많은 분이라 늘 공짜로 그 과일을 나누어 줍니다. 그곳이 바로 천국입니다."라고 복음을 전했다.

그러자 성도들은 그 주인이 하나님이 맞냐고 묻고, 나는 그분의 자녀이니 나중에 천국에 가면 그 과일을 다 공짜로 먹을 수 있는 거냐며 박수까지 치며 기뻐했다. 그런 때 묻지 않은 모습이 얼마나 귀하고 예쁜지, 내 눈에도 이렇게 은혜 되고 소중한데 하나님 보시기엔 저들이 얼마나 사랑스럽고 예쁠까하는 생각이 들었다. 새삼 '잘 해야 한다, 정말 잘 전해야 한다.'는 책임감이 느껴졌다.

그렇게 길거리 예배가 본격적으로 시작됐다.

교회에 문이 있다는 게 이들에게는 의외로 부담스러운 일이었는지, 다들 길거리 예배는 마음이 편안해서 좋다고 했다. 이들이 좋다하니 나도 좋았다 다만 인원이 늘어나면서 점점 산만해 지는 분위기가 문제였다.

새로 지어진 1,000세대를 제외한 인근 동네는 전부 가난한 지역이라 집에서 키우는 가축도 나가서 알아서 주워먹는 분위기였다. 사람 먹을 것도 부족한데 가축에게 줄 사료가 있을리 만무했다. 그래서 거리엔 쓰레기통을 뒤지는 강아지, 이구아나를 잡아먹으러 나온 닭, 놓아먹이는 돼지까지 동물들이 많이 돌아다녔다. 그래도 가축들은 밤이 되면 제집으로 다들 들어갔다. 문제는 개들이었다.

길거리 예배가 시작되고 나서는 마을 개들이 분주해졌다. 이유인즉 저녁을 먹고 길거리 예배에 나오는 주인을 따라 동네 개들이 밤 외출에 나선 것이다. 그러니 예배드리는 동안에 사람만 떠드는 것이 아니라 주인을 따라온 개들도 소란을 피웠다. 그나마 개들은 사람 속에 섞이질 않고 저희들끼리 한 쪽에 모여 있다는 게 다행일 뿐 밤이면 사람과 동네 개들이 같이 모여 드는 건 여전했다. 그러다 결국 작은 사건이 터졌다.

그날따라 찬양이 힘이 있고 신나는 찬양이었다. 그러다보니 시작과 동시에 성도들 중 절반이 박수를 치고 만세를 부르며 춤을 추기 시작했다.

문제는 그날 준비한 설교가 아주 경건한 내용이었다.

예수님께서 십자가에 돌아가시기까지 우리를 사랑하셨다는 내용을 좀 더 깊이 있게 전달하는 내용이었는데, 초반부터 분위기가 이러니 걱정이 됐다. 그 걱정이 부담이 됐는지 설교를 시작하고 초반에 발음 실수를 두 번이나 했다. 안 그래도 내 발음이 웃긴다고 말하는 사람들인데 진지하게 설교하다 실수를 하니 기다렸다는 듯이 웃음보들이 터졌다. 그날따라 사람도 많아서 사람들이 와르르 웃자 주변에 강아지들부터 시작해서 온 동네 강아지 수십 마리가 일제히 짖기 시작했다. 그 소란에 나는 그만 설교를 잊고 멍하게 서있었다.

그런데 그런 내 모습에 마음이 아파진 우리 교회 청년이 제일 크게 짖는 강아지 한 마리를 발로 뻥 차 버렸다. 그랬더니 그 강아지의 주인이 청년의 멱살을 잡고 당장이라도 주먹다짐을 할 기세로 청년을 쥐고 흔들었다. 결국 설교고 뭐고 그 둘에게 달려가 싸움을 말리느라 진땀을 뺐다. 분위기가 험악해지자 다들 일어나 가버렸다. 청년과 강아지 주인을 화해시키고 돌려보내니 아내와 나만 남았다.

말할 수 없이 착잡한 기분이 들었다. 예배 도중에 설교를 잊다니. 화도 나고, 아내 보기 부끄럽기도 하고 어떻게 기분을 주체하지 못해 한 숨만 팍팍 쉬고 있는데, 아내가 다가와 내손을 잡으며 조용히 한 마디를 했다.

"기도하면 되지요."

그 말을 듣는데, 부르르 떨리던 마음이 한 결 식었다.

"그래... 기도 하자."

누군가 널 위하여 기도하네

며칠 간의 고민 끝에, 나는 중보기도 팀이 필요하다는 결론을 내렸다. 아내에게 부탁해 맛있는 식사를 준비하고, 특별히 기도를 열심히 하는 청년들을 선발해 정식으로 식사에 초대했다. 식사를 마친 후 그들에게 특별임무가 있다고 이야기 했다.

"나는 우리 교회 1호 성도인 여러분이 나의 동역자가 되어주기를 소망합니다."

우선 다함께 마태복음 18장 19절 20절을 읽겠습니다."

성경을 펼치고 다 함께 말씀을 읽었다.

"진실로 다시 너희에게 이르노니 너희 중의 두 사람이

땅에서 합심하여 무엇이든지 구하면

하늘에 계신 내 아버지께서 그들을 위하여 이루게 하시리라

두세 사람이 내 이름으로 모인 곳에는 나도 그들 중에 있느니라. 마태복음 18장 19절~20절 말씀."

나는 청년들에게 예배 분위기가 어수선해서 예배를 인도하는 것이 힘들다고 솔직하게 말했다. 그리고 이 문제를 해결해 주실 분은 하나님 한 분 밖에 없다고 말했다.

"사람이라면 대화를 하거나 주의를 줘서 해결 할 수 있지만 동물과는 의사소통을 할 수 없습니다. 그러니 가장 원칙적인 방법, 천지만물을 창조하신 하나님께 그 동물들을 다스려달라고 매달리는 방법밖에 없습니다. 그래서 우선 우리부터 예배를 위해 중보기도를 했으면 좋겠습니다. 각자 집에서 시간을 정해 기도하고, 예배시간 30분 전에 모여 예배장소에서 기도합시다. 우리가 모여서 기도하면 하나님 반드시 우리의 기도를 들어 주십니다.

그것도 우리들이 모인 그곳에 오셔서 기도를 들어주십니다. 이 말씀 붙들고 힘껏 기도합시다."

청년들은 당연히 그렇게 하겠다고 대답을 했고, 거리예배를 드린 지 한 달 만에 우리 교회에도 중보기도 팀이 생겼다.

그날 저녁부터 매일 예배시간 30분 전에 모여 동물들의 소란과 스콜을 잠재워 달라고 기도했다. 그러나 일주일이 가도록 효과가 없었다. 거기다 그 주에는 아주 강한 스콜이 일어나 예배를 드리던 사람들이 비를 피해 뿔뿔이 흩어지는 일까지 일어났다.

"목사님 일주일이나 기도를 했는데, 동물들도 계속 시끄럽고 스콜도 오고 하나님이 너무 멀리 계셔서 우리 기도를 못 듣나 봐요."

어느 날 예배를 마친 청년 한명이 속상한 말투로 말했다. 그날도 한 참 경건한 분위기로 예배를 드리고 있는데 주변에서 놀던 닭 한 마리가 무엇에 놀랐는지 소란하게 푸드덕 거리며 작은 나무까지 날아 오른 것이다. 이곳 닭들은 한국 닭과 달라서 낮은 높이는 날기도 한다. 그 소란에 분위기가 흐트러지며 다들 웃어버리는 통에 겨우겨우 예배를 마칠 수 있었다.

이렇게는 도저히 안 되겠다는 생각이 들었다. 나는 아내와 중보기도 팀에게 금식기도를 제안했다. 그리고 나는 삼일 금식을 하며 경건한 예배를 드릴 수 있도록 동물들을 다스릴 지혜를 달라고 기도를 했다.

삼일 금식을 마치고 다시 저녁예배시간, 나는 예배 전 모인 사람들 모두에게 오늘 예배를 위해서 기도를 하자고 했다. 나는 그곳에 모인 성도 모두와 경건한 예배를 올려 드릴 수 있도록 동물들을 잠잠케 해달라고 기도했다. 그런데 기도를 마치자 청년 한 명이 손을 들고 질문을 했다.

"목사님! 동물들도 하나님을 무서워하나요?"

"하나님은 무서운 분이 아닙니다. 사랑이 많으신 좋으신 하나님입니다. 대신 하나님은 천지 만물을 지으셨습니다. 동물들도 하나님이 지으셨지요. 그래서 하나님이 저들을 다스려 주시는 것입니다."

"와! 그럼 오늘 동물들이 정말 조용하겠네요. 우리가 다 같이 기도했으니까요."

청년은 진심으로 기대에 차 이야기를 했다. 그 순진한 얼굴을 보며 다시 한 번 마음속으로 기도했다.

"하나님, 저 순전한 믿음이 더욱 견고해지도록 오늘 저 동물들의 소리를 잠재워 주세요."

예배가 시작됐다. 그런데 정말 놀라운 일이 일어났다. 찬양을 드릴 때까지만 해도 박수 소리를 따라 짖기도 하고 푸드덕 거리기도 하던 동물들이 설교를 시작함과 동시에 조용해졌다.

전에 없던 상황에 놀란 사람들은 서로의 얼굴을 보며 '이게 정말인가?', '정말 하나님이 저 동물들의 입을 막으셨나?'하며 놀라는 눈치였다. 나는 다른 날 보다 더욱 간절하고 진지하게 예배를 인도했다. 그러자 이제는 어수선했던 사람들도 다른 때와 달리 더 예배에 집중했다. 마치 실내에서 예배를 드리는 것과 같이 조용한 가운데 예배를 마쳤다. 그리고 집으로 돌아가는 길에 한 청년이 내게 다가와 말했다.

"목사님, 그동안 예배시간에 장난친 거 하나님이 다 보고 계셨던 건가요?"

나는 하나님은 사랑의 하나님이시라 형제님이 회개를 하면 모두 용서해 주실 것이라고 이야기 해주었다. 청년은 그제야 안심한 표정으로 집으로 돌아갔다.

역사였다! 정말 놀라운 하나님의 역사였다.

그날 이후 설교시간만 되면 잠시라도 떠드는 사람이 무색해질 만큼 동물들이 일제히 잠잠해 졌다. 나는 그 뒤로 어려운 기도 제목이 있으면 숨기지 않고 성도들과 공유한다. 그리고 합심하여 기도한다. 그러면 하나님께서 어느 때보다 빠르고 강한 응답을 주신다.

그렇게 울고 웃는 사이 3개월이 훌쩍 흘러 11월이 되었다.

우리가 걱정하던 우기가 시작되었다.

"오늘은 괜찮겠죠?"

우기가 시작되고 나서는 나도 아내도 서로의 얼굴보다 하늘을 더 자주 쳐다봤다. 지금까지는 그래도 스콜이 잦지 않고, 비의 세기도 우기 때 같진 않아서 광고시간이나 찬양시간에 비가 쏟아지면 잠시 비를 피했다가 예배를 이어갔다. 문제는 기도 중에 비가 내릴 때인데, 지금까지는 그럴수록 기도를 더 뜨겁게 했다. 특히 중남미는 그 성향답게 기도를 아주 뜨겁게 하는 편이라 지금까지는 비 때문에 예배가 중단된 적은 없었다.

그런데 우기에 내리는 비는 정말 그 차원이 달랐다. 국지성호우라는 말로는 감당이 안 되고 정말 그냥 퍼붓는다는 표현이 맞아 단 몇 분의 비로 홍수가 나기도 하고 그때 비를 맞으면 빗줄기가 워낙 드세서 뺨이 얼얼할 정도다.

다행히 그날은 하늘에 구름이 적은 게 괜찮을 것 같았는데, 우기 때는 워낙 순식간에 먹구름 떼가 몰려드니 안심할 수는 없었다.

그런 걱정과 함께 그날도 예배가 시작되었다. 찬양을 드리고 설교까지 잘 마쳤는데 마지막 기도 때에 '우르르 쾅' 하는 소리와 함께 스콜이 퍼붓기 시작했다. 기도 중이니 눈을 뜰 수 없었지만 비가 내리는 소리를 보니 엄청나게 강한 스콜이라는 것을 알 수 있었다. 나는 그럴수록 더 크게 기도했다.

"하나님 우리 성도들이 이깟 비에 예배를 포기 하는 일이 없게 해주세요. 예수님은 태산 같은 고통도 기도로 감당하셨는데, 겨우 이 비에 기도를 포기하지 않게 해주세요."

한참을 정신없이 기도하다 천천히 기도를 마무리 했다. 목소리를 낮추어 마무리 기도를 하는데 아까보다 주위가 고요해진 게 빗줄기도 많이 줄어든 것 같았다. 기도를 마치고 눈을 뜨면 다함께 영광의 박수를 쳐야겠다고 생각하며 기도를 마무리하고 '아멘!'을 외쳤다.

그런데 들리는 '아멘'은 내 목소리뿐이었다.

눈을 떠보니 아내와 나만 남아 있었다. 거리에 사람들이 앉아 있던 자리마다 그 홈에 흙탕물이 고여 있다. 이 도미니카 천지에 둘만 버려진 것 같았다. 나는 그 사이에 우두커니 서있는 아내를 차마 부르지도 못하고 젖은 성경만 옷자락으로 닦았다.

"누군가 널 위하여... 누군가 기도하네..."

울지 않으려고 찬양을 시작했는데, 첫 소절에 눈물이 주르륵 흘렀다. 나는 얼른 아내를 등지고 섰다. 눈물을 닦으려고 소매로 눈을 훔치는데 소매에서 더 많은 물이 떨어졌다. 그 순간 왜 이렇게 모든 게 야속한지 서러운 마음에 나는 그만 소리 내 엉엉 울고 말았다.

아내가 내 곁으로 왔다. 내가 부르다 멈춘 찬양을 아내가 불러 주었다.

아내의 눈에도 눈물이 고였다.

나는 아내를 안고 그 작은 어깨에 얼굴을 묻었다. 이를 악 물었지만 가슴부터 우는 소리가 밀려 나왔다.

잠시 멈췄던 비가 다시 쏟아지기 시작했다. 나는 차라리 잘됐다는 생각에 그 빗소리를 방패삼아 한 참을 울었다.

아내는 자기도 울면서 나를 위로하려고 했다.

"여보, 한국에서 우릴 위해 기도하고 있잖아요. 미국에서도 우릴 위해 기도해주고 있을 거예요. 그러니까 우리 힘내요."

그 말을 듣는 순간 나는 더욱 크게 펑펑 울고 말았다.

울다 생각하니 이렇게 든든한 기도의 후원자들이 있었는데 잠시 그간의 감격과 은혜를 잊고 있었음을 깨닫고 진심으로 반성했다.

그리고 나는 마음속으로 하나님께 깊은 회개를 했다.

'나처럼 이렇게 복을 받은 사람이 하나님의 세심한 손길을 받고 있는 사람이 서럽다는 말을 하면, 저 멀리 사마리아 땅 끝 복음을 모르는 사람의 인생은 무엇이 되는가...' 하는 생각이 들었다. 이토록 넘치는 사랑을 주신 분을 위해 힘을 내 그 사마리아 땅 끝에 닿도록 복음을 외쳐야 할 텐데 나는 당장 이 순간의 내 처지와 조금 힘든 상황만을 생각한 것이다.

하나님이 나를 얼마나 사랑하시는지…

그리고 이 땅 도미니카를 얼마나 사랑하시는지…

가장 필요한 순간에 정말 필요한 것을 정확하게 주시는 하나님
이신데…

"눈물을 흘리며 씨를 뿌리는 자는 기쁨으로 거두리로다.

울며 씨를 뿌리러 나가는 자는 반드시 기쁨으로 그 곡식 단을 가지고 돌아

오리로다."(시편 126편 5,6절)

길거리 예배를 결심 했을 때 하나님께서 나에게 주신 말씀이
떠올랐다.

'그래... 차라리 당연하게 생각하자.'

이 눈물이 필요하고, 이 아픔이 필요하다는 것을 이미 알고 있
었지만 겪는 순간에는 정말 서러움에 마음이 에이고, 아직도 예
배의 존귀함을 모르는 성도들의 무지에 매번 억장이 무너지는 슬
픔이 느껴졌다.

열대지방이지만 12월의 폭우는 춥고 을씨년스러웠다. 그리고
그 뒤로도 폭우가 성도들을 흩어 버리고, 아내와 나만 남겨지기
를 수 차례였고, 비에 젖어 헤진 성경만 다섯 권이었다. 그렇게
요란한 우기를 견디며 길거리 예배가 계속 됐다.

가나안 교회

길거리 예배를 시작하고 꼬박 1년은 기도의 제단을 쌓는 시간이었다.

그 사이 한국후원회는 한국후원회대로, 미국후원회는 미국후
원회대로 사정이 생겨서 지원이 중단 되었다. 비록 건축은 더뎠

지만 길거리 예배를 통해 나날이 성도들이 늘어났다.

이제는 아주 먼 동네까지 소문이 나서 로스 알카리소스 전 지역 사람들이 길거리 예배를 알게 되었고, 하나님은 매일 풍성하게 은혜를 부으셨다. 길거리 예배를 드리는 자리가 마치 생명의 샘가 같아져서 매일 새로운 은혜가 솟아 그 자리를 메운 사람들의 마음을 적셨다. 그 은혜가 놀랍고 충만했다.

한번은 도둑으로 왔던 청년 한명이 성도가 되는 일도 일어났다.

건축이 진행되면서 부지 안에 함석으로 된 간판을 하나 세웠다.

간혹 멀리서 오는 성도들이 예배시간보다 일찍 도착했는데 예배가 드려지는 자리를 찾지 못해 헤매는 경우가 있어서 함석으로 큰 간판을 짰다. 2,300평 규모의 땅에 세울 간판이라 아주 크게 만들었는데, 웬만한 초가집 지붕을 지을 수 있을 만큼의 함석이 들어가 가격이 꽤 나갔다. 하지만 지금으로서는 당장 건물을 올릴 수 없기 때문에 어디서 보아도 눈에 잘 띄는 간판이라도 세워두는 게 필요할 것 같아 과감하게 투자했다.

그런데 이 함석 간판이 그 길을 지나가는 한 청년에게 탐심을 일으킨 것이다.

청년은 친구 한명을 데리고 그날부터 염탐을 시작했다. 아직 개발 중인 곳이라 낮에도 인적이 드물긴 했지만 간판을 훔쳐들고 가는 길에 마을 어귀쯤에서 사람들과 마주 칠 수 있으니까 밤에 훔치기로 의견을 모은 두 사람은 그날 밤 만날 약속을 하고 일단 헤어졌다.

그날 밤 친구를 데리고 함석이 세워진 장소로 온 청년은 수십 명의 사람들이 모여 있는 것을 보고 깜짝 놀랐다.

"친구, 아무래도 오늘은 여기서 무슨 행사가 있는 모양이야. 내일 밤 다시 오세."

그러자 청년의 친구가 말했다.

"그런데 다들 뭘 하는지 정말 재미있어 보인다, 우리도 구경이나 하고 갈까?"

"그래, 집에 가봐야 할 일도 없는데 구경이나 하자."

그날 밤 청년과 친구는 예배를 '구경'했다. 그리고 다음날도 간판을 훔치려고 왔다가 예배만 구경하고 돌아갔다.

그렇게 여러 날이 흐르다 마침내 기회가 왔다, 예배도중 비가 와서 사람들이 일찍 흩어지는 일이 일어난 것이다. 청년과 친구는 얼른 함석 간판으로 다가갔다.

그런데 그 순간 이런 생각이 들었다고 한다.

"하나님이 보고 계시면 어쩌지?"

"그러게 친구, 예수님이 우리를 사랑해서 목숨까지 바치셨다고 하던데, 그 분 교회의 간판을 훔쳐가는 건 너무 배은망덕한 짓인 것 같아."

결국 두 청년은 그 빗속에서 하나님의 살아계심을 인정하게 되었고, 다음 날 나를 찾아 왔다.

"베드로 초이 목사님. 사실은 저희 둘이 교회 간판을 훔치려고 여러 날 예배를 염탐했습니다. 그런데 막상 훔치려고 하니까 양심에 가책이 생겨 포기했습니다. 그런데 저희는 전에도 도둑질을 한 적이 있습니다. 하나님이 다 알고 계실 텐데... 이런 우리도 하나님의 사랑을 받을 수 있나요?"

복음을 전해서 전도되는 사람도 있지만 이렇게 하나님이 주신 열매도 있다.

나는 두 청년에게 과거엔 하나님을 핍박하던 사울이 바울로 거듭난 이야기를 들려주었다.

"하나님을 부정하고 하나님을 믿는 사람들을 잡아다 가두는 일을 했던 사울에게도 하나님은 용서와 기회를 베푸셨지. 사울에게 죄를 묻고 대가를 치르게 하시는 대신 바울이라는 새 이름을 주시고 그의 모든 죄를 용서하신 후 사도로 삼아 주셨다네."

청년들은 하나님께서 사울의 모든 죄를 덮어주시고, 사도 바울로 삼아 주셨다는 대목에서 눈이 반짝반짝 빛냈다.

"베드로 목사님 정말입니까? 하나님이 우리에게도 그런 용서를 베풀어 주실까요?"

나는 예수님을 구주로 영접하기만 하면 모든 게 가능해 진다고 이야기를 해 주었다. 청년들은 그 자리에서 예수님을 믿고 하나님의 자녀 되기를 소망했다.

우리 셋은 손을 맞잡고 예수님을 영접하는 기도를 드렸다, 그리고 이전에 주님을 몰랐던 때에 지은 죄에 대해 회개하고 하나님의 은혜를 구했다. 기도를 마친 청년들은 이전의 모든 나쁜 습관을 끊고 신실한 성도가 될 것을 하나님과 교회 앞에 약속했다.

청년들이 돌아간 후 청년들이 적어놓은 새신자 등록카드를 보던 나는 그만 웃음을 터트리고 말았다.

새신자 등록카드에 '교회에 오게 동기'라는 란이 있는데 정말 순진하게 '간판 훔치러 왔다가'라고 적어 놓은 것이었다. 나는 새신자 등록카드에 손을 얹고 이토록 순수한 청년들의 마음에 아름다운 믿음이 싹트기를 한 번 더 기도했다.

하나님은 길거리 예배를 통해 길 잃은 어린 양들을 교회로 인도해주셨다.

처음 길거리예배를 계획할 때는 미처 생각하지 못했지만, 하나님 안에서 일어나는 일들에는 정말 우연이 없다. 나는 길거리 예배가 나의 아이디어라고 생각했는데, 이것조차 하나님의 예비하심이며 인도하심이었다. 길거리 예배에는 내가 미처 몰랐던 아주 큰 이치가 숨어 있었다.

왜냐하면 우리가 찾아야 하는 것이 '길 잃은 어린 양'인데 교회와 집에 앉아 그들을 찾는다는 건 모순이다.

'길 잃은 어린 양'을 찾기 위해선 당연히 길거리로 나아가야 한다.

막상 알고 나면 진리는 늘 이토록 간단하고 당연하다. 그런데 당장 눈앞의 여러 가지 생각들과 계산에 정신이 팔려 이런 당연한 진리를 놓치고 사는 경우가 많다. 그러나 믿는 우리는 하나님께 의지함으로 그러한 인간적인 차원에서 한 발 더 나아가 진리가 있는 삶을 살 수 있다. 내 경우에는 '길거리 예배'가 그랬다.

나는 미처 깨닫지 못한 진리를 내 삶에 기회로 주셨고, 나는 순종하므로 위대한 진리가 갖는 힘을 체험하게 된 것이다.

길거리 예배를 드리는 동안 많은 영혼들이 교회로 오게 되었다, 특히 밤 시간에 예배가 진행 되니 낮 동안 거리에서 전도지를 나눠주며 만날 수 없는 밤을 즐기는 사람들까지 모두모두 만나게 됐고, 하나님께 인도할 수 있게 됐다.

낮을 즐기는 사람도, 밤을 즐기는 사람도 모두 동일하게 하나님이 필요하다. 그런데 우리 목회자들이나 신앙인들은 대부분 경건생활을 위해 새벽을 살고, 낮의 사람으로 사는 경우가 많으니 밤을 즐기는 사람들과 마주칠 기회가 없다.

그런데 매일 밤 드려진 길거리 예배는 그 한계를 깨는 너무 소중한 시도였다. 마치 유흥가 한복판으로 나아가 전도지를 돌리는 노력처럼, 아파트 단지가 아닌 교도소 수감실 철문을 두드리는 노력처럼 내가 쉽게 만날 수 없는 이 도시의 밤을 헤매는 사람들을 전도하고 주님 품으로 이끌게 된 것이다.

나는 이 교회에서 인재가 나고, 도미니카를 이끌 리더가 나기를 소망했다. 그래서 도미니카 사회 곳곳에 그리스도의 영향력이 세워지는 비전을 두고 기도했는데, 하나님은 그보다 낮고 어두운 곳에 먼저 서게 하셨다. 성경말씀 그대로 하나님은 길 잃은 한 마리의 양을 찾길 원하셨던 것이다. 나는 낮은 자의 하나님을 다시 한 번 묵상하며 교회를 향한 하나님의 사랑이 특별하심을 깨닫게 되었다.

이런 저런 사정으로 땅을 얻고도 1년간 건물이 올라가지 못했다. 그러나 그런 현실적인 문제도 하나님이 교회를 세우시는 것을 막지 못했다. 매일 밤 길거리 예배에 은혜가 넘쳤고, 어느 순간부터 이 성도들의 힘으로 시멘트 한 포대, 두 포대가 모이고, 벽돌이 마당에 쌓이기 시작하더니 느리지만 꾸준하게 교회당 건축이 진행되기 시작했다.

그러는 와중에 큰 사건이 하나 터졌다.

이제 본당 건물이 올라가고 아직 부지 대부분이 비어있는 상태였는데, 이 지역 조직폭력배들이 사유지를 침범해 울타리를 치고 제3자에게 땅을 팔아넘기는 신종 범죄가 유행하기 시작한 것이다.

이제 1천 세대 정도가 이주해 온 상태라 그 지역 주변에 아직 2천 세대분의 주택이 건설 중이고 그러다 보니 아직 공사가 시작되지 않은 공터들이 많이 있었다. 이런 상황을 알게 된 조직폭력배들이 공터를 점거해 무허가 건물을 짓고 물정을 잘 모르는 빈민들에게 그 건물을 팔아넘기고 있었다.

그래서 최근 이권을 놓고 갱들 사이에 총격전이 일어나고, 출동한 경찰이 실탄에 맞았단 흉흉한 소문이 돌았다. 그런데 참 이상한 것이 한국처럼 TV 뉴스로 사고 장면이나, 갱들의 모습을 보여주는 것이 아니니 그냥 먼 나라 이야기 같고 실감이 안 났다.

그런데 어느 날 일어나보니 우리 교회 부지 중 일부 지역에 철조망이 둘러쳐져 있었다. 놀라서 가보니 누군가 땅을 깊이 파 화장실까지 만들고 있는 중이었다.

도미니카에 도착한 이래 난생 처음 고함을 쳤다.

"도대체 누가 이런 짓을 한거야!"

그러자 저쪽에서 삽과 곡괭이들을 든 갱들이 건들거리며 나타났고, 반대편에서는 내 고함 소리를 들은 우리교회 청년들이 우르르 몰려왔다.

조직폭력배들은 나보다 더 당당하게 아무도 안 쓰는 땅을 우리가 개발 좀 하려고 하는데 왜 방해를 하냐고 했다.

나는 최대한 침착하게 여기는 엄연히 사유지이며, 더군다나 하나님의 교회를 세울 교회부지라고 이야기를 했다. 그러나 그들은

'이 신시가지는 나라가 국민에게 기증한 것이나 마찬가지다. 누구든 들어와 살 수 있게 하겠다'는 정부의 발표문을 자기들 식으로 해석해서, 누구든 먼저 점거하면 임자라는 식으로 얘기했다. 나는 다시 한 번 차분하게 국가에서 얘기한 것은 그런 의미가 아니라고 설명했다.

그러나 여전히 막무가내로 여기 철조망을 쳐 놓은 구역은 우리 땅이라며 나와 교인들을 위협했다. 그러면서 하는 말이 정 필요하면 돈을 주고 땅을 사라고 했다. 정말 기가 막히는 발언이었다. 내 땅에 와서 철조망을 쳐놓고 날더러 돈을 내라니. 나도 모르게 분노가 치밀어 얼굴이 붉으락푸르락 해지는데 교인 중 나이가 많은 집사님 한명이 나를 가만히 뒤편으로 데려가더니 "이곳에선 이곳의 룰을 따르시는 게 맞을 것 같습니다."라고 하면서 "차라리 얼마간의 돈을 주어 달래 보내는 것이 낫지, 그렇지 않으면 앙심을 품고 교인이나 교회를 해하려 할 것입니다."라고 이야기를 했다. 그러면서 하는 말이 여기는 경찰들도 치안을 잡지 못하는 지역이므로 더욱 유의하셔야 한다고 이야기를 해주셨다.

나는 교인들이 위험해 질 수 있다는 말에 우선 모든 걸 내려놓을 마음을 먹었다.

되도록 충돌 없이 상황을 해결해야겠다고 생각을 한 나는 안으로 들어가 이야기를 하자고 했다. 그러자 그들이 흥정을 하자는 거냐고 물었다. 나는 문서를 작성하려면 펜과 종이가 있어야 하니 안으로 들어가 이야기를 하자고 하고 먼저 안으로 들어왔다.

그런데 갑자기 아내가 내 팔을 잡았다.

"여보, 이 일은 제가 해결하는 게 좋겠어요. 남자들끼리 부딪

히면 혈기 때문에 큰 사고가 날 수 있으니 제가 잘 말해서 해결해 보겠어요."라고 말을 했다. 그리고 교회 사람들 모두 그렇게 하는 게 좋겠다며 나를 만류했다.

나는 잠시 마음속으로 기도를 했다. 하나님이 원하시는 것이 무엇인지 알아야 했다. 그런데 그 순간 정말 빠르게 하나님이 내 마음에 순종해야 한다는 응답을 주셨다.

"그래요. 여보, 하나님은 내가 말로 해결하기보다는 기도로 해결 하시는 걸 원하는 것 같아요. 내가 기도하겠소, 정말 강하게 기도하겠소. 우리 하나님을 신뢰합시다."

나는 여차하면 아내에게 달려갈 수 있는 거리에서 기도를 하기 시작했다.

아내와 조직폭력배들의 테이블 하나를 가운데 두고 마주 앉았다. 조직폭력배의 우두머리가 마체트라고 불리는 긴 칼을 뽑아 테이블 중앙에 탁 꽂았다. 기선제압을 하겠다는 행동이었다. 그러나 아내는 눈 하나 깜짝 하지 않고 상대의 눈을 응시했다. 늘 진중하고 대범한 아내의 성격을 익히 알고 있었지만, 정말 놀라운 침착함이었다. 나 역시 눈으로는 아내와 조직폭력배들을 지켜보며 마음으로 뜨겁게 기도를 했다. 그런데 그 순간 내 입술에서 말씀이 암송되었다.

"여호와는 죽이기도 하시고 살리기도 하시며 음부에 내리게도 하시고 올리기도 하시는도다 여호와는 가난하게도 하시고 부하게도 하시며 낮추기도 하시고 높이기도 하시는도다

가난한 자를 진토에서 일으키시며 빈핍한 자를 거름더미에서 드사 귀족들과 함께 앉게 하시며 영광의 위를 차지하게 하시는도다 땅의 기둥들은

여호와의 것이라 여호와께서 세계를 그 위에 세우셨도다."(사무엘상 2장 6~8절)

차분하게 이야기하는 아내의 목소리가 들려왔다.

"여기엔 하나님의 교회 외에도 학교와 병원이 세워질 자립니다. 어쩌면 당신의 자녀, 아내도 이 학교와 병원의 도움을 받게 될지도 모릅니다. 나와 남편은 이 나라 도미니카를 돕기 위해 멀리 한국에서 날아왔습니다. 우리는 매일 하루도 빠짐없이 이 나라를 위해 기도하고, 그것이 우리의 사명입니다. 그래서 우리에겐 돈이 없습니다. 나가서 일하는 대신 이 나라를 위해 오직 기도에 힘썼으니까요, 우리가 가진 건 이게 전부입니다. 당신이 그 칼로 날 죽인데도 나는 더 드릴게 없습니다."

아내의 말을 들은 조직폭력배들은 한 참 동안 아무 대답 없이 아내를 노려봤다. 아내 역시 미동도 없이 그들을 응시하고만 있었다.

3분 정도 시간이 흘렀을까… 먼저 정적을 깬 것은 조직폭력배였다. 그는 자리에서 일어나 테이블 위의 칼을 뽑았다. 그리고는 아무 말 없이 자신의 수하들을 데리고 건물 밖으로 나갔다. 나는 얼른 아내의 곁으로가 아내가 괜찮은지를 살폈다. 그러자 아내가 내 팔을 꼭 잡고 말했다.

"목사님, 날 믿고 참아줘서 고마워요."

아내의 그 말에서 정말 깊은 신뢰와 사랑이 느껴졌다. 나는 아내에게 고맙다고 이야기를 하고 성도를 모아 기도를 시작했다.

"하나님, 이 대지 위에 세워질 것은 오직 하나님의 교회와 하나님의 학교뿐입니다. 불의한 저들에게 결코 이 땅을 빼앗길 수 없습니다. 아버지, 여기에 계신 아버지의 모든 것… 아내와 성도들 그리고 이 대지까지 모두 아버지의 손에 의탁합니다. 지켜 주시옵소서."

더 이상 건축이 지연되어서는 안됐다. 성도들과 합심하여 매일 정해진 시간에 기도를 했다. 그러는 동안 한국과 미국에서 지원이 이루어졌고 1993년 7월 10일에 마침내 '가나안교회' 입당예배를 드릴 수 있게 되었다. 비록 아직은 넓은 터에 작은 본당 한 채가 지어졌을 뿐이지만 그것이 우리교회의 전부가 아니라 입당예배일에 교회 안을 꽉 메운 400명 이상의 현지인 교인들, 그들 모두가 하나님이 세우신 교회의 생생한 실재였다.

입당예배를 드리던 날!

아직 내부공사와 주변 공사가 마무리 되지 않아 임시로 400석의 좌석을 마련했는데 자리가 모자라 좌석 옆, 뒤로 빼곡히 서서 예배를 드렸다. 본래 중요한 행사는 저녁에 하는 것이 도미니카의 풍습이었으나 한국과 외국에서 오는 손님들이 계실까 하여 성도들이 익숙한 쪽보다는 손님들을 배려하는 쪽을 선택하기로 하고 오전 11시에 예배를 드렸다.

도미니카 사람들에게는 매우 이른 시간이고, 이례적인 일이었음에도 불구하고 모두 그 시간에 맞춰 와서 입당예배를 드린 것은 이곳 문화를 고려할 때 정말 대단한 일이었다. 교회에 대한 사모함이 그들의 마음에 이렇게 커져있을 줄은 나조차 몰랐고, 너무 감격스러운 일이었다.

사실 내 마음에는 '내가 이들과 제대로 소통하고 있나?' 하는 의문이 늘 있었다. 선교 훈련원에 있는 동안 대부분의 시간을 어학 공부로 보냈고, 현지에서 이런저런 일들을 겪는 과정에서 하나님의 은혜로 언어가 비약적으로 발전하는 체험을 하게 됐지만 그럼에도 불구하고 준비된 설교 이외에 성도들과 나누는 개인적인 대화는 약 90퍼센트 정도만 소통이 된다는 느낌이었다.

왜냐하면 언어는 그 자체가 문화이기 때문이다. 내가 아무리 많은 낱말을 알고 이들의 제스처를 연구했다 하더라도 이들 안에 뿌리 깊은 도미니카 문화, 정서, 사고방식, 젊은 친구들의 은어를 100퍼센트 이해할 수는 없는 게 현실이다. 그래서 어디를 가든 대화중에 '아' 다르고, '어' 달라서 일어나는 오해와 착각이 많으니 그것에 대한 걱정이 늘 조금씩 있었다.

특히 도미니카 사람들은 관습상 부정적인 표현을 잘 하지 않는다. 호불호가 비교적 분명한 한국 사람들, 특히 교회에 오면 주로 어렵고 힘든 일을 소통하고 도움 받으려 하는 한국 성도들과 달리 여기 도미니카 성도들은 재미있는 설교를 듣고, 신나는 찬양을 들었으니 그걸로 만족한다는 마음을 갖는 경우가 많았다. 그러다 보니 매일 웃으며 좋은 얘기를 나누는 데 막상 뭔가 알맹이를 놓치고 있는 것이 아닌가 하는 걱정을 무의식적으로 하게 되었다.

그래서 성도들이 교회를 좋아하고, 매일 드리는 예배에 빠지지 않아도 그들의 마음속에 교회를 향한 사모함은 얼만큼일까, 믿음이 제대로 세워지고 있는 걸까하는 걱정이 있었다. 그러나 입당예배 날 이들이 하나님 앞에 드러낸 감사와 믿음은 담임 목사인 나도 놀랄 만큼 뜨겁고 신실했다.

우리는 교회 지붕이 들썩일 만큼 뜨겁게 감사기도를 드렸다.

무엇을 구하고 원해서가 아닌 하나님께 영광을 돌리고, 감사를 표현하기 위해 눈물을 흘리며 열정적으로 기도했다. 나는 하나님께서 이 예배를 기쁘게 받아주셨음을 마음으로 느꼈다. 그리고 지난 일년 간 거리에서 드린 예배가 고스란히 하나님께 받쳐졌으며 하나님이 그 제단에 뜨거운 불을 놓아 흠향하시고 큰 복을 주실 것을 강하게 기대하게 되었다.

오늘은 도미니카! 내일은 세계로!

입당 예배를 드리고 예배당이 생기자 예배 분위기가 사뭇 달라졌다. 무엇보다 십자가와 강대상이 갖추어 지면서 예배에 권위가 생긴 것 같았고, 성도들이 말씀에 더 집중하는 분위기가 된 것이다. 그리고 마이크와 반주 시설이 갖추어 지면서 그 시설을 구경하기 위해 오는 사람들도 생겼다.

그렇게 도미니카에 와서 사역한 기간 중 가장 순탄한 한 달이 지났다.

이번엔 안식년과 한국방문 스케줄 때문에 고심을 하게 되었다. 본래는 작년에 안식년을 보냈어야 하는데 산티아고에 교회를 개척하고 예배를 인도하느라 가지 못했다. 안식년의 의미가 재충전 뿐만 아니라 후원교회에 지난 5년간의 선교활동을 보고하고, 이후 사역에 필요한 훈련을 다시 받는 책임도 완수해야 하는 시기라 더 이상 미룰 수도 없었다.

거기에 이미 오래전부터 이번 8월 한국에서 개최되는 '선교 한국' 기간에 강사로 설 약속이 잡혀 있어 7월 말에는 도미니카를 떠나야했다. 이번에 떠나면 5년 만에 고국 땅을 밟는 것임에도 불구하고 고국에 간다는 기쁨과 정비례 하는 크기로 성도들을 향한 걱정이 마음을 채웠다.

마치 어린 아이를 떼어놓고 먼 여행을 떠나야 하는 부모의 마음처럼 이들의 신앙이 유난히 더 어리게 느껴져 안쓰럽고 애틋한 마음이 든 것이다.

그러나 하나님께서는 이것조차 훈련이라는 확신을 기도 가운데 주셨다. 이 시기를 통해 나도 가나안교회도 서로의 존재를 확인하는 기회를 얻게 된 것이라는 믿음이 들었고, 마음이 한 결 가벼워졌다.

비록 아직은 어린 신앙의 그들이지만 유난히 단결을 잘하는 이들의 국민성과 신실하신 하나님을 신뢰함으로 내가 떠난 사이 교회가 흩어질까 하는 걱정 같은 것은 마음에 담지 않기로 했다. 나는 성도들에게 한국에서의 일정을 되도록 상세하게 알리고 공동체의 리더급인 청년들에게 연락망을 꾸리고, 특별히 성도간의 교제에 힘을 쏟을 것을 부탁했다.

한국에 가기 전 늘 크고 작은 도움을 주었던 끄리스띠안에게 연락해 차를 한 잔 하자고 청했다. 먼 길을 떠나니 인사를 하고 가는 게 옳다는 생각에서였다. 그런데 끄리스띠안이 마침 연락을 하려던 참이었다며 최근 자신이 새집으로 이사를 해서 집들이 겸 파티를 여는데 와서 함께 축하를 해달라며 나를 초대했다. 나는 알겠다고 한 뒤 약속한 날짜에 끄리스띠안의 집으로 갔다.

그런데 막상 가보니 조촐한 집들이가 아니라 도미니카 법조계 사람들이 대부분 모인 꽤 규모있는 파티였다. 끄리스띠안과 그의 아내 모두 도미니카에서 손꼽히는 법대를 나왔고 성공적인 변호사로 일하고 있어 인맥이 아주 대단했다. 나는 주로 빈민들을 대상으로 사역을 하고 있었기 때문에 도미니카의 상류층 사람들을 만날 기회가 거의 없었는데, 이번 파티를 통하여 도미니카의 정세, 정치 상황 등을 매우 상세하게 알게 되었다.

모임에 있는 사람 대부분이 정부 요직에 있거나, 나라에 현안을 결정하는 큰 사건들을 맡고 있어 모임 내내 그런 정보들이 오고 갔고, 나는 이 만남도 하나님께서 예비하신 기회라는 것을 알게 되었다. 이 날 얻은 정보들을 토대로 도미니카 사회전체를 좀 더 잘 알게 되었고, 선교한국대회에 강사로 설 때 도미니카에 대해 더 많은 정보를 전달할 수 있게 되었다. 또 하나 놀라운 것은 국교가 가톨릭인 나라답게 상류인사들로 구성된 그날의 파티모임 인원 대부분이 가톨릭이었는데 나에게 설교와 기도를 부탁해 온 것이다. 다들 끄리스띠안에게 축복이 임하는 시간을 갖기를 원했는데, 그 모임에 초대된 종교인은 오직 나뿐이라 자연스럽게 복음을 증거하게 됐다.

이로서 하나님께서는 도미니카 사역 5년을 잠시 중간 점검하게 된 이 시기에 도미니카의 일반인들은 물론 상류층에게도 복음을 전할 기회를 주심으로 도미니카 전체에 하나님의 은혜를 고루 선포하는 영광을 누리게 하셨다.

참으로 한 치의 오차도 없으신 하나님의 은혜에 나는 말로 표현 할 수 없는 감사를 느꼈고, 이렇게 돌보아 주시는 하나님 안에서 예정 된 안식년이므로 모든 과정이 은혜롭고 원만하게 진행되리라는 믿음을 갖게 되었다.

주일 대예배 설교는 그동안 교제해 온 비도 목사님께 부탁을 드렸고, 나머지 주중 프로그램은 사역자 후보생인 안토니아 자매와 프랭크 형제, 그리고 남녀 전도회와 청년회 임원들에게 부탁했다. 행정적인 준비는 거의 끝났는데 마음에 그래도 뭔가 빠지지 않았나 하는 생각이 들어 한국으로 떠나기 전날까지 기도하고 메모하기를 반복했다. 혹시 빠진 게 있다면 생각나게 해달라고 기도하고 기도 가운데 생각나면 메모하고, 그 다음날 청년들에게 전달하고 꽤 여러 날 반복했는데 나중엔 정말 세세한 것까지 얘기하게 되어 옆에 있던 아내가 그 정도는 '잔소리'에 속하니 그만하시라고 브레이크를 걸 정도가 되었다.

그런데 성도들은 이런 내 마음을 아는지 모르는지 내가 이야기를 하면 메모도 하지 않고 "좋아요, 좋아요.", "우리는 괜찮아요."만 반복했다. 어찌나 해맑게 웃으며 걱정도 서운한 기색도 없이 말하는지 은근히 섭섭한 마음이 들었다. 지난 일 년 동안 정말 자식처럼, 내 친 동기간처럼 사랑을 하고 복 받으라고 기도했는데 어쩌면 누구나 '목사님 빨리 오세요.' 하는 사람이 없는지, 물론 한국 사람들 같이 끈끈한 정 자체가 없는 나라인 건 나도 알지만 그래도 서운했다.

한국을 다녀간 외국인에게 한국에 대해 물으면 '불고기'와 '정'을 꼽을 정도로 그건 한국 특유의 정서이긴하다. 그래도 매일 예배를 드리고 얼굴을 보던 내가 여러 달 떠나 있는다는데 정말 아무렇지도 않나? 괜찮나? 그게 다행이다 싶으면서도, 섭섭하기도 했다.

드디어 출국 전날 나는 예배를 드리다 울먹였다. 얼굴 하나하나가 마음에 박히고 아직 예수님에 대해 잘 모르는 초신자들이 걱정되고, 리더들의 얼굴을 보니 나 없는 동안 고생을 할 것 같아서 미안하고 그런 마음에 울컥하여 눈물을 글썽였는데, 성도들은 박수치고 휘파람까지 불면서 진심으로 나를 환송(?)했다. 너무 열렬히 잘 다녀오라고 하니 그동안 내가 잘 못해줬나 하는 생각까지 들었다. 하지만 씩씩한 모습에 위안을 삼기로 하고 그날 예배를 마쳤다.

　이튿날 택시를 타고 공항으로 이동했다. 성도 중 몇 명이 환송을 해주겠다고 했지만 전날에 예배로 모든 환송 절차를 마치는 것으로 약속했기에 예배당에서 웃으며 거절했다. 요즘말로 쿨하게 헤어지고 당일엔 우리가족만 공항으로 이동하게 됐다.
　5년 만에 가족 모두와 공항에 서니 감회가 새로웠다.
　처음 도미니카에 도착 했을 때, 새벽인데도 후텁지근한 날씨, 지저분한 화장실… 모든 게 불편하고 기대에 못 미쳐 당황했던 그 순간들. 그런데 이제는 이 미지근하고 습한 바람이 익숙하고, 한 창 더운 날에는 뼈까지 무르게 할 것 같은 이 열기를 즐기게 되었으니 하나님이 인간에게 주신 축복 중 '적응'이라는 능력은 정말 큰 선물이라는 생각이 들었다. 그렇게 이런 저런 감상으로 잠시 공항을 둘러보는데 어디선가 익숙한 목소리가 들렸다.
　"베드로 초이 목사님!"
　"목사님 우리 왔어요!"
　돌아보니 공항 입구에 대형 버스 한 대가 서있고 거기서 내리는 사람들을 줄줄이 다 우리교회 성도였다. 나는 너무 놀라 어떻게 왔냐는 소리도 못하고 눈만 휘둥그레져 성도들을 쳐다봤다.
　"목사님께서 한국으로 일하러 가는 건데 우리가 응원해야지요."

 나는 비록 몸은 멀리 떨어져 있으나 마음은 친근했으면 하는
마음에서 한국에 있는 동안 할 일과 스케줄을 상세하게 이야기
한 것인데, 우리 성도들이 보기엔 안식년인데 쉬지도 못하고 내
내 일하다 오는 스케줄인 것 같아 마음이 쓰인 것이다.
 "목사님! 우리가 기도해줄게요. 매일 기도해줄게요 힘내세요."
 한 청년이 밝게 웃으며 나의 손을 꼭 잡아주는데, 청년의 눈에
눈물이 그렁그렁했다. 그리고나서 다른 성도들을 둘러보는데 다
들 활짝 웃는데도 눈에는 눈물이 그렁그렁했다. 그 순간 마음에
'쿵'하며 깨달음이 생겼다.
 '아… 이것 역시 문화의 차이였구나. 내가 떠나 슬프지 않은 것
이 아니라 이왕가는 사람 마음상하지 않게 웃으며 보내는 것…
이것이 이들의 사랑이고, 도미니카식으로는 최선의 환송이었구
나.'
 잠시 나마 성도들의 마음을 헤아리지 못하고 서운해 한 것이
미안해 눈물이 났다.
 "목사님, 잘 다녀 오십시요. 교회는 저희들이 잘 지키겠습니다.
내년에 목사님께서 오실 때 할렐루야하시면서 기뻐하시도록 열
심히 교회를 섬기며 전도를 열심히 하겠습니다."
 최근 남전도회 총무직을 맡게 된 까르맬리오 뜨리니닷이 대표
로 인사를 했다. 나는 그를 잠시 꼭 안았다. 그리고 성도 한명 한
명의 얼굴을 다시 보았다.
 "잘 다녀오겠습니다."
 태생이 무뚝뚝해 그렇게 멋없이 인사를 하고 출국장으로 했지

만, 마음속엔 못 다한 말과 인사가 결심으로 남았다.

'잘 다녀오겠습니다. 반드시 약속한 날짜에 한달음에 와 당신들 곁에 서겠습니다. 무슨 일이 있더라도… 난, 다시오겠습니다. 이곳으로 오겠습니다.'

그 후 안식년 일 년 동안 나는 오직 '가나안교회'를 위해 살았다.

밥을 먹어도, 사람을 만나도 내 마음엔 가나안교회를 위한 소명과 열정만이 동기가 되었다. 실제로 하나님은 '가나안교회'를 위해 나를 한국에 나오게 하셨다. 이 기간 동안 만나게 되는 사람들 일어나는 일들 마다 모두 가나안교회에 유익이 되었다.

한국에 도착한 나는 선교한국 강의 스케줄을 마치고 후원교회에 인사를 다녔다. 후원 교회 중 사랑의교회에 들렀는데 옥한흠 목사님께서 나를 직접 맞아주셨다, 나는 그동안의 사역을 보고하고 진심으로 감사하다는 마음을 전했다. 그런데 길거리예배 기간 동안에만 성도들이 400명 이상으로 부흥이 되었다는 얘기를 들으신 목사님께서 그 자리에서 만 달러 후원을 약속해 주셨다. 나중에 알고 보니 사랑의교회 정책상 협력, 후원 선교사에게 헌금할 수 있는 돈은 최대 5천 달러로 제한이 되어 있었는데, 목사님은 부목사님과 당회를 설득 하시면서 까지 만 달러 후원을 채워주셨다. 그리고 수요일 예배에서 설교를 해달라고 부탁하셨다.

한국에서의 일정이 끝나갈 무렵 일본 '코스타'를 주관하는 김규동선교사님한테서 연락이 왔다. 일본 코스타에 강사로 초청하고 싶다는 내용이었다. 김규동 선교사님은 같은 GMP 선교부 동료선교사이신데 다들 어렵다고 말하는 일본선교사역을 아주 홀

룽하게 하고 있었다. 늘 한번 가보고 싶었던 차에 연락이 와서 기쁜 마음으로 가게 되었다. 코스타를 마친 다음 김규동목사님이 시무하는 요한교회의 한국부와 일본인 교회에서 말씀을 전할 기회가 생겼다. 주일 아침 설교였는데 설교를 마치고 나니 담임 목사님께서 큰 은혜가 되었다며 혹시 오후 설교도 해주실 수 있냐고 물었다.

나는 기꺼이 그렇게 하겠다고 했다. 그래서 오후 예배에도 선교 사명과 현지 사역 가운데 역사하신 하나님에 대해 증거 했는데 예배를 마치자 일본인 남편과 한국인 부인의 부부가 잠깐 드릴말씀이 있다고 하면서 다가오셨다. 그리고는 나를 건물 한쪽으로 데리고 가더니 "오전 설교와 선교보고에 은혜 받았습니다"라는 말씀과 함께 신문지로 돌돌 만 뭉치하나를 주셨다. 뭉치가 꽤 커 과자나, 고기인 줄 알았다. 나는 이것이 무엇이냐고 물었다.

"십만엔 입니다. 필리핀에서 사역하는 김 선교사님과 도미니카 최 선교사님, 두 분의 사역에 헌금하고 싶습니다. 최선교사님께서는 기억 못하시겠지만 제가 미국 유학을 하고 있을 때 아내와 함께 필라델피아에 있는 임마누엘교회에 출석을 했었습니다. 그 때 그 교회 단기선교팀이 도미니카 최선교사님사역지를 다녀와서 보고를 하는 것을 보았습니다. 언제 기회가 되면 헌금하고 싶었는데 오늘 뜻밖에 최 선교사님의 설교와 선교보고를 듣게 되었습니다. 오전 예배를 마치고 서둘러 집에 가서 이 헌금을 준비해 왔습니다. 최 선교사님의 사역을 위해 헌금을 할 수 있어서 감사합니다."

나는 그분들과 함께 하나님께 감사 기도를 드린 후 필리핀 김 선교사님을 만나 5천달러을 전달해 드리고 일본 일정을 무사히 마쳤다.

그렇게 건축을 위한 물질들이 채워지기 시작했다.

도미니카에 있을 때는 연락이 닿지 않았던 분들까지 한국 교회들을 수소문해 나의 숙소로 연락이 왔다. 알라스카에 사는 집사님께서 우연한 기회에 내 사역 소식을 듣게 되었다며 3천 달러를 송금해 주셨다. 스페인에서 사역하는 친구 목사를 통해 아직 하나님을 믿지 않는 분이 '도미니카 교회'를 위해 써달라며 2천 유로의 헌금을 보내오는 일도 있었다.

시카고 가나안교회에서도 만 달러를 헌금하겠다고 연락이 왔다. 하나같이 내가 가보지도 않고 만나지도 못한 세계 각처에서 오는 도움이었다. 안식년 기간 동안 나는 그동안 사역지에서 받은 은혜가 감사하고, 그 곳에서 목격한 하나님을 증거하고 싶어 부르는 자리는 마다않고 설교를 갔던 것인데 하나님은 그 기회를 모두 건축헌금과 연결 시켜주셨다.

결국 1년간의 안식년 동안 아주 큰 금액의 건축 헌금이 모였고 도미니카에 도착하자마자 예배당 증축 공사를 시작하게 되었다. 예배당은 물론 학교시설로 활용할 수 있는 공간들이 계획됐고 온 교인이 합심하여 기도로 일손으로 건축을 진행했다.

그러다 중간에 헌금이 부족한 때가 있었는데, 이번에는 필라델피아 제일장로교회 성도이신 한국 분께 연락이 왔다. 그분은 원래 독일에 광부로 가게 되면서 고국을 떠나신 분인데 그곳에서 간호사로 활동하고 있는 한국 여성분을 만나 가정을 이루고 미국에 정착하셨다.

현재는 봉제업을 하고 계신데, 도미니카 산티아고에 공장을 세우려고 하니 기도를 해달라고 하셨다. 나는 기꺼이 알겠다고 했는데, 갑자기 내가 건축을 하고 있다는 소식을 들었는데 도울 일이 뭐가 있겠냐고 하셨다.

당시 교회 벽은 세웠는데 바닥 마무리 공사와 지붕을 못 올린 상태였다. 왜냐하면 그 무렵 바닥자재와 지붕자재 가격이 너무 올라 물가에 맞추느라 우선 싼 건물의 벽 자재들을 구해 공사를 했기 때문이었다. 그런 사정을 이야기 했더니 이분이 하시는 말씀이 바닥재는 도미니카보다 미국이 저렴하니 이번에 커다란 컨테이너를 섭외해서 공장 자재를 실어 보낼 계획인데, 그편에 우리 교회를 위한 바닥자재도 보내주시겠다고 하셨다.

그렇게 미국에서 자재가 운송되어 왔다. 뿐만 아니라 하나님께서 그분의 마음을 감동시키셔 자재가 도착하는 시기에 맞추어 그 교회 장로님들을 이끌고 오셔서 우리 교회 건축에 직접 일손까지 보태주셨다. 그렇게 세계 각처에서 후원이 오고 지원이와 교회가 증축되었다.

증축 예배를 드리던 날 나는 성도들에게 이런 설교를 했다.

"나는 처음에 여러분 모두가 축복을 받아 큰 부자가 되어 우리 힘으로 교회를 짓는 소망을 가졌었습니다. 그러나 하나님께서는 세계 각처에서 온 도움으로 이 교회를 세우게 하셨습니다. 나는 그 과정에 하나님의 또 다른 계획하심이 준비되어 있음을 알게 되었습니다.

여러분, 우리 영적으로도 큰 부자가 되고, 세상에서도 성공한 거부가 되어 오늘 받은 이 후원들을 선교로 돌려줍시다. 하나님은 분명 그런 뜻으로 우리 교회에 세계 각지의 도움이 임하게 하신 것이라 믿습니다. 지금은 도움을 받는 입장이지만 수년 내에 우리도 선교사를 파송하고 후원합시다. 그것이 하나님께서 우리 교회에 주시는 새로운 비전이라고 생각합니다.

과거 한국도 후원을 받고, 선교사들이 파송되어 오던 곳이었습니다. 그러나 이제는 세계 각지로 선교사를 파송하고 있습니다. 그렇게 되기까지 불과 100년도 걸리지 않았습니다. 외국인 선교사 언더우드가 서울의 변방에 세운 학교 '연세'는 이제 한국에서 세 손가락 안에 꼽히는 명문이 되어 한국을 지탱하고, 나아가 세계에서 알아주는 인재를 배출하고 있습니다. 나는 우리 가나안 교회가 그런 역할을 하게 될 것이라고 믿습니다. 우리 모두 기도합시다.

우리 가나안 교회는 수년 내에 선교사를 파송하는 교회가 될 것이며, 도미니카에서 손꼽히는 명문 학교가 될 것이며 100년 뒤에도 이름을 남기는 귀한 성지가 될 것입니다. 우리 하나님께서 우리에게 주신 이 비전을 단단히 붙들고 기도합시다.

자, 우리 모두 함께 외칩시다! 오늘은 도미니카! 내일은 세계로! 우리의 기도로 오늘은 도미니카를 변화 시키고, 내일은 세계를 부흥시킵시다! 오늘은 도미니카! 내일은 세계로! 지금 이 순간에도 살아서 역사하시는 하나님께 더 크게 외칩시다! 「오늘은 도미니카! 내일은 세계로!」

성도들이 온 마음을 다해 외치는 소리가 내 귓가에 쩌렁쩌렁하게 들려왔다. 모두 눈을 감은 채 하늘을 향해 두 팔을 들고 하나님께 온몸으로 소망하고 있었다.

"오늘은 도미니카! 내일은 세계로!"

그 밤 우리는 모두 동일한 은혜를 체험하고, 동일한 비전을 발견하는 역사를 경험했다.

'오늘은 도미니카! 내일은 세계로!'는 그날부터 우리 교회의 슬로건이 되었다.

그리고 훗날 이 슬로건대로 역사가 이루어지는 놀라운 사건들이 일어나기도 했다.

사랑의교회 옥한흠 목사님께서 도미니카 목사님 두 분과 우리 교회 청년리더 4명을 "국제 제자훈련 지도자 세미나"에 초청해 주셨다. 도미니카에서 한국으로 가는 가장 빠른 방법은 미국을 경유해 한국행 비행기를 타는 것이다. 그런데 목사님 두 분은 미국 비자가 있어서 경유가 가능한데, 우리 교회 청년 4명은 비자가 없어 미국 경유가 불가능했다. 서둘러 비자를 신청했지만 네 명 다 비자 심사에서 탈락했고 청년들은 크게 실망했다.

나는 하나님께 지혜를 달라고 기도를 드렸고, 기도 가운데 '지구는 둥글다!'라는 생각이 떠올랐다. 나는 세계지도를 펼쳐 놓고 미국을 경유하지 않고 한국으로 갈 수 있는 방법이 있는지를 찾았다. 뜻이 있는 곳엔 역시 길이 있었다!

미국의 반대편인 유럽을 통해 가는 길을 찾아낸 것이다. 바로 암스테르담을 경유해서 가는 방법이었는데 비자가 없이도 가능했다. 하나님 이번 일을 통해 포기하지 않으면 결국 길은 열린다는 확신을 나에게 주셨다.

우리는 하나님께 감사드리며 암스테르담을 경유해 한국으로 가게 되었다. 한국으로 가는 비행기 안에서 한 청년이 이렇게 얘기했다.

"목사님, '오늘은 도미니카! 내일은 세계로!' 이 기도가 이루어졌네요, 지금 우리는 세계를 지나 한국으로 가고 있어요!"

우리는 늘 외쳤던 구호처럼 세계를 누비며 한국에 도착했다.

한국 도착 첫날부터 아주 바쁜 일정을 보냈다. 사랑의교회에서 주최한 집회와 교육에 참여 하면서 틈틈이 사랑의교회 성도님들을 위한 특송을 준비했다. 제자훈련세미나에서 특송을 했지만, 사랑의교회 토요 특별새벽기도회에서 특송을 해달라는 요청을 받았기 때문이었다. 도미니카에서부터 준비해온 특송은 '부흥'이라는 복음성가를 스페인어로 번역한 것이었다. 이전에 한국어로 찬양을 한 적이 있으니 이번에는 도미니카를 소개하는 의미에서 한국 찬양을 스페인어로 불러보자는 취지였다. 한국의 멜로디에 스페인어의 가사가 어우러졌다. 서로 언어는 다르지만 찬양내용은 이미 알고 있으니 공감대가 이루어졌고 주님 안에서 우린 모두 형제라는 걸 느낄 수 있는 시간이었다.

옥한흠 목사님과 도미니카 목회자들

사랑의교회 안성 수양관에서

교회증축 후 교회리더들과 합심하여 전도에 총력을 기울이기로 했다.

전도 방법을 놓고 기도를 하는데 이런 저런 아이디어들이 쏟아져 나왔다. 그런데 나오는 아이디어들마다 한국에 있을 때는 생각하지 못했던 독특한 방법들이었다.

한국 같으면 노방 전도 때 따뜻한 차와 음식을 나눠 드리자, 또는 청년부와 연합하여 찬양과 율동으로 시선을 끌자, 전도 왕을 뽑아 시상을 하자 등의 아이디어가 나왔을 텐데, 여기서는 교회 마이크를 늘리자는 의견과 사진을 찍어 주자는 의견이 제일 많이 나왔다.

먼저 마이크를 늘리자는 의견이 나오게 건 도미니카 사람들이 춤과 노래를 워낙 좋아하기 때문이다. 한국 같은 경우에는 겸손이 미덕이고, 쑥스러움도 많이 타서 특송 기회가 생겨도 서로 양보하는 분위기다. 그러나 이곳 도미니카는 다르다. 어쩌다 한 번 특송할 기회가 생기면 서로 하겠다고 난리다. 이유는 간단하다. '마이크'에 대고 노래하는 걸 너무 신기하게 여기기 때문이다.

TV도 라디오도 드문 이곳에서 마이크와 스피커는 그야말로 최첨단기기 대우를 받는다. 가끔 예배시간에 리더들이 찬양을 인도하다 집중을 못하는 사람을 불러 마이크를 들고 찬양을 하게하면 그때부터 난리가 난다. 먼저 노래한 사람이 다른 사람에게 너도 한곡 하라며 마이크를 넘기고 그 다음엔 나도 한 번, 너도 한 번 그렇게 찬양이 계속 이어진다. 적절한 타이밍에 끊어 주지 않으면 순식간에 놀이판이 된다. 그리고 애초에 마이크를 줄때 한 사람을 딱 찍어 이름을 호명해야지 '찬양할 사람?' 이렇게 이야기를 하면 성도 중 절반이상이 우르르 앞으로 나온다.

상황이 이러하니 인근 마을 사람들 중 노래 좀 한다는 사람이나, 사람들 앞에 서는 걸 좋아하는 끼 많은 사람들은 마이크 한번 잡아보려고 교회에 나오는 경우도 있다.

실제로 새신자 중 꽤 여러 명이 "우리 교회 오면 마이크에 대고 노래하게 해줄게."라는 우리교회 성도들의 꼬드김에 넘어가 나왔다가 찬양가운데 은혜 받고 결국엔 하나님을 만나 신실한 성도가 되었다.

두 번째로 인기가 많았던 전도방법은 '사진 찍어주기'인데, 이 방법은 목회 초기 나의 실수가 계기가 되어 개발된 방법이다.

첫 번째 교회였던 '예수사랑교회'를 섬길 때 초기에 성도들이 50명 정도 됐다. 그런데 이름과 얼굴이 도통 안 외워지는 것이다. 외국 사람들 이야기를 들어보면 한국 사람들은 전부 비슷하게 생겼다고 한다. 그런데 우리 입장에서 보면 외국 사람들이 죄다 비슷하게 생겼다. 그런 이유로 내 눈엔 가무잡잡한 얼굴에, 곱슬머리인 성도들의 모습이 비슷비슷 구분이 안 갔다. 거기다 이름까지 길고 어려웠다. 나는 성 한 글자, 이름 두 글자인 우리나라식 이름 짓기가 얼마나 간편하고 좋은 건지를 이곳에 와서 알았다.

도미니카 사람들이 이름을 짓는 방법은 크게 두 가지인데, 첫 번째는 모래나, 홀리아와 같은 막 이름들이다, 우리나라로 치면 검순이, 칠순이와 같이 별 뜻 없이 그냥 붙여진 이름이다.

두 번째는 외국이름 중 좋아 보이는 이름을 따다 쓰는 경우 인데 가톨릭식 이름부터 러시아식 이름까지 뜻도 발음도 다양하다.

처음 교인 50명 명단을 만들어 보니 모래나, 마리아, 안드레아, 호르헤, 블라디미르 까지 발음도 길이도 다 제각각 이었다.

그러다보니 눈으로는 안드레아를 보면서 입으로는 마리아를 부르는 식의 실수가 많아졌다. 여기 사람들 성격상 그런 실수를 하면 다들 하하 웃고 넘어가지만 그게 반복되니 예배 분위기도 흔들리고, 리더십에도 도움이 안됐다.

암기력만큼은 자신이 있다고 자부했는데, 아무리 노력해도 이름과 얼굴이 외워지지 않았고 나는 하나님께 기도하기 시작했다.

'하나님 목사가 되어서 불과 50명밖에 되지 않는 교인들 이름을 외우지 못하니 너무 부끄럽습니다. 게다가 이름을 헷갈릴 때마다 웃음을 터트려 경건이 깨지고, 제 리더십마저 흔들리고 있습니다. 하나님 앞으로도 교인은 계속 늘어 날 텐데 제발 저에게 지혜를 주세요, 교인들의 이름을 효과적으로 외울 수 있는 방법과 암기력이 필요합니다. 하나님 제발 도와주세요.'

그때였다 내 마음속에 "너 카메라 있지?"라는 음성이 들렸다.

마치 자연스러운 대화 같았다. 입술로 '제발 도와주세요.' 라고 기도하니 마음에서 "너, 카메라 있지?"라는 음성이 들려온 것이다. 그 음성을 듣고야 한국에서 가져온 카메라가 생각났다.

'그래! 교인들의 얼굴을 찍은 다음 그 밑에 이름을 써서 얼굴과 이름을 외우자!'

한국에서 가져온 짐 가방에서 카메라를 찾아 손질해 놓고 주일 날 교인들의 사진을 찍었다. 그리고 사진을 인화한 다음 사진 아래 손 글씨로 이름을 써가며 교인들의 얼굴을 외우기 시작했다.

다음 주일 예배시간 나는 당당하게 성도들의 이름을 부르며 사진을 나눠줬다. 일주일 만에 출석교인들 이름과 얼굴을 다 외운 것이다. 사진을 받은 성도들은 아주 즐거워했다. 나는 매주 카메라를 갖고 다니며 새신자가 올 때마다 사진을 찍고 이름을 외운 다음, 사진은 선물로 주었다.

그런데 재미있는 일이 일어났다. 새신자들의 사진을 찍어 준다는 소문을 듣고 많은 사람들이 교회로 몰려왔다. 어떤 주일에는 자리에 앉아 있는 교인보다 사진을 찍기 위해 줄선 새신자가 많았을 정도이다.

나는 이 기회를 효과적으로 살리기 위해, 출석한 첫날 사진을 찍고 한 달 뒤에 사진을 찾아 갈 수 있게 했다. 다들 사진을 찾기 위해서라도 4주간의 예배에 빠짐없이 참석했고, 그 기간 동안 꽤 많은 사람들이 예수님을 영접하게 되었다.

우리교회 성도들 중 일등 일꾼으로 꼽히는 세 자매가 있다.

베르나르다 떼하다(Bernarda Tejada), 아니따(Anita), 바실리아(Basilia)라는 자매들로 우리 교회 초대 멤버인데 지금도 가나안교회를 충실히 섬기고 있다. 이들 자매들은 하나님을 향한 마음의 열정은 동일하되 각각 달란트가 달라, 교회에서 일어나는 대소사들을 분업하여 잘 챙긴다.

우선 베르나르다 떼하다 자매는 간호사로 동네 보건소 역할을 하는 병원에서 근무하는데 우리교회 성도들은 물론 우리가족까지 잘 돌봐준다. 아니따는 부지런하기로 유명한 자매인데 워낙 손이 빨라서 어떤 일이든 아니따를 거치면 꼼꼼하고 완벽하게 마무리가 된다. 마지막으로 바실리아는 요리솜씨가 뛰어나서 교회 행사음식은 물론 외국에서 단기 선교팀이 오면 그 인원수에 관계없이 식사를 척척 만들어 낸다.

그런데 이번에 전도방법을 놓고 회의를 하던 도중 바실리아가 하는 말이 자신 역시 처음엔 '사진' 때문에 교회에 왔다는 것이다. 회의 자리에 있던 나와 교회 리더들 모두 그 말을 듣고 한참을 웃었다. 너무 신실한 자매로, 그냥 처음부터 터줏대감 성도 같은 느낌이었는데, 그런 그녀도 불과 몇 년 전에는 사진 얻을 생각에 그냥 한 번 와본 초신자였다니 그간 그녀에게 임한 은혜가 감사하고 놀라웠다.

리더 중 한 명이 "바실리아 자매에게도 초신자 시절이 있었다니 실감이 나지 않는다."라고 이야기를 하자, 바실리아가 대답했다.

"사실 저도 지금 제 마음 안에 계신 예수님을 생각하면 신기하고 눈물이 나요. 처음에 교회에 올 때는 정말 사진 때문에 왔어요. 그 전엔 사진기를 본 적도 없고, 사진을 가져 본 적도 없어서 그냥 가서 사진만 얻어오자 생각하고 왔어요. 그런데 목사님이 몇 주 뒤에 사진을 주신다고 하는 거예요, 처음엔 그 날짜에 맞춰 올까 하다가 '혹시 사진이 먼저 나오면 어떻게 하지? 그때 내가 교회에 없어서 못 받으면 안 되는데...' 하는 생각이 들어서 매일 교회를 오게 됐어요. 그러다가 4주 만에 사진을 받게 됐는데, 이제 사진을 받았으니까 교회에 안가도 되는데... 그날부터 설교 말씀이 궁금하고 찬양도 하고 싶은 거예요. 무엇보다 이제 막 알게 된 예수님이 어떤 분인지 궁금했어요. 그 4주 사이에 이미 예수님이 내 맘에 들어오신 거죠. 처음 교회에 오게 된 의도는 좀 엉뚱하지만 끝에는 이렇게 하나님을 만났으니 감사해요"

바실리아의 이야기가 끝나자 세실리오(Cesilio)라는 청년이 손을 흔들며 말했다.

"아니야, 그 정도는 엉뚱한 게 아니지, 난 아내를 감시하러 왔다가 하나님을 만났거든."

세실리오의 말에 다들 의아한 표정이 됐다, 세실리오의 아내인 베르나르다(Bernarda)가 먼저 하나님을 믿었다는 건 모두 알고 있었지만 세실리오가 베르나르다를 감시하려 하나님을 만나게 됐다는 이야긴 금시초문이었다. 세실리오는 조금 부끄럽긴 하지만 다들 궁금해 하니 말해주겠다며 처음 교회에 오게 된 계기를 이야기해 주었다.

세실리오의 아내 베르나르다는 봉제 공장에 다니는 회사원이었다.

성실한 여성으로 회사를 퇴근하면 곧장 집으로 귀가하곤 했는데 어느 날 부턴가 베르나르다의 귀가가 늦어졌다. 그 사실을 이상하게 여긴 세실리오가 사정을 알아보니 아랫동네에 새로 생긴 교회에 다니는 것이었다.

가톨릭이었던 아내가 왜 갑자기 교회에 열심을 내게 되었는지 의아했지만 다른 딴 짓을 하는 게 아니니 문제가 없겠다 생각했다. 그런데 얼마 뒤 아내가 다니는 교회에 목사가 한국 사람인데, 아주 잘생겼더라는 소문을 듣게 되었단다. 그 소문을 듣고 불안한 마음이 생긴 세실리오는 아내 베르나르다 몰래 뒤를 밟아 교회에 나왔다 그리고는 기둥 뒤에 숨어서 아내를 감시하기 시작했다. 혹시 목사와 끌어안고 인사를 하거나, 딴 짓을 하면 당장 뛰어나가 혼을 낼 작정이었다고 했다.

그런데 몇 달을 감시해도 아내는 예배만 드리고, 목사는 설교만 했다. 그러는 사이 세실리오 자신도 모르게 몇 달을 매일같이 예배에 참석하게 된 것이다.

어느 날 하나님의 영이 세실리오에게 임했다. 설교를 듣는데 그 이야기가 전부 사실이라는 게 마음으로 느껴졌다, 하나님이 자신을 사랑하셔서 독생자를 보내셨다는 말씀에서는 눈물까지 흘렀다. 아내를 감시한다는 다소 엉뚱한 이유로 교회를 방문했던 세실리오는 결국 예수님을 구세주와 주님으로 영접하게 되었다.

그런데 그때 또 한명이 청년이 손을 흔들려 말했다.

"그 정도는 약과예요, 저는 교회 간판을 훔치러 왔다가 하나님을 믿게 됐어요. 그때가 아직 예배당이 없을 때라 길거리 예배를 드릴 때였는데... 목사님, 저는 길거리 예배를 다시 드렸으면 좋겠습니다. 그때 참 은혜 되고 좋았거든요."

청년의 이야기를 들은 우리는 만장일치로 매주 한 번씩 길거리 예배를 드리기로 했다.

전도의 사명에도 충실하고, 길거리 한복판에서 뜨겁게 기도했을 때 그때의 믿음을 기억하며 다시 열정을 갖자는 취지에서였다. 그 뒤로 길거리 예배는 우리교회의 아주 중요한 행사가 되었고 매년 11월에는 야외예배를 드린다.

어떤 분들은 왜 하필 우기 기간에 야외예배를 드리냐고 물으시기도 한다. 그러나 길거리 예배를 드리던 기간 중 가장 치열한 영적 싸움이 일어난 시기도 우기요, 그 모든 시험을 이길 은혜를 허락받은 시기도 11월 그 무렵이었다.

길거리 예배 초창기 때는 성도들이 성경책 몇 권을 돌려보며 예배를 드렸지만 이제는 청년부 학생들로 구성된 기타 반주팀도 있고, 마이크와 앰프도 동원된다. 그리고 무엇보다 크게 바뀐 건

예배 중 폭우가 몰아쳐도 도망가지 않고 예배 대열이 흩어지지 않는다는 것이다.

어느 날인가... 가나안교회 성도들에게 길거리 예배를 시작하고 처음 겪는 우기 때 폭우로 예배 중 모든 성도들이 비를 피해 흩어지고 아내와 나만 남았을 때 '누군가 널 위해 기도하네'라는 찬양을 부르며 폭우 속에서 하염없이 울며 기도했을 때에 힘들었던 이야기 한 것이다.

그 간증을 듣고 성도들이 많이 울었는데, 그 간증을 하고 난 뒤 야외예배 행사 때 또 같은 상황이 벌어졌다. 예배도중 갑자기 큰 폭우가 내린 것이다. 그런데 예배를 드리는 성도들은 물론 전자 기타와 마이크를 잡은 청년들까지 모두 꿋꿋이 그 자리를 지켰다.

그때 마이크를 잡고 찬양을 인도하는 청년은 마이크에서 전기가 오르자 갖고 있던 손수건을 마이크에 감고 끝까지 찬양을 드렸다.

나중에 청년의 간증을 들어보니 예전에 목사님께서 폭우로 예배대열이 모두 도망 가버려 사모님과 둘이 울면서 기도했다는 간증을 해주신 게 떠올랐고, 나는 절대 도망가지 않아야겠다는 결심이 들어 버텼다고 이야기를 했다. 그러자 기타를 치는 청년도, 예배를 드리고 있던 성도들도 모두 같은 마음으로 버텼다고 고백하기 시작했다.

"한 가지 생각뿐이었어요. 오늘만큼은 그날과 달라야 한다. 이제 목사님 곁에는 우리가 있다!"

"네, 맞아요. 저도 예배드리는 내내 성도들에게 버려진 채 울고 계시던 두 분 모습이 떠올라 한 발자국도 움직일 수 없었어요."

우리는 그 순간 성령님께서 우리의 마음을 하나로 묶어 주셨음을 알게 되었고, 다시 한번 이 교회를 특별히 사랑하시는 하나님의 은혜를 마음 깊이 느끼게 되었다.

지금도 돌이켜 보면 그때 길거리 예배를 어떻게 드렸는지 신기할 정도이다. 아직 이 나라 말에 서투를 때라 한국말로 설교를 쓰고 이 나라 말로 옮겨 적으면 설교 원고가 평균 5장, 6장 정도 됐다 그걸 그날 하루 동안 외우는 것이다.

당시엔 1년 365일 중 360일을 길거리 예배로 올려 드렸는데, 그럼 하루 원고를 5장으로 잡고 1년을 계산하면 1,800장 이상의 원고를 쓰고 외웠다는 이야기가 된다. 그리고 그 사실 하나만으로 그 당시에 하나님이 나와 함께 하셨고, 나를 강하게 붙들어 주셨다는 증거가 된다.

내가 박사학위를 따는 과정이었다고 해도 사람의 목표, 사람의 노력으로는 외국어 원고를 일 년에 1,800장 이상 외울 수 없었을 것이다. 그러나 하나님의 계획하심, 하나님의 인도하심이 있었기에 그런 불가능한 일이 가능하게 실현 된 것이다.

반대로 카메라로 사진을 찍어주는 아이디어가 나오기까지 나는 성도 50명의 이름과 얼굴을 못 외워 고생을 했다. 일 년에 1,800장의 원고를 외운 것도 나 최광규고, 50명 성도의 이름을 도저히 못 외운 것도 나 최광규다. 분명 나는 똑같은 사람인데 상황별로 이렇게 상반된 능력을 발휘한 것이다.

첫 번째 1,800장의 원고를 외운 것은 하나님의 계획하심으로 내 능력 이상을 해낸 것이고, 두 번째 50명의 이름을 못 외운 것은 하나님께서 나에게 '카메라'를 통한 전도 방법을 찾게 하시려고 잠시 능력을 허락하지 않으신 것이 분명하다. 실제로 카메라를 활용하게 된 후엔 1주일 만에 50명의 이름과 얼굴을 완벽하게 외우게 되는 역사가 일어났다.

이렇듯 모든 일은 내가 아닌 하나님의 뜻과 계획대로 전개가 된다. 잘했어도 내 능력 내 공이 아니고, 못했어도 하나님의 이유가 있다면 활로가 생기고 마침내는 좋은 결과가 생기는 것이다. 이런 이치를 깨닫게 된 후로는 나는 더 기쁘게 하나님을 믿게 되었다. 과거에는 실패를 하게 되면 내 능력을 의심하며 자책을 먼저 하게 됐는데, 이제는 '하나님은 나를 어떻게 사용하시기를 원하시는 걸까?'를 먼저 주목하고 기도하는 긍정적인 믿음을 갖게 되었다.

은혜로 채우시는 하나님

세계 각처에서 재정이 채워짐으로 성전이 건축되는 것을 성도들이 목격하게 된 후, 가나안교회 안에 기도의 불길 더 거세게 붙었다. 그들의 입장에서는 하나님의 채우심을 피부로 겪게 된 첫 번째 사건이 '건축'이 된 것이다. 성도들은 이제 기도만 하면 하나님이 채우심을 굳게 믿게 되었고 하나님은 그 순진한 기도를 모두 귀담아 들으시고 차곡차곡 실현 시켜 주셨다.

미국에 계신 후원자의 도움으로 바닥과 천정 공사가 마쳐짐으로서 큰 공사는 끝났지만 내부 시스템이 많이 부족한 상황이었다. 특히 오디오 시스템이 절실했다. 그러나 마이크 하나, 앰프하나가 구경거리가 되는 이곳에서 오디오 시스템을 꿈꾸는 건 정말 언감생심이었다.

그러나 오직 기도로 건축이 이루어지는 것을 본 성도들은 '도미니카 최초 오디오 시스템을 완비한 교회'라는 소망을 놓고 맹렬하게 기도를 하기 시작했다. 어쨌든 아직은 마이크와 앰프 하나 정도의 시스템이 전부인 상황인데 워싱턴근교에 사는 이수원 형제님 한테서 전화가 왔다. '한국민속 공연단' 팀이 있는데 도미니카를 방문하여 우리 교회에서 공연을 하고 국립극장 같은 공공시설에서 공연하고 싶다는 연락이 왔다. 이 형제님은 1993년 여름에 단기선교팀으로 우리 교회를 방문한 이후부터 도미니카 선교사역에 많은 관심을 두고 계셨다.

그들로서는 단기 선교를 하는 기회이고, 우리에겐 담임 목사의 나라인 '한국'의 문화를 체험하게 되는 매우 좋은 기회였다. 그러나 오디오시설이 없으니 선뜻 수락할 수가 없었다. 나는 교회 상황을 보고 연락을 주겠다고만 대답을 하고 전화를 끊었다. 정말 좋은 기회라 꼭 문화체험 교류를 하게하고 싶은데, 주어진 시간 동안 백방으로 수소문 해봐도 시스템을 빌릴 곳이 없었다. 그렇다고 프로팀의 무용공연을 앰프하나로 진행하게 하는 실례를 범할 수도 없는 노릇이었다.

며칠 고민 끝에 워싱턴으로 전화를 걸어 솔직한 우리 상황을 이야기했다. 성전은 건축되었으나 아직 내부 시스템이 없어 공연을 지원할 준비를 할 수 없다고 말씀드렸다. 그동안 기다리게 한게 미안해서 어렵게 이야기를 했는데 뜻밖의 대답을 듣게 됐다.

"목사님, 앰프와 스피커는 저희가 준비하겠습니다. 이왕이면 새 제품들로 준비해 가나안교회에 기부하는 방법을 찾아보겠습니다. 그러니까 걱정하지 마시고 날짜만 정해주세요."

이수원 형제님의 배려로 공연이 성사됐다. 더 놀라운 것은 처음 한인회의 주최로 일반 극장에서 공연할 예정이었는데 조기일 대사님께서 한국문화를 현지인들에게 소개할 수 있는 좋은 기회가 아니냐면서 적극 나서 주심으로 행사주최자가 '주도미니카 한국 대사관'으로 변경되었다. 공연장소도 국립 예술의 전당으로 정해졌다. 행사가 대사관 주최가 되면서 무용단팀 전원 VIP실로 입국하게 되어 짐 검사를 받지 않게 되었고 그 덕분에 앰프와 모든 기기들이 세금을 내지 않고 면세로 들어오게 되었다.

성도들의 맹렬한 기도에 하나님이 더 빠르고 뜨거운 은혜로 응답을 주신 것이다. 그렇게 우리교회는 도미니카 최초로 사운드 시설이 완비된 교회가 되었다.

그리고 이듬해 가나안교회에 또 한 번의 선물이 도착했다.

필라델피아 임마누엘교회에서 단기 선교팀이 방문했는데, 그분들의 짐 속에 우리 성도들의 마음을 모두 사로잡아 버린 요술단지가 있었으니 바로 '프로젝터'였다. 빛을 쏘면 벽에 영상이 맺히는 이 기계는 도미니카에서는 절대 볼 수 없는 요술단지였다. 아직 TV도 구경 못한 성도가 과반수인데 벽 전체에 그려지는 거대한 영상을 보았으니 자다가도 꿈에 나올 지경이었다.

온 성도가 프로젝터에 홀랑 빠져버렸는데 단기선교팀과 함께 프로젝터도 교회를 떠났다. 그리고는 '프로젝터 앓이'가 시작되어 틈만 나면 '필라델피아팀'은 언제 또 오냐고 물었다. 사실 그 팀들을 기다리는 게 아니라 프로젝터를 기다리는 거였다. 담임목사로서 사람을 반가워해야지 기계를 보고 싶어 사람을 부르는 게 어디 있냐고 따끔히 가르쳐야 하는데, 초롱초롱 빛나는 그 눈들을 보니 마음이 약해졌다. 그래서 가격을 알아보니 무려 3,500달러로 감히 욕심을 낼 수 없는 가격이었다.

이런 내속을 모르는 성도들은 모여서 기도 하는 시간마다 '프로젝터'를 기도 제목으로 내놓고 또 한 번 순진하고 맹렬하게 기도하기 시작했다. 지난해에 오직 기도만으로 사운드 시스템이 채워지는 걸 경험했으니 이번에도 그리될 거라고 굳게 믿고 기도들을 했다. 이렇게 되니 담임 목사인 내 마음이 바싹바싹 타들어가기 시작했다.

'변변한 신발 한 켤레도 없어서 일 년 내내 슬리퍼 차림으로 교회를 와야 하는 사람들이 웬 프로젝터란 말인가!'

그 얘기인 즉 신발이며, 끼니꺼리 걱정도 다 제쳐놓고 오직 프로젝터만 소망하고 있다는 얘기였다. 저토록 간절히 기도 하는데만에 하나 응답받지 못한다면 그 실망을 어떻게 해야 할지 그 걱정부터 앞섰다. 교회를 개척하고 처음으로 성도들이 실망할까 걱정되어 나도 열심히 기도했다.

그러던 중 필라델피아의 웨스트민스터 신학대학원(Westminster Theological Seminary)에 개설 여름특강을 듣게 될 기회가 생겨 수업에 참여하기 위해 필라델피아를 방문하게 되었다. 짧은 기간 동안 강의를 몰아듣느라 바쁘게 지내고 있는데 단기선교팀 단장이시며 의사로 일하고 계셨던 최웅룡장로님께서 연락을 주셨다. 우리 교회를 방문했던 단기 선교팀 집사님들의 식사 모임에 날 초대하고 하고 싶다는 내용이었다.

워낙 시간이 없긴 했지만 그때 너무 많은 수고를 통해 도움을 주고 가신 터라 시간을 쪼개 선교팀을 만나 뵈러 갔다. 최장로님의 집으로 가게 되었는데 그곳에 우리 교회에 단기 선교를 오셨던 집사님들 대부분이 모여 계셨다 그간의 안부를 물으며 반가운 마음까지 얹어 즐겁게 식사를 마쳤다.

지난 번 단기 선교 때 잠시 뵈었던 분들인데 너무 극진히 챙겨주시고, 마음을 다해 대접해주시니 정말 너무 감사했다. 식사를 마치고 아쉬운 마음으로 헤어지는 인사를 나누는데 집사님 중 한 분이 "서프라이즈!"를 외치시며 상자 하나를 들고 나오셨다.

"오! 하나님!"

상자 안에는 새 프로젝터가 들어 있었다. 결국 성도들의 기도가 목사의 믿음을 앞질렀고, 나는 그런 성도들을 어여삐 여기신 하나님의 은혜 덕분에 개선장군처럼 프로젝터를 들고 도미니카로 귀국했다. 그리고 그날부터 우리교회는 도미니카 최초로 사운드 시스템과 프로젝터 영상 시스템을 갖춘 교회가 되었다.

신실하신 하나님은 그렇게 작은 기도에도, 큰 기도에도 변함없이 응답해주시며 은혜를 베풀어주셨다. 또한 그냥 선물로 그치는 것이 아니라 그 선물을 통하여 교회가 부흥하고, 사람이 성장하게 해주셨다. 이 무렵 가나안 교회는 마치 잘 맞물려 돌아가는 톱니바퀴처럼 필요가 기도를, 기도가 응답을, 그 응답이 성장을 일으켰다.

프로젝터를 통해 한국의 찬양예배를 본 청년들은 부쩍 악기연주에 관심을 보였다. 그 무렵 단기 선교팀이 다녀가시면서 드럼을 선물해주신 덕분에 기타와 드럼이 갖추어졌는데, 아직 건반이 없었다.

다른 나라도 마찬가지겠지만 피아노는 워낙 고급악기라 도미니카에서는 구경하기도 힘들었다. 한국에는 피아노 학원이 있어 피아노가 없는 아이들도 학원에 가서 배울 수 있었지만, 도미니카엔 피아노 학원은커녕 학교 교과목에 음악이 있는 학교도 드물었고, 피아노 학과는 대학에도 개설되어 있지 않았다. 그러니 교회든 성당이든 어떻게 풍금 하나를 마련한다고 해도 '반주자'를 채용하는 것이 하늘에 별 따기였고, 반주자 사례비도 아주 비쌌다.

도미니카에서 피아노는 말할 수 없이 귀한 악기였고, 배울 기회도 없었다.

그런데 우리교회에 빅토르라는 소년이 CCM찬양예배 영상을 보고 피아노를 사모하게 됐다. 당시 14살이었던 빅토르는 어디서 종이건반 하나를 구해서 도레미파솔라시도 자리를 찾는 연습을 매일 했다. 그 모습이 안쓰러워 뉴욕에 사는 지인이 우리 애들 선물로 보내준 100달러짜리 멜로디언을 빅토르에게 선물했다.

빅토르는 뛸 듯 기뻐하며 그날부터 매일 멜로디언을 붙들고 살았다. 빅토르 엄마에게 얘기를 들으니 14살 어린아이가 매일 새벽 2시, 3시까지 연주를 한다고 했다. 하루는 빅토르를 불러 멜로디언을 왜 그렇게 열심히 치냐고 물었더니 "교회 반주를 하고 싶어요."라고 대답했다. 아이의 순수한 마음이 너무 예뻐서 축복기도를 듬뿍 해주었다.

어느 날 빅토르가 상기된 표정으로 날 찾아와 이번주일에 반주를 해도 되냐고 물었다. 그래서 내가 "찬송가는 악보가 어려워서 치기 힘들텐데?"라고 말했더니 악보는 볼 줄 모르는데 매주 찬양을 듣고 집에가 찬양 멜로디대로 음을 찍는 연습을 했다고 대답했다. 즉 악보를 모르니 입으로 불러 보면서 한음, 한음 찾아서 찬양 한곡을 뗀 것이다. 그 열정에 놀란 나는 꼭 반주자로 세우겠다고 약속했다.

그 다음 주 빅토르는 주일 예배 반주를 완벽하게 해냈고 새로운 찬양이 추가될 때마다 입으로 노래를 외워 한음, 한음 찍어 한곡을 연주하는 열성을 보이더니, 그 열정을 멈추지 않고 몇 년에 걸쳐 돈을 모아 1,400달러짜리 전자 건반을 샀다. 빅토르는 매주 주일마다 그 건반을 등에 메고 와 찬양 반주를 했다.

비록 연주 할 수 있는 곡이 다양하지 않아 매번 한정된 찬양을 해야 했지만 성도들 중 누구하나 그것에 대해 불만을 이야기 하지 않았다. 우리 모두 빅토르의 아름다운 열정과 헌신을 곁에서 목격했기 때문이다.

나는 빅토르의 그런 모습을 보면서 기쁨과 안타까움을 동시에 느꼈다. 하나님을 알게 됨으로 빅토르의 마음 안에 찬양이 자리했고, 찬양에 대한 사모함으로 목표가 생긴 것이다.

매우 안타까운 일이지만 도미니카 청년들 대부분은 꿈이 없다. 왜냐하면 기회가 없기 때문이다. 특히 교육의 기회가 적으니 노동자의 자녀로 태어나면 학교 문턱 한 번 못 밟아보고 그대로 부모의 가난과 직업을 대물림 받아 노동자로 살게 되는 게 대부분이었다. 꿈도, 희망도, 취미도 없이 그냥 정해진 일을 하고 가난에 시달리다 한 평생을 마치는 인생들이 너무 많았다.

도미니카의 이런 현실을 생각할 때 어린 빅토르에게 꿈이 생긴 건 너무 멋진 일이라 분명 기뻤다. 그러나 빅토르가 한국이나, 미국에서 태어났다면 훨씬 더 크게 꿈을 펼칠 수 있었을 것이라는 생각을 하면 마음이 너무 아파왔다. 나는 빅토르와 그 또래 청년들을 보며 내가 너희들의 다리가 되고 또 사다리가 되어주겠다고 결심했다.

"하나님, 저로 하여금 가장 길고 튼튼한 다리가 되어 이 아이들이 나를 건너 그들이 소망하는 어디로든 갈 수 있게 하소서! 주님, 제가 아이들에게 사다리가 되어 나를 통해 더 높은데 까지 닿게 하소서!"

소망의 사다리

도미니카 수도에서 15킬로미터 떨어진 빈민가 출신의 아이들은 평생 그 빈민가를 벗어나지 못하고 생을 마감한다는 통계가 있다. 그런데 그런 아이들의 꿈은 하나같이 '미국에 가보는 것'이었다. 평생 자신이 사는 마을도 벗어나지 못하는 삶을 살면서 마음으로는 미국을 소망하는 것이다. 그것만으로도 안타깝고 측은한 일인데 가혹하게도 미국이 비자를 잘 안내주는 나라중 한 곳이 도미니카였다.

도미니카에게 미국은 가깝지만 먼 꿈의 나라였다. 그래서 도미니카 야구팀을 미국에 보내면 선수들은 다 도망쳐 미국 내에 불법 체류를 하고 감독만 돌아온다. 합창단을 보내면 역시 지휘자만 돌아온다. 이런 일들이 반복되다보니 도미니카 국민 신분으로 미국을 가는 건 하늘의 별따기나 마찬가지였다.

하지만 나는 그럴수록 아이들에게 '미국'을 꼭 보여주고 싶었다. 가고 싶지만 갈 수 없다는 것을 이미 알아 체념하고 그냥 꿈만 꾸는 상태이기에 만약 미국에 발을 디딜 수 있게 된다면 이 아이들은 훗날 그 이상의 것도 이룰 수 있다는 자신감을 갖게 될 거라는 확신이 들었기 때문이다. 어린 빅토르의 열정은 목사인 나에게 또 한 번의 목표와 소망을 갖게 했고 나는 다시 한 번 열심히 기도를 시작했다.

그리고 마침내 기회가 왔다. 1998년 두 번째 안식년을 위해 시카고에 가게 되었는데, 우선 내가 먼저 나가서 아이들의 비행기 값을 후원해주실 후원자와 머물 처소를 찾고, 도미니카에 남아있던 아내가 아이들을 데리고 오는 계획을 세웠다.

나는 시카고에 있는 후원교회에 연락하여 아이들의 소식을 전하고 경비와 잠자리를 후원해 주실 성도분이 있는지 알아봐 달라고 부탁드렸다. 다행히 후원을 원하는 분들이 생겼다. 나는 지원된 비행기 값을 아내에게 송금하고, 아이들에게 한국어 복음성가를 가르쳐 달라고 이야기를 했다.

내 연락을 받자마자 아내도 바빠졌다 우선 아이들의 집에 연락하여 미국 여행 허락을 받아야했고, 가장 중요한 비자 신청 절차를 밟아야했다. 다행히 아이들의 부모들은 기꺼이 아이들을 우리에게 맡겨주었다. 문제는 미국 비자를 받는 일이었다.

"목사님 오늘이 비자 면접이에요. 기도해주세요."

"그럴게요. 내가 좀 알아보니 여자 영사들은 아무래도 깐깐하게 면접을 본다고 하니 가능하면 인상 좋은 남자 영사 줄에 서도록 해요."

내가 미리 당부까지 했는데 사모와 아이들은 영사들 중 가장 인상이 깐깐한 여자의 줄로 배정이 되었다. 내색은 못하고 마음으로만 간절히 기도하며 창구 앞으로 갔는데 막상 가서 보니 그 얼굴이 낯이 익었다. 상대도 아내를 알아봤다. 알고 보니 막내딸과 같은 반에서 공부하는 여학생의 엄마였다. 언젠가 학부모 모임에서 인사를 한 적이 있는데 서로 한 번에 알아 본 것이다.

참 다행인 것이 그 영사의 딸이 왕따를 당했는데, 그때 우리 막내딸이 그 아이의 편이 되어 많은 도움을 주었다. 학부모 모임 때 부부가 일부러 우리 아내를 찾아와서 감사 인사를 하며 얼굴을 익히게 된 것이다. 아내는 한시름 놓으면서도 그래도 공적인 일이니 상대가 어떻게 대응할지 몰라 끝까지 기도했다.

하지만 역시 하나님은 우리 편이셨다. 본래는 인터뷰 때 연고지와 재산을 묻는데 이 영사는 아이들에게 성경과 관련된 질문만 했다. 정말 지혜로운 방법인 것이 선교사로서 데려가는 게 맞는지 확인하는 게 임무이니 아이들이 진짜 교인인지만 확인하면 된다는 논리로 인터뷰를 진행시킨 것이다.

아이들은 영사의 질문에 즉시 요한복음 3장 16절을 줄줄 암송해내며 인터뷰에 통과했고 무사히 미국 비자를 받게 되었다. 아이들이 살던 빈민지역에서는 그 아이들이 최초로 미국 비자를 받은 것이었다. 그야말로 기적 같은 일이 일어난 것이다. 네 명의 아이들 중에는 당연히 '빅토르'도 있었다. 뛸 듯이 기뻐했고, 그 초롱초롱한 눈에 온 미국을 담을 듯 다니며 투어 내내 생기와 호기심으로 가득했다.

하나님은 그 뒤로 두 번이나 더 미국 방문의 기회를 열어주셨다.

두 번째 방문은 2000년도였는데, 시카고에서 '세계선교사대회'가 열린다는 소식을 듣게 되었다. 이 대회는 선교사라면 누구나 한 번쯤 서보고 싶어 하는 꿈의 대회이다. 마침 기도를 하는 중에 듣게 된 소식이라 마음에 더 큰 기대가 생겼다.

'내가 이곳에 강사로 가게 된다면 우리 아이들도 시카고를 구경할 수 있을 텐데!'

그런 생각이 들자 마음이 벅찼다.

우선 내가 할 수 있는 최선을 해보자는 결심을 하게 됐고 시카고 선교대회 준비위원회 사무총장님인 고석희 목사님에게 전화를 걸었다. 한 번도 본 적 없는 고석희목사님에게 나를 강사로 세워달라고 이야기를 했다.

3개월 뒤 세계한인선교 협의회에 고석희 사무총장님이란 분에게서 전화가 왔다. 통화는 짧고 간략했다.

"최광규 선교사님께 드릴 수 있는 시간은 총 8분입니다. 시간에 맞춰 원고를 제출하시고 준비를 잘 하십시오. 자기 자랑이 아닌 하나님의 역사를 이야기해 주십시오."

그 말을 듣고 잠시 얼떨떨했지만 얼른 정신을 차리고 우리 청년들이 한국 찬양을 잘하는데 이번 대회 때 동행하면 안 되냐고 물었다. 그러자 사무총장님께서 여기는 조수미 씨도 쉽게 세울 수 없는 자리라고 하셨다. 그런데 내 맘에 이것은 이미 하나님이 여신 기회이니 꽉 붙들라는 음성이 들렸다. 나는 한 번 더 간곡하게 부탁을 드렸다.

"네, 물론 어려운 자리인 줄은 압니다. 하지만 선교사가 복음을 전하고, 제자로 삼은 선교지 청년들이 찬양을 하면 얼마나 좋습니까?"

잠시 생각하시던 총장님께서는 동행한다면 특송의 기회는 주겠지만 경비는 지원되지 않는다고 하셨다. 나는 그것만으로도 감사하다고 인사를 드리고 통화를 마쳤다.

나는 후원교회에 연락하여 아이들의 소식을 전하고 경비와 잠자리를 후원해 주실 성도분이 있는지 알아봐 달라고 부탁드렸다. 다행히 후원을 원하시는 분들이 생겼다. 나는 그날부터 아이들에게 한국어 복음성가를 가르쳤다.

선교대회 날, 휘튼의 빌리 그레이엄 센터에서 열린 이 대회에는 무려 4천명의 목사,선교사,평신도들이 참석했다. 그 무대 위에서 나는 선교보고를 하고 우리 아이들이 한국말로 특송을 했다. 정말 감사하고 영광스러운 순간이었다.

두 번째 여행에 다녀온 아이들은 자신들에게 한없이 베풀고자 하는 성도님들의 모습을 통해 크리스천의 삶이 어떤 것인지, 섬기는 삶이 무엇인지에 대해 알게 되었다고 이야기를 했다. 왜냐하면 도미니카 사람들은 주는 것을 잘 모른다. 형편이 넉넉하지 않은 탓도 있고, 우리나라 말로는 '인심'이라고 표현되는 그 정서 자체가 없다. 그러다보니 설교시간마다 "주는 것이 받는 것보다 복되다."를 전파해도 도무지 알아듣지를 못한 것이다. 그런데 근 10년 간의 설교에도 깨달음을 얻지 못한 아이들이 자신들을 향해 베풀고 웃는 한 집사님의 얼굴에서 '주는 기쁨'을 발견한 것이다.

늘 듣긴했으나 마음에 와 닿아지지 않던 '섬김'을 생생히 느낀 아이들은 빠르게 그리고 아주 놀랍게 변하기 시작했다. 늘 복과 먹을 것을 구하기 위해 교회로 향했던 아이들이 하나님께 무엇을 드릴 수 있는지 고민하기 시작했다. 그러면서 점점 성장하는 것이 눈에 보이기 시작했다. 자신의 몸을 단정히 하고, 시간을 내어 주님을 묵상하며, 하나님과 세상을 섬기려 노력하게 되었다.

몇 명의 리더들이 변하여 본이 되자 청년들이 변하기 시작했고, 이제 우리 교회 전체에 섬기는 문화가 생기기 시작했다.

그러다 한 번은 이런 일이 생겼다.

뉴욕에 있는 친구 장로님 딸이 단기 선교를 왔다. 숙소를 따로 정하지 않고 교회사택에서 우리 가족과 함께 지냈는데, 어느 토요일 장년부 성도들을 인솔해 단합대회를 가는 바람에 그 자매 혼자 교회에 남게 됐다.

그동안 사역하면서 지치기도 했고, 혼자 있는 시간이 필요하다고 해서 알겠다고 했는데 우리 교회 앞에 세워진 LPG충전소에서 갑자기 사고가 일어난 것이다. 원인을 알 수 없는 연기가 LPG충전소에서 치솟기 시작했다. 교회 인근에 있는 사람들은 다 도망을 갔는데, 사택 안에 있던 여자청년은 그 시간 잠이 들어 그 소란을 몰랐다.

연기가 치솟는 소동이 일어나고 약 20분 후, LPG충전소가 폭발한다는 소문이 동네에 쫙 퍼졌다. 온 동네 사람들이 LPG충전소와 반대방향인 북쪽으로 도망을 쳤다. 그리고 그 무리엔 우리 교회 청년들도 있었다. 그런데 그중 한 청년이 교회에 혼자 남아 있는 여자 청년을 떠올린 것이다. 그리고는 곧장 피난 무리를 가로질러 교회를 향해 달리기 시작했다.

온 마을 사람들이 북쪽을 향해 달려가는데, 그 청년 혼자 그 인파를 거스르며 남쪽 교회를 향해 달린 것이다. 그리고 피난길에 그 모습을 본 청년들이 그 청년을 따라 교회로 달리기 시작했다. 교회에 도착한 청년들은 급히 여자청년을 깨웠다. 그런데 교회 밖으로 나와 보니 동네가 텅 비어있었다. LPG충전소에서는 이미 연기가 치솟고 있었다. 그것을 본 청년들은 다시 교회로 들어갔다. 도망치기엔 늦었다고 판단한 그들은 죽어도 교회를 위해 죽겠다는 결심으로 이 교회를 지켜달라고 기도를 하기 시작했다.

한 시간쯤 간절히 기도했을까?

사람들이 웅성대는 소리가 들렸다. 나가보니 LPG 주유소가 폭발한다는 것이 루머라는 것을 알고 마을로 돌아오는 사람들이었다. 그날 저녁에야 교회에 돌아온 나는 이 소식을 듣고 너무 놀라 한참을 아무 말도 못했다.

정말 사고가 난거였음 어쩔 뻔 했냐는 걱정의 마음과 우리 청년들이 어느새 이렇게 성장했나 하는 대견한 마음이 교차됐다. 훈련 삼아 옆 사람에게 빵 한쪽을 주라고 해도 그걸 못 따라하던 아이들이 먼 타국에서 온 자매 하나를 지키겠다고 목숨을 걸고 달려온 것이다. 나는 그날 복음의 힘을 뼛속 깊이 체험했다.

들음에서 믿음이 난다는 것을 알고 있었지만, 우리가 듣는 말씀의 힘이 이렇게 위대한 것임을 다시 한 번 실감하게 됐다.

몇 년 전 미국에서 만난 한 성도의 베풂과 미소가 몇 명의 청년의 마음을 변화 시켰고, 그들이 리더가 되어 이 공동체를 변화 시킨 것이다.

나는 이사야서 54장 3절의 말씀이 머지않은 미래에 실재가 될 것을 더욱 확신하게 되었다.

"이는 네가 좌우로 퍼지며 네 자손은 열방을 얻으며 황폐한 성읍들을 사람

살 곳이 되게 할 것임이라."(이사야서 54장 3절)

'하나님, 오늘은 이 아이들이 힘을 합쳐 한 사람의 목숨을 구했지만, 장차 이 마을과 이 도시와 이 나라를 구할 일꾼이 될 것을 믿습니다. 아버지, 저에게 맡겨주신 이 소중한 가능성들을 하나님 주신 길로 잘 인도할 수 있도록 저에게도 능력을 주세요. 하나님, 오늘로 이 지역은 더 이상 메마른 땅이 아닙니다. 이 아이들의 마음에 사랑이 샘솟고, 복음으로 비옥한 것을 제 눈으로 생생히 보았습니다. 주님의 뜻대로 하시옵소서. 그 뜻을 따라 지체없이 달려가겠습니다. 이 아들과 함께 복음을 도미니카를 이루게 하여 주소서, 이 땅에 하나님의 은혜를 충만히 내려 주소서!'

도미니카 유소년 전도

나는 청년은 물론 장차 청년이 될 유소년 전도에 더욱 집중 할 결심을 하고, 처음 청년들과 소통하기 위해 했던 방법들을 되짚으며 어린이들을 전도할 방법을 연구하기 시작했다.

처음 청년들과 친해진 계기가 된 방법은 '운동'이었다. 사역 초반에는 언어를 배우며 친해지는 방법을 취했었는데, 그건 옳은 방법이 아니었다.

청년부 학생들과 친해지기 위해 그들에게 현지 언어를 배우는 아이디어는 누군가와 친해지려면 도움을 주는 것보다 도움을 주게 하는 게 더 능동적인 교제를 이끌어 낸다는 만남의 이론에는 부합하지만, 리더에게 가장 중요한 존경을 고려하지 않은 세상의 방법이었다.

교회는 제자 삼는 사역을 해야 하는데, 기본적으로 나를 가르쳐주는 '스승'에 대한 기대가 있어야 한다. 제자의 마음에 "저분에게 가면 뭔가 있다."는 기대를 갖게 하는 것이 중요하다. 그래야만 그 제자가 스승의 말에 영향을 받기 때문이다. 친분이 생기는 것과 영향을 끼치는 것은 엄연히 다르다. 단순히 전도지를 나눠주고 얼굴을 익혀 친분을 쌓는다고 전도가 이루어 지는 것이 아니다.

그러므로 선교사는 어떤 한 부분이라도 현지인보다 나은 부분이 있어야 그들이 나를 의지한다. 예수님은 그게 가능하셨다. 그분께는 제자들이 감히 넘볼 수 없는 신성이 있었다. 죽은 자를 살리고 눈 먼 자를 보게 하셨다. 그러나 선교사에게는 신성이 있을 수 없다, 그러므로 그것을 대신할 수 있는 장점을 개발해야 한다.

특히 선교초반에는 일상 속에서 그들에게 친근하지만, 무언가 권위가 있어 자연스럽게 의지할 수 있는 대상이라는 신뢰를 주는 것이 중요하다. 나는 청년들과 이러한 관계를 쌓는 방법으로 운동을 선택했다. 단, 이곳 도미니카 사람들 대부분은 흑인 혈통이라 힘과 체력이 월등하다. 그렇기 때문에 운동으로 이길 생각을 하면 안됐고, 운동으로 이들을 리드할 수 있게 새로운 종목을 가르쳤는데 바로 배구였다.

나는 중학교 때 처음 배구를 배웠고 줄곧 반대표, 학교 대표를 해서 배구를 잘 하는 편이었다. 그런데 이곳 청년들에게 물어보니 '배구'라는 운동을 몰랐다. 나는 배구에게 대해 알려주고 공터에 배구 세트를 그린다음 네트를 사다가 배구장을 만들었다. 처음 보는 운동에 청년들이 열광했고, 그 모임에서 배구의 룰을 알고 있는 건 오직 나뿐이니 당연히 나에게 모든 관심이 집중됐다.

이 전략은 생각대로 적중했고 초반엔 일주일에 4일~5일 동안 청년들과 배구를 했다. 비 오는 날도 하고, 더운 날도 하고 그렇게 게임을 하고 있으면 동네 청년들이 거의 모인다. 그러면서 자연스럽게 서로들 친구가 되고, 교회를 소개하게 되면서 전도가 됐다. 다함께 운동을 하고 나면 가벼운 내기를 한 후 되도록 내가 져서 모두에게 콜라를 산다. 그러면 청년들의 자존심을 상하지 않게 하면서 베풀 수 있어 좋다.

그런데 여기서 연령이 좀 낮아져 유치원생이나 초등학생 정도의 아이들과 친해지려면 또 다른 방법이 필요하다. 우선 이 아이들에겐 존경이나 리더십보다 사랑이 먼저이다. 특히 도미니카에는 마땅히 받아야하는 부모의 돌봄을 받지 못하는 아이들이 많다. 여기서 '마땅히'라는 표현을 쓴 것은 부모가 있음에도 불구하고 아이들에게 신경을 쓰지 않는 가정이 많다는 뜻이다. 양친이 있는데도 돌봄과 양육을 받지 못하는 아이들은 낮 시간 내내 방치된 채 거리에서 하릴없이 시간을 보낸다.

도미니카 어린이들이 이런 상황에 처하게 된 것은 높은 실업률과 모계사회라는 전통 때문이다. 도미니카는 전통적으로 여자가 강하다. 이제는 직업군에 있어 남녀의 벽이 많이 허물어졌지만 과거 우리나라의 경우 남자들이 하는 게 당연한 직업들이 있었다. 건축현장 일들이 대표적으로 남성들의 일로 꼽히는 경우가 많은데 도미니카의 건축현장을 가보면 작은 지시봉을 들고 인부들을 리드하는 여자 소장의 모습을 흔하게 볼 수 있다.

또 부부가 이혼을 할 경우 아이들의 양육권을 아내가 갖고 남편은 양육비를 주어야 한다. 어머니가 가정의 주축이 되고 여자가 여러 남자를 데리고 살다 헤어지기를 반복하는 형태로 가정이 꾸려진다. 이런 이유로 도미니카 아이들 중 자신의 친아빠와 사는 아이들은 아주 적다. 결혼이라는 절차를 밟지도 않고 마음에 드는 남자가 생기면 동거를 하다가 마음에 안 들면 쉽게 헤어지기 때문이다. 이런 상황은 현재 도미니카 국가 차원의 문제로 대두되고 있다.

이러한 도미니카의 사회 분위기와 정서는 복음을 전하는 데도 직접적인 영향을 끼쳤다. 한국과 대부분의 나라에서 '아버지'의 이미지는 자식을 후원하고, 가정을 지키는 존재이다. 그러나 중남미에는 그런 개념조차 존재하지 않는다. 그러다 보니 '하나님 아버지'라는 개념이 좀처럼 세워지지 않는 것이다.

우리는 '하나님 아버지!'를 부르면 한 없이 든든하고, 묵묵히 우릴 돕는 우리네 아버지를 떠올리고 마음에 감동을 받는데, 여기는 '아버지'를 부르면 집에 놀고 있는 불성실하고, 책임감 없는 이미지를 떠올린다. 그렇기 때문에 제자 훈련에 들어가기에 앞서 온전한 '아버지' 상을 먼저 가르쳐야 한다는 것을 아이들과 소통하는 가운데 알게 됐고, 그것은 현지사역을 풀어 가는데 굉장히 중요한 열쇠가 됐다.

바쁜 엄마와 무관심한 의붓아버지 사이에서 지내는 동안 아이들은 희망과 의지를 점점 잃어간다. 특히 부모의 영향을 많이 받는 유소년기에는 그런 모습이 더 두드러진다. 오히려 사춘기가 되면 반항심과 자기애가 생겨 에너지를 갖게 되는 경우가 많은데, 아직 그런 시기에 도달하지 못한 유소년들은 대부분 의욕이 없고 무력하다. 그게 어느 정도냐면 구호품을 준다고 광고를 해도 귀찮아서 받으러 오지 않는다.

한 번은 구호품을 들고 아이들을 찾아다니며 "이거 준다고 광고했는데 왜 안 왔니?"라고 물으니 "피곤해요."라는 대답이 들려왔다. 한 명의 아이가 아니라 만나는 아이들 마다 "피곤해요.", "귀찮아요."만 연발했다. 나는 어떻게 하면 저 아이들과 친해 질 수 있을까 고심하며 기도를 했다.

'하나님 사랑을 베풀고 싶어도 아이들이 오지 않습니다. 사랑에 대한 기대조차 없는 아이들에게 하나님의 존재와 놀라우신 사랑을 어떻게 전하겠습니까? 우선 사랑을 알려주고 그게 좋은 걸 알아야 예수님의 사랑을 찾아 교회로 올 텐데요.. 하나님 저 아이들과 대화할 수 있는 방법을 알려주세요, 사랑에 대해 설명할 수 있는 기회를 허락해주세요.'

그런데 어느 날 하나님께서 나의 실수를 아이들과 소통하는 계기로 바꿔주시는 일이 일어났다. 당시에 내 차는 구형 스텔라였다. 가격이 저렴해서 중고로 구입했는데 이 차가 걸핏 하면 가다 서기를 반복했다. 그래서 미리미리 정비를 했어야 했는데 사역으로 바빠서 정비시기를 놓쳤다. 그날도 차에다 아이들이 좋아할 만한 물건들을 잔뜩 싣고 아이들이 많이 노는 길목으로 갔는데 차 시동이 그만 꺼져버린 것이다.

좁은 골목에서 차가 꺼지자 난감했다. 나는 나도 모르게 잠시 하나님께 한탄을 했다.

'하나님 그래도 사역에 쓸 차인데 중고 중에 좀 쓸만한 놈을 걸

리게 하시지, 이건 고물 중에 왕고물이라 끌고 다니기 너무 힘듭니다.'

중고차 시장에서 고르긴 내가 골라놓고 괜히 하나님 원망을 하고 있는데 동네 아이들 셋이 쪼르르 지나가는 게 보였다. 평소 같았음 그러지 않았을 텐데 그날은 날씨가 너무 더워서 아이들에게 차를 밀어 달라고 부탁을 했다.

그런데 "오케이"라고 대답을 하는 아이들의 표정이 전에 없이 확 밝아졌다. 아이들 셋이 땀을 뻘뻘 흘리며 차를 밀었다. 그런데 시동이 걸리지 않자 짐짓 심각한 표정으로 저희끼리 회의를 하더니 나에게 꼼짝 말고 기다리라고 하고는 골목 밖으로 나갔다. 나는 그런 아이들이 귀엽기도 하고, 무슨 꿍꿍인가 궁금하기도 해서 그 자리에서 정말 꼼짝 않고 기다렸다. 그리고 약 15분후 왁자지껄 하는 소리가 나더니 동네 애들 전부가 몰려왔다.

처음 차를 밀던 셋이 회의 끝에 저희들 힘으론 부족하다는 결론을 내고 마을을 돌며 동네 애들을 죄다 모아온 것이다. 아이들은 구호까지 맞춰가며 온힘을 다해 차를 밀었다. 그러자 차가 시동이 걸리나 싶더니 잠깐 털털 거리고 가다 섰다. 그러자 아이들이 다시 달려왔다. 이번에 더 힘껏 밀었는지 마침내 요란한 소리를 내며 시동이 걸렸다.

아이들은 함성을 지르며 내 차를 따라왔다. 나는 빠르지 않은 속도로 교회까지 달렸고 아이들은 교회까지 쫓아왔다. 교회에 도착한 나는 아이들에게 "너희들이 큰 수고를 해주었으니 내가 상을 주어야겠다."라고 말한 뒤에 차에 실어놨던 사탕을 하나씩 나눠줬다. 그랬더니 아이들이 앞다투어 사탕을 받겠다고 줄을 섰다. 신기한 일이었다. 전에 동네를 돌며 그냥 준다고 할 때는 귀찮다고 하더니 지금은 까치발을 들고 사탕을 받겠다고 아우성이었다.

그 순간에는 잠시 의아했는데 사탕을 받아가는 아이들의 표정을 보니 대번 이해가 갔다. 개선장군이 된 듯 한 당당한 표정, 아이들이 지금 나에게 받아가는 건 '사탕'이 아니라 '자부심'이었다. 내가 이 사람을 도왔다는 자부심, 성취감. 그 표정을 보며 이래서 주님이 아이들을 사랑하셨나 보다하는 생각이 들었다. 어른이라면 공짜를 더 좋아했을 텐데 아직 심성이 바른 아이들은 수고로 받는 올바른 대가에 정직한 기쁨을 느끼고 있었다.

그 후 고물스텔라는 나의 전도 애장품 1위가 되었다. 아이들이 많이 모인 곳에 가서 시동을 끄고 도와 달라고 하면 자기들 친구를 전부 끌고 와 도와준다. 무사히 시동이 걸리면 보상을 하고 싶으니 교회로 와달라고 한다. 그러면 아이들은 정말 장군님들처럼 일렬종대로 씩씩하게 교회로 찾아온다. 그리고는 아까 약속한 사탕을 달라고 당당하게 요구한다. 그러면 나는 준비한 사탕을 주고 아이들이 사탕을 먹는 동안 복음을 이야기 한다.

"예수님은 아이들을 참 좋아하신단다. 너희처럼 착하고 남을 잘 돕는 아이들을 특별히 사랑하시지."

그러면 아이들은 방금한 선행에 뿌듯함까지 느끼며 기뻐한다. 그렇게 친해지면 아이들에게 내 발음연습을 도와달라고 한다. 그러면 자신들이 선생님이 되었다는 기쁨에 매주 주일마다 내 설교를 모니터하고 아주 작은 발음실수까지 가르쳐 준다. 그런데 아이들은 상대의 실수를 목격해도 절대 상대를 무시하거나 평가하지 않는다. 참으로 아름다운 성정이 그 안에 있음을 아이들을 전도 할 때마다 느낀다. 그렇게 점점 늘어난 주일학교 아이들이 이제는 1,000명이 되었다.

도미니카 안의 다른 교회는 물론 성당을 통 틀어 가장 많은 주일학생이 출석하는 교회가 된 것이다. 주일학교 인원에 있어서 천 명이라는 숫자는 교회가 부흥이 되었다는 증거 이상의 큰 의미를 갖는다. 이제 도미니카에 '아버지'에 대한 바른 이미지를 가진 아이들이 1,000명이 되었다는 의미이며 동시에 어릴 적부터 '하나님'의 인도하심을 받는 인생들이 1,000명이 되었다는 의미이다.

한 사람의 기도하는 리더가 한 민족을 바꾼다. 매주 주일 예배당에 모이는 해맑은 1,000의 아이들이 바로 이런 리더가 될 도미니카의 등불이요, 빛나는 미래임을 나는 하나님 안에서 굳게 믿는다.

학교를 세우다

주일 학교 아이들이 늘어가자 아이들과 이야기하는 것만으로도 도미니카 유소년 교육의 현주소가 보였다.

도미니카의 교육 제도는 1학년부터 8학년까지가 유소년 학교, 9학년부터 12학년까지가 청소년 학교로 나눠져 있다. 우리나라로 치면 초등학교 제도는 비슷한데 중고등학교를 하나로 묶은 4년제 학급학교가 있는 것이다. 차이가 있다면 우리나라는 초등학교 졸업 후 중학교로 바로 진학을 하는데 도미니카 아이들은 8학년을 마친 후 9학년 진학을 위한 시험에 통과해야 했다. 그리고 12학년을 마친 다음 대입 고사를 치는 건 우리나라와 비슷하다.

분명 이렇게 학교제도는 세워져 있지만 대부분의 부모들이 아이들을 학교에 보내지 않았다. 일을 해야 한다거나, 돈이 없어서 등의 확실한 이유가 있어서도 아니다. 술 먹고 마약을 하느라 오늘이 오늘인지, 어제가 내일인지를 모르고 사는 바람에 아이들을 학교에 챙겨 보낼 정신이 없는 것이었다.

그런 아이들의 사정을 몰랐으면 몰라도 매주 주일학교에서 아이들을 만나며 일상을 지켜보게 되니 도미니카 사역시작부터 주셨던 '복음'과 '교육' 비전을 두고 다시 뜨겁게 기도하게 되었고, 이제 때가 되었다는 응답을 받게 되었다.

부지를 허락받기까지 1년, 건축을 하기까지 다시 1년이 걸렸다 그 기간 동안 성전이 없어 길거리에서 예배를 드리기도 하고, 건축이 되는 과정에서도 우여곡절이 많았지만 이번 한 번 더 힘을 낼 결심을 하고 온 교인이 합심해 학교를 위한 작정기도를 시작했다.

가을 학기부터 학교를 시작할 비전을 세웠는데, 아직 교실이 없는 상황이었다. 교회 한쪽은 유치원으로 꾸미고, 다른 한 쪽에 1,2,3학년 교실을 만들었다. 교인들에게 부탁해 돈을 안 받고 공부시킬 테니, 주변의 현지인들에게 애들을 보내달라고 소문을 내달라고 했다. 그러나 그런데도 아이들이 오지 않았다. 이유를 알아보니 그동안 나도 몰랐던 이상한 개념이 도미니카 사람들에게 퍼져있었다. '공부를 많이 하면 머리가 돈다.'는 이야기였다. 너무 황당해서 그게 무슨 소리냐고 물었더니 "성경에 나오는 얘긴데 왜 목사님이 그걸 모르냐."며 도리어 반문을 하는 것이다. 성경에 그런 말이 어딨냐고 웃었더니 정말 진지하게 사도행전에 써 있다고 대답을 했다.

알고 보니 사도행전 26장 24절에 베스도가 바울을 비난하면서 "바울아 네가 미쳤도다 네 많은 학문이 너를 미치게 한다."라는 말을 하는데 앞뒤 문맥을 무시하고 "네 많은 학문이 너를 미치게 한다."라는 부분만 발췌해 "공부를 많이 하면 미친다"는 소문을 만들어 낸 것이다.

학교를 짓는 것만큼이나 기성세대들을 계몽하는 것도 시급한 상황이었다. 나는 "교육을 해야 내일이 있다!"는 슬로건을 만들어 거리마다 선포했다. 단기 선교팀이 들어오면 함께 힘을 합쳐 부모들을 계몽하기 위해 노력했다.

그러자 하나님께서 길을 여시기 시작했다.

미국 마이애미교회에서 연락을 주시더니 마이애미장로교회 설립 25주년 기념으로 우리교회에 봉헌을 하고 싶다고 말씀하셨다. 나는 교실 네 칸이 필요한 상황이라고 이야기를 했고, 마이애미교회에서 그중 두 칸을 지어주겠다고 했다. 그렇게 교실 증축이 시작됐고 하나님께서 돕는 손길들을 붙여 주셨다.

단기 선교를 오셨던 세탁소를 운영하시는 집사님께서 우리의 상황을 보시고 마음이 감동되어 교실 한 칸을 지어 주셨다. 교실 한 칸을 짓는데 만 달러의 비용이 소요됐는데, 개인 한분이 그 금액을 감당해 주신 것이다.

뉴욕에 사시는 조 장로님이라는 분께서 연락이 왔다, 평소 나와 친구처럼 가깝게 지내는 분인데 뉴욕 중부교회에 출석을 하고 계셨다. 두 번째 안식년을 보내야 해서 건축이 어느 정도 끝나면 한국으로 갈 생각이었는데 그때 IMF 시기라 한국후원교회에서 한국으로 오지 말고 미국으로 갔으면 좋겠다는 연락이 온 터였다. 마침 조 장로님께 연락이 왔기에 "미국으로 가야하는데 현재로서는 불러주는 곳이 없다. 혹시 그 교회에서 나를 초청해 준다면 전도만큼은 정말 잘 할 자신이 있다."고 말씀을 드렸다.

조 장로님은 마침 우리교회에 전도운동이 한참인데, 최광규 선교사님은 전도박사시니 교회에서도 좋아할 것이라며 긍정적인 대답을 기대하라고 하셨다. 조 장로님은 출석하는 교회에 나를 추천하는 이야기를 했고, 총 열 분의 장로님 중 아홉 분이 나를 반긴다는 의견을 내셨다. 그런데 그 중 딱 한 분이 반대를 하셨다.

이유는 안식년 기간 동안 미국에 체류하게 하려면 미국 영주권이 있어야 하고, 그 신원보증을 교회가 해야 하는데 그럼 사례금이 나간다는 증빙이 필요하다. 그러나 우린 그분께 따로 사례를 드리거나 하지 않을 계획이니 결국 거짓으로 사례비 증빙을 만들고, 세금신고를 해야 한다는 이야기라며 강경히 반대했다.

결국 나를 초청하는 건이 결렬이 되었고, 중간에서 초청을 추진하신 조 장로님도 기대했던 나도 모두 실망을 했다.

그런데 하나님은 이런 해프닝까지 은혜로운 기회로 사용하셨다.

초청이 취소된 일로 나에게 미안해진 아홉 분의 장로님께서 초청을 하지 못하는 대신 교실을 지어주겠다고 연락을 해 오신 것이다. 나는 현재 네 칸의 교실이 필요하다고 말씀드렸고, 그분들은 미안한 마음을 덜고자 아주 기쁜 마음으로 교실 네 칸을 후원해 주셨다.

마침내 총 6칸의 교실이 완성되었고, 추후 후원이 채워져 고등학교 인가를 위한 과학실, 도서실과 컴퓨터실도 마련되면서 총 14칸 규모의 학교가 완성됐다.

우리는 학교 도면과 시설증빙을 첨부해 학교인가를 신청했다. 그러나 교육감이 인가를 허락하지 않았다. 대외적인 이유는 '정권 교체 시기라 모든 행정이 멈춰있다.'였지만, 사실상 가톨릭학교가 아니라는 게 더 큰 걸림돌이 됐다. 현재의 교육감이 직책을 맡은 뒤로 이 지역엔 오직 가톨릭학교만 인가가 났다.

하지만 우리는 포기하지 않고 꾸준히 인가서류를 올렸다. 그리고 우선 아이들을 모아 공부를 시키기 시작했다. 아이들이 워낙 교회 오는 것을 좋아했던 터라 공부든, 설교든 일단 교회로 나오고 싶어 했던 덕분에 학생들이 금방 늘었다.

비록 인가 대기상태였지만 하나님의 은혜는 멈춤이 없었다. 처음에는 교인들이 봉사하는 형태로 수업이 진행됐다. 그런데 교인들 대부분이 초등학교 졸업학력이거나 중학교 중퇴라 고학년을 가르칠 수가 없었다. 아내는 초등학교 졸업한 성도들 중 학업에 열의가 있는 사람들을 속성으로 가르쳐 우선 저학년을 담당하게 할 계획을 세웠다.

그때 요리를 잘하는 바실리아 자매가 자신이 교사를 해보고 싶다며 나섰다. 워낙 믿음이 좋은 자매라 우선 교회일이니 팔을 걷어붙이고 나섰는데, 여기엔 하나님의 또 다른 은혜가 숨어있었다.

당시 바실리아는 8학년 중퇴의 학력으로 읽기와 쓰기조차 서툴렀다. 그러나 열정이 남달라 아내의 가르침을 잘 따라왔고, 나중에는 학교 서무 일을 맡아 볼 정도로 행정 일에 능숙해졌다. 그런데 그 무렵 바실리아의 언니 아니따가 정치판을 따라다니기 시작했다. 아르바이트 형태로 선거운동에 참여하게 되었는데 그녀가 지지한 정당이 선거에서 크게 승리하면서 시장 후보에까지 관여하게 되었고, 새로운 인력들을 충원하게 되었는데 바실리아가 발탁된 것이다.

바실리가아 발탁되는 데 결정적인 도움이 된 것은 '학교 서무원'이라는 현재 직책이었다.

그렇게 스카우트된 바실리아는 선거캠프의 참모 격으로 일을 하게 됐다. 학교로서는 일꾼이 줄어들어 아쉬운 상황이 됐지만 바실리아 개인에게는 정말 큰 성공이었고 담임목사인 나도 사모도 그녀의 성공을 축하했다.

선거 기간이 끝나고 정권이 교체되었다. 우리 교회가 있는 로스 알카리소스는 시로 승격되었다. 그러면서 첫 시장이 세워졌는데 놀랍게도 바실리아가 참모로 일한 후보가 시장이 되었다. 바실리아는 그날로 시장 특별 보좌관이 되어 1주일에 2일을 근무하고 월급을 받게 되었다. 우리교회 최초로 지역사회 리더가 탄생한 것이다.

처음은 정말 작은 순종이었다. 내가 섬기는 교회에 일꾼이 필요하니 내가 공부를 해서라도 그 일을 감당하겠다는 자세였을 것이다. 그런 작은 순종의 마음으로 부족한 자국어를 다시 공부하고 행정 일을 배웠는데 하나님 그 모든 과정을 어여삐 여기시고 그녀를 시장 특별 보좌관의 자리에 오르게 해주신 것이다.

나는 그런 바실리아를 모델로 중장년층도 공부를 할 수 있는 방법을 찾았다. 적극적으로 알아보니 이 나라에 '자유학생'이라는 제도가 생겼다는 걸 알게 됐다. 학업에 기회를 놓친 사람이 학생등록을 한 후 자습으로 공부해 국가고시를 패스하면 학력을 인정해주는 제도로 우리나라의 검정고시와 같은 제도다.

학교인가를 알아보는 과정에서 단체별 장학 혜택을 수혜할 수 있다는 정보를 얻게 되었고, 우리 단체도 장학혜택을 받을 수 있게 해달라는 신청을 넣어 승인이 되었다. 이제 우리 교인이라면 누구나 무료로 '자유학생' 제도를 밟을 수 있게 된 것이다. 우리 교회에 도밍가라는 자매가 이 제도에 최초에 도전을 했는데 50대에 고등학교를 졸업하고, 대학교 간호학과까지 졸업했다.

많은 교인들이 자유학생 과정을 위해 교회에 나와 공부하고 합격생들이 생기면서 지역사회에 기여한 공로가 인정되어 우리 교회학교 평판이 아주 좋아졌다. 그리고 정권이 교체 된 후 교육감이 바뀐 터라 다시 한 번 인가를 신청했다.

마침내 인가가 신청이 받아졌고 교육청 공무원이 시찰을 나왔다. 우리 학교에 방문한 공무원은 새 교육감 바로 아래 수석 장학사였는데, 크리스천이 아니었는데도 우리학교의 모습에 큰 감동을 받고 적극적으로 인가를 추진해주셨다. 그분은 정말 바르고 애국심이 투철한 분이셨는데, 나에게 이런 말씀을 하셨다.

"선교사님, 이 학교가 아직도 인가를 받지 못한 걸 교육청을 대신해 사과드립니다. 이렇게 좋은 학교가 인가를 받지 못한다면 도미니카의 어느 학교도 인가를 받을 수 없습니다. 저는 공무원으로 일한다는 자부심이 있습니다. 그냥 살기 위해 일하는 것이 아니라 애국을 하는 것이니까요. 그런데 목사님은 이 나라보다 더 좋은 환경의 모국을 두시고 여기서 이렇게 헌신하고 계시군요. 정말 너무 위대한 일입니다. 도미니카의 국민의 한사람으로 진심으로 존경과 감사를 표합니다."

수석 장학사님은 교육감님에게 우리 학교를 적극 추천해 주셨고 덕분에 아주 빠른 시간 안에 인가가 났다.

학교 이름은 한국과 도미니카 국명의 앞자를 따서 「한도초ㆍ중ㆍ고등학교」라고 지었다.

이제 인가가 났으니 운영비용을 확보하는 일이 남았다. 인가를 받으려면 나라에서 원하는 자격을 가진 교사를 채용해야 했다. 대학에서 각 교과목에 해당하는 과목을 전공하고 교사 자격증을 취득한 선생님 채용해야 했는데, 도미니카에서는 매우 고급 인력이라 선생님 월급으로만 5,000달러의 비용이 필요했다.

우선은 미국, 한국의 후원자들과 학생 한 명을 일대일 결연을 맺게 하는 노력했는데 약 30명의 후원자가 나섰다. 한 분당 20달러에서 30달러의 후원을 결연해주셔서 한 달에 1,000달러정도의 고정 금액이 확보 되었다. 부족한 4,000달러는 기도하는 가운데 이 지역 유지 분들의 간헐적 기부로 메워졌다. 놀라운 것은 매월 정확하게 5,000달러가 채워졌고, 이득도 손해도 없이 학교가 운영되며 지금까지 18년 동안 단 한 번도 부도가 나지 않았다.

도미니카의 공립학교는 똑같은 수업을 하루 세 번 진행한다.

그리고 한반에 60명에서 80명의 인원을 넣는다. 공립학교임에도 불구하고 운영수입을 우선시한 결과이고, 사립학교들의 상황도 별반 다르지 않았다. 그러나 우리는 교사들의 컨디션을 위해 오전에 딱 한번 수업을 하고, 한 반의 수용인원을 20명으로 제한

했다. 고정비용 5,000달러에 고정후원비용은 약 1,000달러로 매월 4,000달러의 적자위험을 감수하고 운영해야 했지만 지난 18년 간 단 한 번도 한 반의 학생 수를 늘리거나, 수업시간을 추가해 학생을 더 유치한 적이 없다.

이유는 딱 하나였다. 우리의 사업이 아닌 하나님의 계획이셨기 때문이다. 한 나라의 리더를 키우려면 당연히 최고의 교육환경이 필요하다. 우리는 시대를 이끌어갈 리더를 키우라는 하나님의 명령에 순종했고, 원칙을 지켰다. 그러자 성과들이 나오기 시작했다.

문교부에서 매년 학교 평가를 하는데 그 기준과 절차가 매우 엄격하다. 평가 항목만 해도 학교시설, 학생, 학생들의 성적, 경진대회성과, 졸업생의 국가고시 성적까지 총 다섯 항목이다. 그런데 매년 이 평가에서 우리 학교가 상위권을 차지하기 시작했다. 그렇게 점점 지역의 명문으로 꼽히기 시작했고, 2010년경에는 대학입학시험 합격률 100프로를 이루어내어 도미니카의 명문이 되었다.

우수한 성적으로 대학 입학시험을 패스해 국비유학을 떠나는 졸업생들이 많아졌고, 그중엔 미국과 스페인 등지는 물론 한국의 연세대학교, 경북대학교, 인하대학교, 아시아연합신학대학원까지 진학한 학생들도 있다. '오늘은 도미니카! 내일은 세계로!'라는 우리의 구호가 하나님 안에서 이제 실현되기 시작한 것이다!

 제자훈련

학교가 세워지는 과정에서 우리 가나안교회가 더욱 많이 지역사회에 알려졌다.

신시가지로 개발이 되고 있었지만 이전에 워낙 유명했던 빈민 가 우범지대라 사람들의 인식이 좋지 않았는데 이제는 '가나안 교회'가 있는 도시라고 하면 다들 '아, 그 명문학교, 좋은 교회가 있는 곳?'이라며 다시 한 번 봐주니 우리교회의 교인이라는 것만 으로 자부심을 느끼는 청년들이 많아졌다.

한국의 옛 속담에 자리가 사람을 만든다는 말이 있다. 그만큼 인간에게 명예욕이 중요하다는 이야기다. 과거에는 지킬 명예가 없었는데 이제는 지킬 명예와 위상이 있으니 청년들이 급속도로 변화하기 시작했다.

청년들의 이런 변화에 맞추어 본격적인 제자훈련을 계획했다. 본격적인 계도를 위해 현재 도미니카 사회 문제점을 파악하고 그 것을 어떻게 변화 시킬 수 있는지를 연구하는 클리닉 형태의 교 육을 개설하고, 강도 높은 기도훈련과 성경공부를 시작했다.

당시 중남미 교회의 문제점은 크게 세 가지였다.

첫 번째 문제는 교회에 등록을 하고 예배를 드리면서도 가톨릭 을 미신적으로 믿는 문제였다.

한국에 기독교가 처음 들어왔을 때도 성도들 내면에 기독교와 토템신앙이 혼재하는 문제가 일어났었다. 과거 우리 어머니 세대 의 신앙인들도 그런 과정을 겪었다.

한국에 파송되어 온 외국인 선교사님들의 전도로 예수 그리스도를 구주로 영접하는 결단은 했으나, 그들 신앙의 형태는 여전히 유교와 불교에 종속된 채였다. 그러다 보니 새벽기도를 나가기 전 목욕재계를 한다든지, 예배는 드리되 조상신은 별개라 제사를 드리지 않으면 조상신에게 벌을 받게 될 것이라고 생각해 두려움을 느끼는 일들이 일어났다. 그러다 보니 교회는 교회대로 다니면서 유교와 불교를 믿을 때 했던 습관은 그대로 유지하는 성도들이 그 시기엔 많았다.

그러나 하나님을 올바르게 인정하는 순간 다른 영적인 존재들은 사단으로 정의 되는 것이 맞았다. 천국과 지옥을 인정한다면 구천을 떠도는 조상신에 대한 개념은 사라져야 하는 것이다. 그런데 여전히 개념을 정립하지 못한 채 예수님과 조상신 둘 다를 인정하는 것은 곧 어느 쪽에도 충실하지 못한 것이므로 온전한 신앙으로 볼 수 없다.

이곳 도미니카 사람들에게는 가톨릭이 그런 의미였다, 복음을 받아들이고 예수 그리스도의 십자가 공로를 인정하면서도 식사기도 후에는 습관적으로 성호를 긋는 것부터, 교회의 말씀과 성당의 교리가 적당히 혼재된 개념을 갖고 있는 사람들이 많았다. 그런 사람들에게는 무엇보다 깊이 있는 성경강해가 필요했고, 예수님과 제자들의 생애를 잘 가르치는 것이 필요했다.

두 번째 문제는 교회를 한 번도 오지 않지만 자기가 크리스천이라고 믿는 사람들이다.

어쩌다 복을 듣게 되어 예수님의 존재를 알고 스스로 예수님을 믿는 다고 생각하지만 생업에 쫓겨서 또는 성품이 너무 게을러서 예배생활을 하지 못하는 경우이다. 나는 아직 주님을 모르는 사람보다 이런 형태의 신앙을 가진 사람들이 더 위험하다고 생각한다.

주님을 모르는 상태의 사람들은 주님을 알게 되는 순간 예배생활을 하게 되고, 성경읽기와 기도를 시작한다. 하나님은 복음을 몰랐던 불신앙 상태였던 시절에 대해 죄를 묻지 않으신다. 오직 영접한 이후로 모든 게 다시 시작되는 것이므로 그 순간부터 신앙인의 삶을 실천하면 된다.

그러나 예수님이 우리를 위해 십자가에 죽으신 그 사실을 알고, 그로 인해 구원받았음을 인정한 후에도 여전히 예배를 무시하고, 하나님께 나오지 않는다면 그것은 불신앙과 전혀 다른 '불순종'이다. 나는 이런 신앙을 가진 성도들에게는 꾸준한 중보기도와 친교를 시도한다. 그들에게 교회에 나와야 하는 신앙적 이유도 만들되, 우선은 인간적 이유도 만들어 주는 것이 필요하다고 생각하기 때문이다.

예수님을 아는 것과 예수님 안에 서는 것은 180도 다른 인생을 만든다. 누구나 자기 나라 대통령을 안다. 그러나 대통령의 이름을 안다고 해서 인생이 바뀌지는 않는다. 그런데 어느 날 내가 대통령의 직속 보좌관이 되었다고 생각해보자. 그게 아니라 대통령 비서실 직원이라도 좋다. 어쨌든 내가 대통령의 조직에 속한 사람이 된다고 생각해보자. 그건 대통령을 그냥 아는 것과 차원이 다른 일이다.

신앙도 마찬가지다. 하나님을 그냥 아는 것은 복음에 대한 희망의 끈이 하나 생긴 것뿐이다. 그러나 적극적으로 예배드리며, 말씀과 기도로 나와 하나님께 속한 사람이 된다면 그때부터는 하나님께 소속된 인생을 살게 되는 것이다. 나는 특히 청년의 때에 이런 신앙을 가진 사람을 만나면 너무나 안타까워 밤잠이 안 온다. 그들은 나에게 이렇게 말한다.

"목사님 내가 비록 예배는 안 드리지만 예수님은 믿습니다. 그러니까 죽으면 천국에 가겠지요. 그래서 걱정이 없어요."

그런 청년들에게 나는 반드시 이런 말을 한다.

"지금 청년의 때에 예배와 기도를 드리면 그날부터 네 삶이 천국 같아진단다. 하루라도 젊을 때 주님께 나와 비전을 찾으렴. 하나님도 그걸 원하고 계시단다!"

하나님을 믿는 우리에게는 순종의 의무가 있다. 구원을 받는 동시에 믿는 백성으로서 십계명을 지킬 의무도 생기는 것이다. 많은 교회들이 우선 구원의 기쁨만을 강조하는 경우가 많다. 그러나 전달할 것을 바르게 전달해야 초신자들이 이런 오류에 빠지지 않는다. 나는 우리 교회성도들에게 하나님의 자녀 됨에는 무조건적인 사랑과 구원의 선물이 있지만 동시에 십계명이라는 규율과 순종이라는 의무가 엄격히 동반됨을 반드시 가르친다.

세 번째 문제는 도미니카 사람들이 '아버지'라는 존재에 대해 갖고 있는 부정적인 인식이다. 그러다보니 도미니카에 세워진 많은 교회들이 예수님을 '아버지'가 아닌 '친구'에 비유하는 일이 많다. 그러나 나는 이것 역시 바로 잡아야 할 문제라고 생각했다. 시간이 걸리더라도 '아버지'에 대한 올바른 이미지를 세워주고, 그 다음 '하나님 아버지'라는 개념을 가르치는 것이 정도이지, '아버지'라는 존재에 대한 도미니카 대중의 생각이 좋지 않다고 '친구'라는 유사한 개념을 끌고 오는 순간 '하나님'의 개념도 유사해지고, 혼란스러워진다고 생각했다.

그래서 이곳 사람들이 많이 사용하는 '예수님은 나의 친구'라는 표현을 없애고 '존귀하신 하나님'이라는 표현을 가르쳤다. '친구'라는 표현이 위험한 것은 그 표현엔 '존경'의 정서가 전혀 없기 때문이다. 그러나 '아버지'라는 표현엔 분명하게 존경의 의미가 있다. 나를 존재하게 하신 분, 나의 근원이자 존재와 정통성의 중심이 되어 주시는 중요한 존재. 세상에 있는 수많은 낱말 중 '아버지'라는 표현보다 하나님을 가깝게 표현한 말은 없다.

물론 때로는 주님께서 외로운 우리의 친구가 되어 주시기도 한다. 그러나 그냥 친구가 친구 역할을 해주는 것과, 때로는 친구가 되어주시는 아버지는 역시 다른 개념이다. 나는 도미니카 청년들에게 올바른 아버지의 이미지를 찾아주는 것이 제자훈련의 첫 걸음이라는 확신을 가지고 약 5년간의 시간을 들여 이들에게 아버지의 의미와 역할에 대해 꾸준히 설교를 했다. 그러자 청년들이 점점 복음과 그 의미를 이해하기 시작했다.

처음 들어보는 개념이니 호기심과 흥미를 가지고 열심히 따라왔다. 새벽에도 예배와 말씀강해를 하고, 밤에도 시간을 쪼개 교육했다. 하나님이 어떤 분인지 알아 가는 것만으로도 이들에게 큰 동기부여가 됐다.

이렇게 위대하신 하나님이 내 이름을 아시고 나를 돌보신다!

이들로서는 너무나 큰 기쁨이었다. 태어나서 오늘까지 어머니, 친아버지, 양아버지까지 여러 명의 부모를 가졌지만 누구도 자신들에게 해주지 않았던 절대적인 사랑과 인도를 하나님께서 해주신 다는 것을 알게 됐다. 청년들의 마음에 하나님을 향한 사모함이 타오르기 시작했다.

새벽에 못 일어날 걱정을 해서 교회 바로 앞에 집이 있는데도 짐을 싸서 교회에서 자고 예배드리고 출근하는 청년들이 많아졌다. 자기들 스스로 '오늘은 도미니카! 내일은 세계로!'라는 구호를 외치고, 비전을 갖게 되었다.

아버지에 대한 이미지가 바르게 정립되자 순종과 헌신에 타당성이 생겼다. 순종이란 무조건적인 수긍이다. 순종엔 명령을 한 대상에 대한 믿음, 인정, 사랑이 수반되어야 한다. 이제 우리 청년들에 마음에 하나님을 향한 믿음이 생겼다. 그분의 판단은 늘 옳다는 인정, 그분은 늘 나를 사랑하신다는 신뢰가 생긴 것이다.

제자 훈련을 시작한지 7년 만에 모든 교육과정을 마친 7명의 졸업생이 탄생하였다. 이들은 사역자의 자격을 인정받아 전국의 지교회로 파견되어 제자 훈련을 하고 있다. 이러한 결과는 선교 편지를 통해 한국 후원교회에도 보고되었는데, 사랑의교회 옥한흠 목사님께서 특히 격려를 많이 해주셨다. '제자훈련'이 실제 선교지에서 성공한 케이스가 극히 드문 가운데 이루어진 성공이라 무척 기뻐하셨다.

제자 훈련을 통하여 하나님에 대한 경외심과 순종으로 무장한 청년들의 에너지는 실로 대단했다. 주일학교부터 장년층 예배까지 모든 준비를 청년들이 도맡아 했다. 비록 재정은 부족했지만 인력은 넘쳐나는 상태였다. 도미니카는 아직도 기간시스템이 약해 여전히 정전이 잘되는데 예배도중 정전이 되면 정말 순식간에 발전기를 돌려 전기를 만들어 냈다. 청년들끼리 역할을 분담하면서 정전에 대비하는 역할도 정해 둔 덕분이었다. 한국의 단기 사역팀들이 우리 청년들의 이런 헌신에 많은 감동을 받고 돌아갔다.

노방 전도로 교회를 개척하다

도미니카는 년 중 공휴일 가운데 고난주간이 가장 긴 연휴이다. 카톨릭이 국교인 도미니카를 생각하면 이들의 종교성이 깊어서 일 것으로 생각하기 쉽다. 그러나 종교적 형식은 남고 내용은 사라진 나라의 현실이다. 대부분의 사람들이 강과 바다 그리고 산으로 가서 연휴를 즐기는데 기독교인들도 예외는 아니었다. 고난 주간 예수 그리스도의 고난을 묵상하고 참여하지도 않고 부활의 소망을 안고 부활절을 기념하지도 않는 것이다.

우리 성도들도 예외 없이 전통적 고난주간을 계획하고 있었다. 청년들이 수련회를 간다면서 그동안 보아왔던 이웃 교회 모습을 답습하려 하였다. 수련회 장소에 농구장이 있는지 수영장이 있는지를 챙겨 묻는 걸 옆에서 듣게 되었다. 이제 이런 것부터 바로잡아야겠다는 생각이 들었다.

선교사는 현지 문화를 존중하여야 하지만 이런 잘못된 신앙 문화는 받아들일 수 없었다. 그리하여 우리는 교회개척시점부터 성도들에게 고난주간의 의미와 부활에 대하여 교육하였다. 그리고 강과 바다와 산으로 놀러가던 과거와 달리 고난 주간 휴일이 시작되는 목요일부터 교회에서 모여 기도하고 금요일에는 금식을 하도록 권면하였다. 그리고 시간이 있는 성도들과 교회가 없는 지역으로 가서 노방전도를 하자고 하였다. 그리고 알아보니 우리 교회 주변 지역에도 교회가 없는 곳이 생각보다 많았다.

우리는 첫 번째 전도집회지로 산토도밍고 가장 부촌 근처에 있는 가난한 마을을 선택했다. 부촌으로 출근하는 가정부, 운전기사 등이 모여 사는 마을이 있었는데 그곳엔 가톨릭교회도 세워지지 못한 상태였다.

마땅히 모일 건물도 없는 빈민가라 그 마을에서 제일 큰 망고나무 밑에 모여 전도집회를 했다. 첫날 집회에서 7명의 결신자가 나왔다. 그 다음날부터 7명을 중심으로 제자훈련을 시작했고 저녁에는 계속 사람을 초청해 예배를 드렸다. 땅주인이 뭐라고 하면 이 나무 저 나무 밑으로 돌아다니며 예배를 드렸다. 하지만 이 과정 속에서 또 하나의 교회가 탄생되었는데 이것이 4번째 지 교회인 '에르모사 교회'이다.

문제는 아직 교회를 맡을 만한 제자가 양육되지 않은 상태였다. 결국 두 교회를 모두 직접 인도하기로 하고 본교회인 가나안 교회의 주일 대 예배 시간을 저녁에서 아침 오전예배로 변경하였다. 그리고 점심식사를 한 후에 몇몇 성도들과 함께 '에르모사' 지교회 주일 예배를 인도 하러 갔다. 이제 함께하는 성도들이 있으니, 처음 길거리에서 우리 부부와 어린 세 딸만 시작할 때보다 훨씬 힘이 되었다.

고정된 장소가 없어 이곳저곳 공터를 찾아 전전하다보니 사람들이 예배 자리를 찾지 못해 헤매다 그냥 가는 일이 생겼다. 그래서 다른 건 몰라도 예배 시간과 장소만큼은 정해져야만 할 것 같았다. 이를 위해 기도했더니 훌리오라는 사람이 자기 집에서 예배를 드리자고 했다. 다함께 훌리오의 집으로 갔더니 아주 허름한 집에 작은 마당이 딸려있었다. 예배인원 모두가 들어가기엔 집이 너무 작아서 마당에서 예배를 드리기로 했다. 비록 공간은 협소했지만 다들 열심히 예배를 드렸다.

가나안교회와 에르모사 교회를 노방전도로 시작하고 길거리 예배를 드리는 동안 주님이 물질을 공급하시는 대로 교회건물을 세웠다. 에르모사 교회 예배당을 건축하여 첫 번 제자인 안또니아를 파송할 때까지 7년 동안 두 교회 예배를 인도하였다. 수요일은 에르모사교회에서 오후 3시에 제자훈련을 하고서 7시부터는 가나안교회에서 저녁 예배를 드렸다. 이 후로 네곳의 지교회들도 같은 방법으로 개척했다.

한번은 이런 일도 있었다. 어느 날 교회로 장례예배를 드려달라는 연락이 왔다.

오네시모라는 이름의 요리사였는데 아버님의 장례를 기독교식으로 치르고 싶다고 했다. 그래서 청년들과 그를 돕기 위해 그의 마을로 갔는데 작은 시골동네 장례식에 사람이 100명도 넘게 모였다.

사연을 알고 보니 오네시모의 형제가 총 23남매로 그중 두 명이 죽고 21남매가 장례에 모인 것이다. 오네시모는 그중 다섯째였는데 형제들 중 가장 크게 성공을 해 집안 내에서도 발언권이 가장 크다. 그래서 형제 대다수가 가톨릭임에도 불구하고 오네시모의 뜻대로 기독교식 장례를 치르게 된 것이었다.

우리는 오네시모에게 가족들을 전도하는 게 어떻겠냐고 물었다 그러자 오네시모가 가족 100명 중 나만 기독교인이고 99명이 다른 종교라 그게 쉽지 않다고 했다. 그래서 우리가 돕겠다고 말하고 그 다음 주부터 오네시모의 가족 백 명을 모아 예배를 드렸다. 결국 그 마을에 교회가 세워졌고, 오네시모 한 명으로 인해 아흔 아홉 명의 가족이 하나님을 영접하게 되는 역사가 일어났다.

다음 전도 집회 때는 오직 하나님께서 우릴 인도해 주시기를 소망하며 외곽 길로 무작정 나서 전도지를 찾았다. 사탕수수밭 등 비포장 외진 길로 돌아다니다 산동네에 지어진 아주 좋은 맨션 두 채를 보게 되었다. 우리 모두 이런 낙후된 지역에 어떻게 저런 부자 동네가 있을까 하는 호기심을 갖게 되었다. 그래서 올라가보니 엄청 큰 마을이 있었다. 그리고 그 마을에서 내려다보이는 방향에 성냥갑처럼 작은 집들이 다닥다닥 모인 가난한 동네를 발견했다. 우리는 하나님께서 저 마을을 발견하게 하시려고 이 고지대로 인도하셨음을 알게 됐다. 모두 서둘러 가난한 동네로 내려가 그곳에서 집회를 열었고 훗날 단기 선교팀들과 함께 베다니교회라는 이름의 교회를 짓게 되었다.

우리는 치밀한 전략을 가지고 한 일이 아닌데 하나님께서 알아서 전략적이 되게 하게 하셨다. 그 뒤로도 매주 화요일마다 80명의 전도팀이 교회가 없는 마을로 꾸준히 전도집회를 나갔고 일곱 번째, 여덟 번째, 아홉 번째 지교회가 계속 세워졌다.

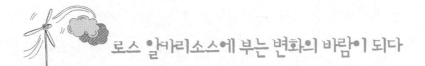

로스 알타리소스에 부는 변화의 바람이 되다

한 달에 100명씩 청년들이 늘어나며 교회는 크게 부흥되었다. 리더들을 세우고 소그룹을 만들어 새신자들을 가입시켰다. 아직 신앙이 없는 청년들은 기성세대에 대한 반감이 크고, 새로 알게 된 종교에 대해서 논쟁을 주도하는 일이 잦다. 그러나 우리 교회리더들은 유치부 시절부터 우리교회에서 신앙생활을 했고, 성인이 된 후엔 무려 7년간의 제자교육을 받은 터라 새신자들을 잘 리드했다.

총 12명의 리더가 세워졌고 초기 인원과 관계없이 그 소그룹에서 전도된 새신자는 해당 소그룹에 소속된다는 룰을 만들었다. 인원의 상한선도 없앴다. 그러자 청년들 사이에 큰 도전이 되었고 열심히 전도를 했다. 12개의 소그룹 중 네우리 형제의 그룹엔 82명에 달하는 청년들이 모일 만큼 청년부가 크게 부흥되었다.

그 무렵엔 토요일에 가나안교회로 가면 로스 알카리소스 지역의 엘리트 청년들을 전부 만날 수 있다는 소문이 지역사회에 돌기도 했다. 리더들과 나는 합심하여 우리교회 청년들이 '도미니카' 청년들의 좋은 본이 될 수 있게 해달라고 기도하기 시작했다. 우리는 제자훈련 때 공부했던 프로그램을 전체 청년에게 교육하는 프로젝트를 세우고 적극적으로 청년들을 가르치기 시작했다.

하나님을 바로 믿으면 세상의 법 위에 서게 된다. 왜냐하면 법률로도 세울 수 없는 절대적인 정의가 성경 안에 이미 들어있기 때문이다. 하나님을 잘 믿는 사람은 세상에서도 인정받게 되는데 제자 훈련과정에서 바르게 성장한 청년들은 대부분 모범적인 성인으로 성숙했다.

당시 도미니카 사회 안에서 가장 큰 청소년 문제는 조기 임신이었다. 십대 청소년의 임신률이 아주 높았는데 첫 출산 연령이 대략 12세로 상황이 무척 심각했다. 한 여자의 인생이 있다고 가정했을 때 12세에 하는 임신은 그녀의 미래를 송두리째 뒤흔드는 요인이 된다. 이른 출산으로 학업을 중단하게 되니 사회인으로의 능력을 갖추지 못하게 되고, 설상가상 미혼모가 되어 어린 나이에 자녀를 부양하는 책임까지 떠맡는다. 도미니카 빈민가 여성들은 대부분 이런 수순을 밟아 빈민가에 정착하게 된 것이다.

그런 사회적 배경에도 불구하고 우리교회엔 결혼 전 출산하는 청년이 한 명도 없었다. 그밖에 도미니카 청년들 사이에서 흔히 일어나는 충동적 임신이나 조기 결혼 같은 문제들도 우리 교회에선 일어나지 않았다. 제자 훈련을 하면서 하나님이 짝 지어주신 평생의 배필에 대한 개념을 배운 덕분이었다.

하나님이 허락하신 배우자는 평생에 한명이다. 그러므로 지금 당장의 호감이나 육체적 끌림에 치중해 상대를 만나지 말고, 되도록 기도하는 가운데 교제 상대를 선택하고 교제 중에도 적절한 선을 지켜야 하며, 하나님께 나와 함께 기도드리며 서로가 영혼의 짝이 맞는지를 응답받는 과정을 반드시 거쳐야 함을 가르쳤다.

현재 도미니카의 청년들은 혈기를 자제하지 못해 충동적으로 성관계를 맺고 원치 않는 임신 등으로 조기 결혼을 하는 경우가 많음을 지적하고, 사랑과 신뢰가 배제된 육체적인 쾌락으로 시작된 결혼은 결국 이혼으로 이어짐을 알렸다. 결혼은 애정만으로 이루어지는 것이 아니며 믿음과 신뢰, 가치관이 합일될 때 가능하다는 것을 알게 했다. 또한 하나님께서 이혼을 금하셨음도 가르쳤다. 그러니 성인으로서 원숙한 판단력을 갖게 될 때까지 기다린 후에 결혼을 하는 것이 옳으며, 성인으로서 사리판단이 가능한 나이를 약 25세로 정하고 그 무렵에 교제를 시작하고 그 이후에 결혼을 하는 방향으로 청년들을 계몽했다.

교회 안에서 이루어지는 이성교제에 대해서도 엄격한 규칙을 세웠다. 모든 데이트는 교회 안에서 건전하게 해야 하며, 규칙을 어긴 사람은 반드시 출교시킬 것을 모두에게 알렸다. 그 외에도 복장에 대한 지도도 엄격하게 했다.

동서고금을 막론하고 기성세대들은 신세대들의 복장과 패션을 마음에 들어하지 않는 게 사실이나 이곳 도미니카에서 복장 문제는 그런 차원의 문제가 아니다. 그냥 좀 요란하고 어른들은 이해 못할 디자인의 액세서리를 하는 정도가 아니다. 대개 청소년들은 TV연예인의 스타일을 따라하는 경우가 많은데 도미니카의 TV를 틀면 쇼에 나오는 연예인들 복장은 1년 내내 비키니다.

그러다보니 일반인들 사이에서도 노출이 자연스럽다. 멀쩡한 옷을 사도 찢고, 수선해서 짧고 밀착되는 옷으로 바꾼다. 그렇게 시각적인 유혹이 많은 상태에서 마약이 담배만큼 흔하다보니 결국 범죄로 이어지는 것이다. 그런 분위기 속에서 우리 교회아이들은 스스로 긴팔, 긴치마를 입으려고 노력한다. 동시에 이런 노력은 범죄의 표적이 될 위기에서 우리아이들을 지키는 방패가 되는 것이다.

"여러분의 행동으로 타인이 시험에 들게 되면 여러분에게도 유익한 일이 아닙니다. 기차가 철로 위를 달릴 때 안전하고 바른 것입니다. 그런데 그 철로를 벗어나면 그것이 자유가 아닌 사고로 이어집니다. 이것이 바로 죄의 개념임을 마음에 새기십시오. 기차가 철로를 벗어나고, 물고기가 물 밖으로 나오는 순간 얻어지는 것은 자유가 아닌 '위험'입니다. 하나님은 우리에게 지킬 법을 주셨습니다. 이것을 처음 지킬 때는 익숙하지 않아 불편하고 어렵게 느껴질 수 있지만 결국엔 이 법이 나를 지킨다는 것을 우리는 알아야 합니다."

목사인 나도 틈만 나면 청년들에게 이런 내용의 조언을 했고,

청년들도 서로서로 주의를 주고 수긍하며 교회 안에 경건을 세워 갔다. 청년들의 말투도, 몸가짐도 점점 변해갔다 이제 로스 알카 리스소스 한복판에 서서보면 우리 교회에 소속된 청년들과 그렇지 않은 청년들을 골라 낼 수 있을 만큼 그들의 모습이 단정하게 변했다. 지나친 노출을 삼가고 주일엔 긴 셔츠와 긴치마로 최대한 경건한 복장을 한다.

매주 주일 단정하고 정숙한 차림으로 예배를 드리는 청년들을 보고 있노라면, 아이들이 처음 교회에 왔을 때의 요란한 차림, 불손한 태도들이 생각나 나도 모르게 빙그레 웃을 때가 있다. 지금은 이 아이들이 경건을 배워 나에게도 예의를 지키고 존경을 표하지만 초기에는 생활양식도 다르고 의사소통 방식도 달라 오해를 했던 적이 있다. 대표적인 일화가 깡패습격 사건과 데모 사건이다.

우리교회 청년들이 아직 주님을 모를 때, 교회라는 곳에 가면 배구도 할 수 있고 콜라도 사 준다더라 소문을 듣고 모여들던 시기의 일이다.

어느 토요일 교회 사무실에서 사무를 보고 있는데 성도 한명이 큰일이 났다며 뛰어 들어왔다. 무슨 일이냐고 물으니 우리 교회 앞을 동네깡패들이 점령했다는 것이다. 나가보니 동네에서 말썽 좀 부린다는 청년들이 전부모여 막대기에 쇠파이프를 들고 교회 문 앞에 우르르 서있었다.

한 명, 한명 얼굴을 보니 하나같이 우리 교회에 나오는 녀석들이었다. 가끔 예배를 드리고 주로 배구를 하러 오는 녀석들이긴 했지만 그래도 하나님이 누구신지 알고, 교회가 어떤 곳인지 아는데 이런 짓을 하고 있으니 괘씸했다. 나는 그 자리에서 크게 호통을 쳤다.

"이놈들 감히 여기가 어디라고 이렇게 불손한 행동을 하는 것이냐! 하나님이 너희를 사랑하신다고 해서 이렇게 못된 행동을 눈 감아 주실 것 같으냐! 예배당을 더럽히는 건 성경에서도 큰 죄로 꼽는다. 당장 돌아가지 않으면 나도 가만히 있지 않겠다!"

그런데 그중에 우두머리 겸인 녀석이 나에게 오더니 절대 못 간다고 하는 것이다. 무슨 이유인지 녀석이 잔뜩 흥분해 우리는 절대 못 간다고 소리를 치고, 나는 나대로 흥분하니까 엉망진창 외국어가 나와서 한참 소통이 안됐다. 그렇게 한참을 녀석을 혼내고 있는데 녀석의 이야기 중에 "교회를 지켜야 된다."는 말이 귀에 툭 들어왔다. 이게 무슨 소리인가 싶어 우선 마음을 가라앉히고 녀석이 하는 말을 가만히 들어보니 내용인 즉. "우리는 한 발자국도 못 물러나요, 정말 가만 두지 않고 본때를 보여줄 거예요. 여기는 우리가 좋아하는 우리교회인데 그 녀석들이 감히 쳐들어온다잖아요. 그냥 두지 않을 거예요."라는 것이다.

알고 보니 윗마을 깡패들이 오늘 우리 교회를 습격한다는 소문이 돌았고, 그 소식을 들은 우리 동네 청년들이 교회를 지키겠다고 모여든 거였다. 나는 아이들을 오해한 게 미안하기도 하고, 그렇다고 대낮에 막대기에 쇠파이프를 들고 설치는 걸 잘했다고 할 수 없어서 난감해졌다. 나는 얼른 기도했다.

'하나님 이 아이들의 마음을 다치지 않게 하면서 저 무기들을 내려놓게 할 지혜를 주세요.'

기도하며 아이들의 얼굴을 보니 서운함과 원망이 그득했다. 저희들 딴에는 교회를 사랑해서 한 행동인데 몹쓸 깡패 취급을 했으니 얼마나 속상했을까. 나는 잠시지만 간절히 기도했고 하나님은 내 마음에 '한 편이 되어라'라는 말씀을 주셨다.

'그래, 무기를 내놓으라고 타이르되 훈계하지 말고 한 편이 되어 이야기를 하자.'

나는 아이들에게 말했다.

"그래? 그런 소문이 났어? 윗동네 녀석들 우리를 뭐로 보고! 그래 우리 제대로 본때를 보여주자. 그런데 막대랑 쇠파이프 정도로는 부족하니 우리 보다 힘센 분을 부르자!"

그러자 아이들이 나에게 목사님이 갱하고도 친구냐고 물었다. 내가 너희들보다 힘센 분을 부르겠다고 했더니 막대기나 쇠파이프가 아닌 총을 휘두르는 갱단을 떠올린 것이다.

"아니, 하나님께 부탁하자. 하나님은 비와 바람은 물론 태풍도 일으키시는 전능하신 분이지. 그러니 교회를 지키고 싶으면 지금 교회로 들어가서 기도를 하자. 하나님 권능의 힘으로 어떤 적이 들어와도 끄떡없게 지켜 주실 거야!"

그 말을 들은 아이들은 박수를 치며 아주 좋은 생각이라고 했다. 이제 열일곱, 열여덟 아이들이니 겉모습은 저렇게 삐딱해도 아직 아이였다. 나는 아이들을 우르르 이끌고 교회로 들어와 윗마을 녀석들을 혼쭐 내주시고, 우리 교회를 지켜달라고 기도를 시작했다. 아이들도 기도를 하기 시작했다. 한참을 기도한 끝에 결국엔 윗마을 아이들도 하나님을 믿고 우리교회로 와 다 같이 친구가 되게 해달라는 내용으로 마무리가 됐다.

결국 그날 밤까지 윗마을 깡패들의 습격은 없었다. 우린 기도로 승리한 것을 자축하며 교회에서 작은 잔치를 벌였다. 교회 안에 있는 음식을 전부 꺼내 아이들을 풍성하게 먹였다. 아이들은 자신들의 기도로 교회를 지켰다는 생각에 뿌듯해 했고 그 뒤로 더욱 열심히 교회에 출석하고 예배를 드렸다. 그날 모인 아이들은 동네에서도 불량하고, 말썽 많기로 악명 높은 아이들이었는데 깡패 습격사건을 계기로 나에게 만큼은 마음을 열었다.

그 후 여러 달이 지난 어느 날 이 지역에서 작은 폭동이 일어났다.

정부의 정책에 반대하는 노동자들과 동네 깡패들이 모여서 무력시위를 시작한 것이다. 그런 정보를 몰랐던 나는 걸어서 마을 밖 상점을 다녀오다 시위대가 쳐놓은 불타는 타이어 방화벽에 갇혀 버렸다.

뒤에는 경찰들이 전투 대열로 서서 길을 막고 있고, 앞에는 깡패들이 쌓아올린 타이어에 불이 붙어 활활 타고 있었다. 경찰 쪽으로 걸어간다면 나를 시위대의 대표로 알아 공격해 올 가능성이 컸고 타이어방어벽 쪽으로 가자니 깡패들 천지인데 무슨 봉변을 당할지 몰랐다 그래서 이러지도 못하고 저러지도 못하고 마음속으로 풀무불에서 다니엘을 건지신 하나님을 부르며 기도를 하고 있는데, 갑자기 타이어 방어벽이 치워지고 내 앞에 길이 났다.

"베드로 목사님! 얼른 지나가세요!"

누구인가 보니 처음 보는 청년이었다. 나는 그 청년의 에스코트로 시위대 사이를 무사히 지나 교회로 향하는 골목 앞에 설 수 있었다.

"정말 고맙습니다. 그런데 처음 뵙는 분 같은데 절 어떻게 하세요?"

"베드로 목사님! 목사님은 몰라도 저희들은 목사님을 잘 압니다. 우리 같은 깡패도 차별하지 않고 잘 대해주신다고 소문이 쫙 났거든요!"

나는 그 청년에게 꼭 감사표시를 하고 싶으니 우리 교회로 와 달라고 부탁한 다음 교회로 돌아왔다. 그 뒤로 나는 로스 알카리소스 어느 지역을 다녀도 안전했다.

 시험에 들다

재정이 풍성한 건 아니었지만 청년부 인원만 700명 규모로 부흥하면서 내가 어디를 가든 건장한 청년들 여럿이 나를 우르르 따라다녔다. 운전을 할 일도 없고, 물건을 들 겨를도 없이 청년들이 다 했다. 인력만큼은 도미니카 어느 교회 부럽지 않게 풍성하고 강력했고 대부분의 교회들이 나를 부러워했다.

그러자 내 마음에 교만이 들어왔다.

다른 사역자들이 게을러 보이기 시작한 것이다.

어쩌다 선교사 모임에 가서 다른 선교사님들을 보면 밥 값도 못하는 것 아닌가 하는 비판이 일어났다.

전에는 청년들과 대화도 자주하고 그들의 마음 상태나 영적인 상태를 점검하려 늘 애썼는데 그 시기엔 '이 정도는 알아서들 하겠지'라는 마음이 앞서 전보다 많은 부분을 청년들에게 맡겨 버렸다. 얼마 지나지 않아 문제가 일어났다.

흐라다메스라는 훤칠한 청년 리더가 있었다.

당시 18살이었던 청년 리더였는데 하나님을 믿기 전에는 워낙 인기가 많아 여자 친구도 여럿 사귀고 그랬는데 하나님을 믿고 나서는 한동안 이성교제를 멈추고 하나님이 주신 짝을 위해 기도했다. 기도 끝에 같은 소모임 안에 있는 마조리라는 여학생과 교제를 시작했다. 마조리라는 청년은 백인 계통의 여자 청년으로 외국의대에 진학해 방학 동안에만 교회에 나왔다. 잘생긴 청년 흐라다메스와 똑똑한 처녀 마조리는 교회의 기대를 한 몸에 받는 선남선녀 커플이었다. 장거리 커플이라는 장애를 극복하고 아주 건전하게 잘 사귀고 있었는데, 그만 흐라다메스가 시험에 들고 말았다.

마조리가 외국으로 간 사이 외로움을 참지 못하고 미첼이라는 여학생과 몰래 교제를 시작한 것이다. 미첼은 같은 청년리더인 네우리의 약혼자였다. 결국 둘 사이를 마조리가 알게 되었고 흐라다메스에게 결별을 선언했다. 그제야 정신이 번쩍 난 흐라다메스가 용서를 빌었지만 마조리는 아주 냉정하게 흐라다메스를 거절했다. 그러자 교회 안에 청년들이 흐라다메스를 옹호하는 편과 마조리를 옹호하는 편으로 갈라서 두 동강이 났다. 미첼은 결혼을 약속했던 약혼자 네우리와 결별을 선언했다. 갑자기 교회가 소용돌이 속으로 빠졌다.

나는 흐라다메스와 미첼을 불렀다. 흐라다메스에게는 리더직 사임이라는 징계를 내렸고, 미첼에게는 다른 소모임으로 이동 조치를 취했음을 통보했다. 그리고 교회 안에서 두 사람의 교제를 금하고 만약 두 사람의 마음이 진심이라도 학업에 열중해야 하는 2년간은 참고 20살 이후에도 그 마음이 변하지 않아 교제하겠다면 그땐 축복해 주겠다고 했다.

그런데 두 사람이 교회의 눈을 피해 시내 유흥가에서 몰래 만난다는 소문이 들려왔다. 징계 위원회를 열어 사실 확인 조사가 이루어졌고 모든 게 사실로 밝혀졌고, 리더들과 회의 한 후 출교를 결정했다.

그 결과가 공고되자 교회 안에 일대 소란이 일어났다. 흐라다메스를 따르던 청년들이 즉각 반발을 했고, 교회가 사랑 없이 출교를 시켰다는 비난이 쏟아졌다. 이 사건으로 100명 정도의 청년이 교회를 떠나갔다. 그러자 리더들 중 일부가 흐라다메스를 다시 복귀 시키면 100명의 청년들이 돌아 올 테니 용서를 하는 게 어떻겠냐는 의견을 내놓았다.

나는 생각을 해보겠다고 하고 기도를 시작했다. 이번 흐라다메스의 실수를 어떻게 처리하는 것이 좋을지 나로서는 판단이 서지 않았기 때문이다 교회는 사랑을 바탕으로 모든 문제를 처리하는 게 맞으니 지금 이 시점에 흐라다메스가 반성하고 있다면 다시 불러들이는 것도 답이 될 수 있었다. 그러나 그렇게 될 경우 '죄' 자체가 가볍게 여겨지지 않을까하는 걱정이 들었다. 계속 기도하는 가운데 하나님께 답을 구하는 데 또 한 번 사건이 일어났다.

아마우리라는 리더가 자신의 관리하는 소모임 소속 청년의 애인을 빼앗은 것이다. 아직 새신자였던 청년은 큰 상처를 받고 교회를 떠나갔고, 그 모임의 많은 청년들이 상처를 많았다. 결국 소모임이 깨졌고 그 모임에 소속되어있던 40여명의 청년들이 교회를 떠나갔다.

나는 리더들을 소집해 흐라다메스의 출교를 번복하지 않겠다고 이야기했다. 하나의 죄에 대해 묵인하는 것 자체가 죄에 동의 하는 것임을 가르쳤다.

"무려 150명의 청년들이 교회를 등졌다는 건 참으로 아픈 일입니다. 그러나 우리는 이것을 시험이 아닌 거룩을 위한 대가로 인정해야 합니다. 그리고 다시는 이런 일이 일어나지 않도록 깨어 기도합시다."

리더들과 합심하여 기도를 했다 그 결과 더 이상의 분란은 일어나지 않았다. 마지막에 교회를 떠났던 아마우리는 2년 후 회개하고 교회로 다시 돌아왔다. 나는 그가 한국으로 유학 갈 수 있도록 도왔고 그것이 계기가 되어 아마우리는 한국에 정착해 살게 되었다.

한 명이라도 돌아와 회복을 했으니 정말 감사한 일이었지만 그이들을 겪는 사이 700명이었던 청년부가 400명으로 줄어들었다. 거의 반 토막이 된 것이다. 한 명의 새신자가 세례를 받기까지 짧게는 수 개 월에서 길게는 몇 년이 걸렸는데, 단 두 차례의 불미스러운 일이 일어 나면서 고작 몇 달 만에 청년부의 거의 절반이 교회를 떠났다.

이런 사실을 알게 된 주위에서는 400명도 많은 거라며 나를 위로했지만 인원수가 중요한 것이 아니었다. 교회를 떠난 청년들이 빠른 시간 안에 다른 교회에 정착했다면 다행이지만 만약 방황한다면 그것은 전적으로 담임목사였던 나의 잘못이다. 그날부터 베개에 눈물이 마를 날 없이 기도를 드렸다. 자려고 눕기만 하면 교회를 떠난 청년들의 얼굴이 하나하나 떠오르며 잠을 이룰 수가 없었다.

몇 달을 그 상태로 자지도 못하고, 먹지도 못하니 건강이 급속도로 나빠졌다. 길고긴 터널 같은 시기였다 아침이 되어도 내 마음에 해가 들지 않았다. 나는 이 어둠에서, 이 죄책감에서 나를 구해달라고 매일 기도를 드렸다.

그러는 와중에 사랑의교회의 제자훈련세미나에 다시 한 번 초청되는 일이 일어났다. 하나님의 부르심이라는 생각이 들었다. 과거의 문제에 매몰되어 있는 나를 잠시 이곳에서 빼내주시는 하나님의 은혜라는 확신이 들었고 나는 감사하는 마음으로 한국행 비행기에 올랐다.

갑상선 암

제자훈련세미나 행사를 마치고 도미니카로 돌아갈 준비를 하는데 사랑의교회 선교부에서 연락이 왔다 옥한흠 목사님께서 나를 부르신 것이다. 목사님을 찾아가 뵈었더니 나에게 갑작스러운 질문을 하셨다.

"선교사님, 혹시 도미니카에 의료보험 들어 놓은 게 있으신지요?"

"아니요, 없습니다."

"그럼 혹시 건강검진 받으신 적 있으신지요?"

"아니요, 없습니다."

"그럼 이번에 한 번 받으시지요."

"목사님, 보시다시피 저는 이렇게 건강합니다."

나는 자신 있게 괜찮다고 했다. 내가 받은 은사들 중 참 좋은 은사가 하나 있는데, 언제든 겉은 멀쩡해 보인다는 점이다. 아파도 안 아파보이고, 돈이 없어도 안 없어 보이고, 일주일 금식을 해도 피곤한 티가 안 난다. 나는 활짝 웃으며 이렇게 쌩쌩한데 괜한 비용 들이지 마시라고 사양을 했다.

"이번에 돌아가시면 또 언제 한국에 오실지 모르니 꼭 받으셨으면 좋겠습니다."

세밀하게 살펴주시는 옥한흠 목사님의 마음이 느껴졌다, 나는 더 이상 두말 않고 검사를 받았다.

일주일 후 검사 결과가 나왔는데 갑상선 암이었다. 마음고생엔 백약이 없다는 말이 생각났다. 300명의 청년들을 잃고 애간장이 끊어진다는 고통이 무엇인지 이해가 간다고 혼잣말을 하곤 했는데, 그 고통들이 정말 병이 될 줄을 몰랐다.

옥한흠 목사님은 몸이 이지경이 될 때까지 힘들다는 말 한 마디 제때 하지 않았냐고 나무라셨다. 그냥 힘들 때 힘들다, 아플 때 아프다고 제대로 보고만 했어도 쉴 기회나 추가 지원을 하지 않았겠냐고 하셨다.

하지만 나는 그건 내가 할 수 있는 일이 아니라고 생각했다. 하나님께서 뜻을 가지고 나를 보내셨다. 나는 특사의 마음가짐으로 그 일을 해야 한다고 생각했다. 그런데 세상의 어느 특사가 자기 개인의 고생을 국가에 보고하는가. 나는 우리 딸아이들에게도 늘 말했다.

"아빠는 하나님이 도미니카에 파견한 특사다. 그러므로 너희는 자부심을 가져라. 세상의 그 무엇으로도 이런 가문은 살 수 없다. 우리는 하나님이 주신 사명에 최선을 다하고 반드시 자부심을 가져야 한다."

비록 잠시 어려움을 겪게 되겠지만 하나님의 뜻 안에서 일어나는 일이니 결코 나쁜 결말은 없을 거라고 믿었다. 그래서 마음은 평안했는데 현실까지 낙관적이진 않았다. 일단 치료를 받아야 하는데 보험이 없었다. 한국을 떠난 지 오래이니 의료보험 대상이 될 수 없었고, 도미니카에도 가입된 의료보험이 없었다.

나는 그냥 하나님께 맡기라는 뜻인가 보다 생각하고 기도만 했다. 당장은 아내에게만 이야기를 하고 교인들에게는 비밀로 했다. 리더는 절대 동정심을 유발하면 안 된다. 어떤 상황에서도 의연하기 위해 최선을 다하고 위로는 하나님께 받으면 그걸로 된다. 천만 다행인 것이 매사에 워낙 괜찮아 보이는 은사덕분에 교인들이 내 상태를 눈치 채지 못했다.

평소처럼 예배인도도 하고, 전도도 하고 기도를 했다. 다행히 별 다른 증상이 없어서 일상생활에 문제는 없었는데 미국에서 공부를 하고 있는 딸들이 유난히 보고 싶었다.

나는 말하지 말라고 했는데 아내가 기도해야 한다며 아이들에게 병을 이야기해 통화도 못하는 중이다. 전화만 연결되면 아이들이 우니 나로선 너무 마음이 아팠다. 그날도 딸아이들이 보고 싶긴 한데 전화를 하면 눈물 바람이 지나갈 것 같아 그냥 있는데, 큰 딸에게 먼저 전화가 왔다.

"아빠...."

큰 애는 나를 부르고는 그대로 울음이 터져 말을 더 하지 못했다.

"왜 그래, 아빠 괜찮아. 하나님이 고쳐주실 거야. 어쩌면 지금 다 나았을지도 몰라."

"아빠, 빨리 미국으로 오세요."

나는 딸이 어리광을 피운다고 생각하고는 나는 정말 괜찮다는 말을 했다. 그런데 딸아이가 이제 살았으니까 미국으로 오라는 이상한 이야기를 했다.

"그게 무슨 소리야? 이제 살았다니?"

"아빠, 하나님이 아빠 살려주셨어요, 미시건 대학병원에서 아빠 공짜로 치료해주겠대!"

하나님의 은혜로 세 딸 모두 미시건 대학교에 장학생으로 다니고 있었다. 내가 갑상선 암이란 걸 알고 셋이서 어떻게 하면 아빠를 살릴까 궁리하며 기도하다가 미시건 대학병원에 편지를 쓴 것이다.

"미시건 대학병원 학장님, 우리 아버지는 선교사입니다. 1988년에 도미니카에 파송되어 오늘까지 한 순간도 쉬지 않고 도미니카 사람들에게 복음을 전하고 봉사를 하며 사셨습니다. 그런 아빠가 갑상선 암에 걸렸습니다. 저희는 모두 이 대학에서 공부를 하고 있지만 경제적인 능력이 없어 당장은 병원비를 지불 할 수 없습니다. 그러나 이번에 저희 아버지를 낫게 해주신다면 저희 세 자매 열심히 공부해 훌륭한 사회인이 되어 반드시 병원비를 갚겠습니다. 제발 우리 아빠를 살려주세요."

하나님께서는 딸들의 편지로 병원장의 마음을 움직여 주셨다. 하루빨리 아버지를 모시고 오라는 회신이 딸들에게 도착했고, 큰 딸이 대표로 전화해 그 소식을 내게 알린 것이다.

딸들의 성화에 간단한 짐만 챙겨 미국으로 갔다. 그런데 병원에 도착해 또 한 번 놀라운 하나님의 예비하심을 경험하게 되었

다. 워낙 급하게 가는 거라 병원상황에 대해 알아보거나 예약을
할 겨를도 없이 갔는데 내가 병원에 간 그날에 병원에 있던 전문
의가 갑상선암의 최고 권위자였다. 일주일 중 진료하는 날짜와
시간이 얼마 되지 않았는데 내가 그 날짜와 시간에 진료를 받게
된 것이다.

검사를 하고 촉진을 마친 의사의 소견은 '응급수술'이었다. 약
2주 후로 수술 날짜가 잡혔고, 수술비 2만 달러는 메디케어 의료
카드가 발급됨으로 해결 되었다. 메디케어 의료카드는 미국에서
인정한 빈민에게 발급되는 카드인데 이 카드가 있으면 앞으로 평
생 미시건대학병원 무료진료를 받고, 처방받은 약에 한해 지원금
이 나와 아주 저렴하게 약을 살 수 있는 복지카드였다. 갑상선 수
술을 하고 나면 호르몬약을 정기적으로 먹어야 했는데 그 약값까
지도 아주 저렴하게 지불할 수 있게 된 것이다.

바로 오늘 오전까지만 해도 한국과 도미니카 어느 나라에도 의
료보험 하나 갖지 못했던 나에게 미국 미시건대학병원 평생 무료
진료카드가 발급 된 것이다. 나는 놀라우신 하나님의 은혜에 눈
물도 흘리지 못하고 그냥 마음으로만 감사... 감사...만 되풀이 했
다.

0점 아빠, 100점 아버지

딸들이 사는 아파트에서 수술을 기다리게 되었다. 아이들은 학교생활
이 바빠 나 혼자 있는 시간이 많았는데 그 시간동안 처음으로 아
이들의 인생을 생각해 보게 되었고, 나대신 이 아이들을 키워주

신 하나님의 은혜를 이제야 절절히 묵상하게 되었다.

오직 선교뿐인 아빠를 만나 이 아이들은 행복 했을까...

나는 이아들에게 해준 것이 아무것도 없는데, 이 아이들이 아빠의 목숨을 살리기 위해 힘쓴다고 생각하니 하염없이 눈물이 났다.

"하나님, 정말 부끄럽게도 저는 이 아이들을 키운 적이 없습니다. 언제나 선교가 먼저였고 내 앞에 놓인 내 사명이 먼저였지 아빠로서는 0점 이었습니다. 그런데 하나님 이렇게 훌륭한 자녀로 키워주시고, 부모로서의 복까지 누리게 하시니 부끄럽고 감사합니다."

선교사로 도미니카에 도착했을 때 내 나이 서른다섯, 혈기왕성했고 패기가 넘쳤다. 나는 그 기운을 모두 바쳐 오직 선교사가 된 것에 기뻐했다. 외교관이 대사로 발령을 받은 것과 같은 마음이 그때 내안에 있었다.

한국에 이 수 많은 목사님들 중에서 내가 발탁되어 도미니카에 1호로 파송되었다는 것이 너무 벅찬 영광이었다. 그리고 이 마음은 지금도 변함이 없다.

"하나님, 세상에 똑똑한 목사님들이 많고 많은데 그중에 나를 택하셔서 선교사 훈련을 받게 하시고, 선교사 안수까지 받게 하시고, 사역지까지 허락해주시니 정말 감사합니다!"

벅찬 마음에 미리 꾸려놓은 짐 가방을 들고 곧장 도미니카로 날아왔다. 결국 정보도 준비도 없이 도미니카에 도착했다. 열정으로 들뜬 나에겐 고생도 훈련이라며 반길 힘이 있었지만, 아내와 딸들에게는 시련과 고생 그 자체였다. 늘 사역에 정신이 팔려 아이들의 일들은 뒷전인 적이 많았고, 그 탓에 큰 딸은 학교만 10번을 옮겼다. 제때 헬퍼를 구하지 못했을 땐 아이들 셋만 집에 남겨놓고 밖에서 자물쇠를 잠그고 하루 종일 주일 사역을 했다.

그런데 오늘 미시건의 작은 아파트에 불도 켜지 않은 채 혼자 덩그러니 있으니 그날 아이들의 외로웠을 마음을 10분의 1쯤 이해할 수 있을 것 같다. 얼마나 무섭고 얼마나 답답했을까... 그 허전한 마음을 사탕과 과자로 달래고 이도 닦지 못한 채 잠들었던 둘째딸은 지금도 치아가 약해 고생을 하고, 셋째 딸은 꽤 자랐을 무렵까지 불을 켜놓은 채 잠들었다.

그렇게 나는 0점 아빠였다, 그러나 하나님이 100점 아버지가 되어 주셨고, 아이들의 삶을 세밀하게 보살피셨다.

첫애가 학교를 들어가게 되었을 무렵 학교에 대한 정보가 전혀 없었다. 정보는 부족한데 알아볼 시간이 없어서 그냥 하루 날을 잡고 무작정 학교가 있을 만한 데를 돌아 다녔다. 4시간 쯤 헤매고 다니다 학교하나를 발견했고 수업료를 물어보니 1년에 2천 달러라고 했다. 생각보다는 학비가 저렴하다고 생각되었다. 그래서 그 학교에 입학 신청서류를 넣었는데 영어로 시험을 봐야 한다고 했다, 학교에 대해 자세히 알아보니 모든 수업을 영어로 진행하는 외국인학교로 70년 전 미국 선교사 카롤부인이 선교사자녀들의 교육을 위해 집에서 공부를 가르치기 시작한 것이 지금은 도미니카에서 가장 유명한 외국인 학교인 카롤 몰간 학교(Carol Morgan School)로 성장한 것이었다.

나중에 학교를 운영하면서 학부모들을 보니 아이들이 초등학교 때부터 대학을 도미니카로 보낼지, 미국을 보낼지 정해놓고 거기에 맞는 초등학교를 선택하는 경우가 많았다. 그런데 나는 거기까지는 생각도 못하고 우선 비용이 만만해 그 학교를 보냈다. 그 바람에 첫째가 마음고생을 많이 했다. 어제까지 도미니카 유치원을 다니다가 오늘 갑자기 영어로 수업을 받게 되었으니 스트레스가 이만저만이 아니었던 것이다. 그 모습을 보고나서야 둘째는 영어 수업을 해주는 유치원에 보냈다.

그런데 1998년에 IMF가 왔다. 환율이 무섭게 뛰기 시작했고, 아이들이 다니던 학교가 도미니카 원화가 아닌 달러를 기준으로 등록금을 받던 학교라 학비가 마구 오르기 시작했다. 1년에 2천 달러였던 학비가 5천 달러로 올랐다. 거기에 환율 때문에 선교비도 절반으로 줄어들었다. 아이들 모두 학교를 그만 둘 위기였는데 하나님께서 그때 너무나 절묘하게 미국으로 안식년을 떠나게 하셨다.

IMF로 한국후원교회들의 사정이 어려워져 나를 지원할 수 없자, 미국 교회에 연락을 해 나를 미국으로 가게 한 것이다. 그래서 아이들 모두를 데리고 갔다. 어차피 도미니카에 있어봐야 학비가 없어 학교를 다닐 수 없는 상황이었다. 반대로 당시 미국은 불법체류자의 아이도 학교만큼은 다닐 수 있게 법으로 교육을 보장해 놓은 나라였다.

안식년 동안 우리가 머물던 도시는 시카고였는데 갑자기 영주권이 없으면 학교를 다닐 수 없게 법이 바뀐다는 소문이 돌았다. 알아보니 그런 내용의 법안이 제안되긴 했는데 아직 승인이 안된 상태라 학교를 다닐 수 있을 것 같았다. 나는 한국 사람들이 많은 학교에 다니면 한국말도 늘고 좋을 것 같아서 알고 지내던 한인교회 분들께 물어봤더니 우리 아이들은 한국말도 서투르고, 수학도 부족해서 못 따라 갈 거라고 했다. 그때나 지금이나 한국 사람들은 교육열이 높아서 한국아이들이 워낙 공부를 잘하긴 했다. 하지만 나도 부모인지라 우리 아이들이 못하다는 말에 마음이 상했다. 그래서 북쪽에 한인이 적은 학교로 가기로 했다.

무조건 한인이 제일 적은 학교를 선택했는데 시카고북쪽에 있는 스티븐슨 하이스쿨이었다. 입학을 위해 아파트 계약서와 전화세 납부 영수증등 간단한 서류를 요구하고는 아이들의 입학을 허가해줬다. 그런데 나중에 성도님들이 그 학교에 어떻게 들어갔냐고 거꾸로 나를 부러워했다. 그분들 말을 들어보니 우리 아이들이 다니는 학교가 그 주에서 두 손가락에 꼽히는 명문학교라고 했다. 이렇듯 하나님은 나는 모르고 진행한 일의 결과까지도 우리 아이들에게 유익하게 해주셨다.

아이들 학교 문제가 우선 해결 됐지만 6개월 비자로 입국 한 거라, 6개월 안에 영주권을 따거나 도미니카로 돌아가야 했다. 그래도 당분간은 학교가 해결 되었으니 나는 사역을 할 준비를 하기로 했다. 기회가 되면 나도 공부를 하고 싶어서 트리니티 신학대학을 알아봤는데 학비가 비쌌다. 약간의 선교비가 지원되기는 하지만 선교사가 되던 날부터 내가 철칙으로 지킨 것이 '선교비는 선교를 위한 일에만 쓴다.'였다. 선교비로 공부를 하는 건 아닌 건 같다는 생각이 들었고, 별도의 재정도 없었다.

나는 한인교회 한 곳을 찾아가 내 소개를 하고 선교사 경험을 살려 전도를 할 테니 생활비와 영주권지원을 해줄 수 있는지 물었다.

"저는 도미니카 선교사로 소명을 받은 사람입니다. 그래서 미국에 장기 거주할 생각은 없는데 아이들의 교육을 위해 영주권이 필요합니다. 그러므로 후에 여기 남아 문제를 일으키거나 할 일이 없으니 가능하시면 영주권 지원을 해주셨으면 좋겠습니다."

하지만 선교사에게 영주권을 주는 교회는 없었고 가는 곳마다 거절을 당했다.

그런데 얼마 후 내가 갔던 교회 중 한곳인 B교회 C목사님으로부터 종교비자를 내줄테니 전도를 맡아달라고 연락이 왔다. 그래서 그 교회에서 할 전도와 관련된 설교를 준비하기 시작했는데, C목사님께서 전화를 주시더니 이번 주가 마지막 설교가 될 것 같은데 나도 선교사로 파송이나 가야할 것 같다며 도미니카는 어떠냐고 물으셨다.

나는 농담인줄 알고 "도미니카 참 좋습니다. 기회가 되면 꼭 한 번 오시지요."라고 했는데, 목사님께서 "문제가 좀 있어서 교회에 사표를 냈습니다. 그래서 내가 추진하던 모든 일들이 중지가 됐어요. 선교사님 종교비자도 그래서 무산이 됐습니다. 정말 죄송합니다."라고 말씀 하셨다.

농담이 아닌 진담이었다. 교회가 정해진 줄 알고 전도를 준비하며 보내는 동안 시간이 많이 흘렀는데, 이렇게 되면 두 달 안에 비자 만료로 미국을 떠나야했다. 서둘러 도미니카에 연락해보니 그 사이 학비는 만 달러가 되어 있었다. 그런 학비를 감당할 재정이 나에게 있을리 만무했다.

남은 건 기도 밖에 없었다. 나는 금식하며 매일 기도를 드렸다. 기도하며 보니 아이들은 이제 막 새 학교에 적응해 친구가 생겼다, 좋아하는 과목이 생겼다, 너무 즐거워하고 있었다. 그 모습을 보니 잠시도 기도를 놓을 수가 없었다. 하나님께 무작정 매달렸다. 그런데 교회에서 연락이 왔다.

목사님께서 사표를 내시고 한 달쯤 되었을 때인데, 미국은 목사님이 사임하면 법적으로 3개월간 목사를 임명할 수 없다. 그래서 3개월 동안 임시 목사를 두는 제도인데, 대개 임시 목사님을 부르면 3개 월 후 교인들의 일부가 임시 목사님을 따라 나가 문제가 된다고 했다. 그럼 교회가 분열되는 것이다. 그래서 이왕이면 선교사 신분인 내가 좋겠다며 임시목사직을 제안해 온 것이다.

나는 사례비도 중요치 않으니 영주권을 딸 수 있게 도와달라고 부탁했다. 대신 영주권 취득 후 곧장 도미니카로 돌아갈 것이고 그렇게 되면 나를 따라나설 일 없게 될 테니 제발 나를 도와 달라고 이야기를 했다. 교회 측에서 승인이 났고, 우선 종교비자가 발급되어 앞으로 1년간 더 체류할 수 있게 됐다.

나는 최선을 다해 전도에 힘쓰며 매일 기도했다.

"하나님 저희에게 허락된 시간은 1년입니다. 1년 안에 영주권이 나오는 건 기적에 가깝다고 들었습니다. 하지만 하나님 저희의 형편을 누구보다 잘 알고 계시니 이 간절한 필요를 채워주시리라 믿습니다."

10개 월 뒤, 영주권이 나왔다. 담당 변호사도 단 10개월 만에 영주권이 나온 경우는 개업 이래 처음이라고 했다.

그런데 이 시기도 하나님의 선물이었다. 미국에 머무는 1년 동안 큰 딸이 대학입시를 준비했다. 미시건 대학교에 원서를 넣었는데, 합격하게 된 것이다. 그런데 현재는 비자로 체류상태라 유학생 등록금을 내야 입학이 가능했는데 무려 4만 달러였다. 당연히 우리에게 그런 돈은 없었다.

결국 우리가 기대할 수 있는 건 등록금 납부기간 전에 영주권이 나오는 '기적'뿐이었다. 그런데 등록금 마감일을 단 며칠 앞둔 시점에 영주권이 나온 것이다. 큰 아이는 자국민 신분으로 대학에 입학 할 수 있게 되었고 국비 장학금과 저금리 학비대출까지 받게 되었다.

아이들의 영주권이 해결된 것을 확인 한 나는 교회와의 약속을 지키기 위해 도미니카행 비행기 티켓을 끊었다. 그리고 아이들은 그때부터 미국에서 저희들끼리 생활을 했다.

첫째가 대학생, 둘째가 고등학생, 셋째가 중학생이었다.

이 작은 아파트에 딸아이 셋만 남겨놓고 떠나던 날이 생각났다.

막내는 아빠가 가면 무서워서 어떻게 있느냐고 울고, 엄마 온 다음에 가면 안 되냐고 졸랐다. 나는 그런 막내를 안아주지도 않고 엄마가 여기를 오면 가나안교회 아이들과 학교는 누가 돌보냐고 막내를 나무랐다.

가장 어릴 때 도미니카에 온 탓에 막내는 풍토병을 제일 많이 겪었다. 교회 건축을 시작하면서 우리는 살던 아파트를 나와 건축이 진행 중인 교회 건물에서 살았다. 교회 건축을 위해 한 푼이라도 아껴야했고, 아파트 월세까지 건축에 모두 쏟아 부었고 그게 당연하다고 생각했다.

아내와 나는 사명이라고 하지만 아이들은 영문도 모른 채 전기도 없고, 수도 시설도 덜된 건축현장에서 살게 됐다. 물도 받아다 쓰고, 전화 시설도 없고 무인도 생활 같은 날들이 계속됐다. 제일 어린 막내가 유독 적응을 못했다. 늘 두통을 호소하고, 몸살도 잘 걸렸다. 지금 생각해보면 각종 건축 자재들에 노출되어 새집 증후군을 앓은 것 같다.

점점 말라가던 막내는 A형 감염까지 앓으면서 더 수척해졌다. 병원의사에게 설명을 들으니 A형 감염은 영양이 부족해서 걸리는 병이라고 했다. 그러다 12살 때 뎅기열에 걸려 죽을 고비까지 넘겼다. 다행이 큰애와 둘째는 뎅기열을 피해갔지만 나와 아내도 뎅기열에 걸려 죽을 고비를 넘겼다. 여기서는 뎅기열을 골열병이라고 부르는 데 뼈가 부서지는 것 같이 아프다는 뜻이다. 적혈구 수가 급히 떨어지는 증상을 동반해 자칫하면 죽는다. 나도 뎅기열을 두 번 앓고 머리가 하얗게 셌다.

그런데 그때 막내가 아플 때도 하나님이 선교팀을 보내주셨을 때라 그분들의 도움으로 살았다. 같이 막내를 병원으로 옮기는 데 선교팀장이 "이왕 보험 없는 거, 제일 좋은 병원으로 가자."라고 팀원들을 설득해서 결정하는 바람에 정말 제일 좋은 병원으로 가게 됐고 그 덕분에 살았다. 하나님의 은혜였다.

텅 빈 아파트에 혼자 앉아 하나하나 돌이켜보니 우리아이들만큼은 하나님이 남부럽지 않게 돌봐주시고 길을 열어 주셨구나 하는 생각이 들었다. 아이들을 키우는 동안 단 한 번도 한국이나 후원교회에 손을 벌린 적이 없다. 아플 때에도 학비가 부족할 때도 모두 하나님의 도우심으로 채워졌다.

내가 세계 선교의 소명을 받고 충성했더니, 하나님이 이렇게 나의 아이들을 세계의 중심 미국이라는 나라에 세워주셨다. 나는 선교사의 사명에 다시 한 번 감사와 하나님이 주신 은혜를 느낀다. 도미니카의 학교가 한참 잘 되었을 때 미국에서 청빙이 들어온 적이 있다. 도미니카에서도 이만큼 전도를 잘하고 부흥을 시켰으니 미국에서도 잘 할 거라고 인정해주신 덕분이었다.

나는 그 인정은 감사하나 하나님 나에게 주신 사역지는 오직 도미니카라고 말씀드렸다. 그랬더니 청빙을 요청하셨던 분이 진심으로 인간적인 걱정을 해주신 적이 있다.

"선교사님 아무렴 미국이 낫지 않겠습니까? 선교사님 한 분이 마음을 돌리시면 가족 분들 모두 훨씬 나은 삶을 누리실 텐데요. 도미니카에 대한 봉사는 그 정도면 충분한 것 같습니다. 그리고 저도 자식이 있는 사람으로서 이 좋은 기회를 왜 마다하시는지 모르겠습니다. 사람들이 다들 미국으로 유학을 보내려고 하지 도미니카로 보내는 사람은 없지 않습니까? 그거 하나만 생각하셔도 미국이 참 좋을 텐데요."

굳이 좋은걸 따져서 등급이야 매길 수는 있겠지만, 나의 행선지는 오직 하나님이 정하신다. 주님이 가라 하시면 가는 것이고 머물라 하시면 머무는 것이다. 그런데 하나님이 나에게 도미니카로 가라고 하셨고, 이 나라의 미래를 위한 비전을 주셨다. 아직 그 비전이 모두 실현되지 않았으므로 끝난 것이 아니다.

"그래, 끝난 것이 아니다! 사명자는 사명이 다할 때까지 절대 죽지 않는다."

나의 마음에 확신과 기쁨이 차올랐다. 나는 하나님께서 나를 반드시 살려 주실 것을 더욱 굳게 믿게 되었다. 하나님이 이 기회를 통해 나로 하여금 자식들에게 얼마나 큰 사랑을 받는지 알게 하셨고, 우리 가족을 얼마나 사랑하시는지 알게 해주셨다. 나는 이 기회를 진정 큰 축복의 기회로 받아들임으로서 참 평안을 누리는 기적을 체험하게 되었다.

가족들

 다시 부흥

하나님의 은혜로 무사히 수술을 받고 깨끗하게 완치가 되었다.

회복기를 거치는 동안 하나님은 그동안 내 안에 누적되었던 모든 나쁜 것을 깨끗하게 사라지게 해주셨다. 이번에는 다른 기간들보다 짧게 교회를 비운 것이었는데 수술을 겪어서 그런지 성도들 한 사람, 한 사람부터 교회 기둥 하나, 길거리 풍경까지 전부 다 반가웠다.

시간이 날 때마다 교회 주변과 인근 마을들을 돌며 다시 열심히 전도를 했다.

그런데 교회와 많이 떨어지지 않은 곳에 작은 마을이 생긴 게 보였다. 이곳은 개발 단계부터 동일한 형태의 3세대 주택이 지어 지기로 했는데 그 마을은 대충 지은 가건물들이 옹기종기 모인 형태였다.

마을로 가보니 예전에 불량배들이 공유지를 점거하고 그 땅을 빈민들에게 팔던 곳인데, 그곳에서 빈민들이 모여 사는 마을이었 다. 그 마을을 둘러보는데 유독 사람들이 의욕이 없고, 실의에 잠 겨 있었다. 그들의 사정을 들어보니 그래도 전에는 이보다 형편 이 나았는데 허리케인에 집을 잃고, 재산을 잃어 삽시간에 빈민 으로 전락한 사람들이었다.

허리케인!

도미니카 앞 바다에 미국령 섬인 푸에르토 리코(Puerto Rico) 근방에서 발생하여, 동남풍을 타고 도미니카를 강타한 후 미국 후로리다주를 통과하여 미국 동부 뉴욕쪽으로 올라가는 강한 태 풍이다.

도미니카에 빈민이 많은 고질적인 이유 중의 하나는 이 허리케 인 때문이다. 세계 각지에서 구호품이 들어오고, 선교팀이 파송 되어 복구해도 단 며칠의 수마로 마을은 폐허가 된다. 그 재앙에 가장 많이 시달리는 게 빈민들이었다. 허리케인은 그들의 희망마 저 쓸어가 버린 것이다. 이 마을이야말로, 이곳의 가난한 영혼들 이야말로 전도의 대상이며 이들을 위로할 교회가 세워져야 한다 는 생각이 마음에 강하게 들었다.

'하나님, 이들이 이렇게 삶의 터전을 만들어도 튼튼한 건물이 아닌 이상 태풍 한 번에 종잇장처럼 날아갈 것입니다. 아버지, 제 발 이들을 긍휼히 여기시고 이들의 마음에 소망을 주소서.'

그래서 그 지역에 교회를 세우고 싶다고 기도했다.

그런데 그즈음 한국 분당에 있는 갈보리 교회의 이필재목사님이 오셔서 목회자 세미나를 성황리에 마치고 귀국하기 전에 개척 중인 지교회들을 돌아보셨다. 그리고 예배당건축을 지원하겠다고 하셨다.

목사님이 귀국해서 얼마 되지 않아 목사님의 지원 약속이 이뤄졌다,

거기에는 놀라운 간증이 있었다.

그 갈보리교회에는 김권사님이라는 분이 계시는데 이분이 갑자기 편찮아 지셔서 병원에 입원하셨다. 입원해있는 동안 이필재목사님이 심방을 가셔서 기도를 해주었는데 김 권사님께서 작은 아파트 한 채를 팔아 그 금액 전액을 선교지에 예배당을 세우고 싶다고 유언같이 말씀을 했다는 것이다. 그런데 죽음이 임박한 줄 알았던 김 권사님의 병세가 다행이 호전되어 퇴원을 하게 되었다.

그리고 얼마 후 김권사님께서 연락을 하시더니 "목사님 제가 안 죽었어도 특별헌금을 할테니 필요한 선교지 있으면 말씀해 주세요."라고 뜻을 밝히셨고 이필재목사님께서 우리 교회에서 지금 한창 지교회를 통해 선교를 잘 하고 있으니 후원하시면 좋을 것 같다고 말씀해 주셨다. 그것이 계기가 되어 주님께서는 김권사님을 통해 베다니아교회와 갈보리교회의 예배당을 건축하게 해주셨고 헌당 예배 때는 직접 방문하셔서 함께 했다.

건축 후 갈보리 교회라고 간판을 달았는데, 나중에 알고 보니 그 마을 입구에 있는 길 이름이 '라크로스'였다 한국말로 십자가 길 이었다. 십자가 길 위에 세워진 갈보리교회, 이 모든 것이 하

나님의 예비하심이었음이 명확해지는 순간이었다. 그리고 건축을 통하여 성도들이 다시 단결하는 역사가 일어났다. 모든 것이 이전보다 견고해졌고, 청년부를 위한 제자훈련도 새롭게 다시 시작되었다.

청년부는 '거룩한 전통을 세우자'라는 새로운 목표를 정했다. 리더들은 자신들이 세울 거룩한 전통을 구체적으로 고민하고 목표를 만들었다. 교회 이름 앞에 '건전한 교제와 비전이 있는 교회', '혼전임신과 조혼이 없는 교회'라는 수식어가 붙기 시작하더니, '로스 알카리소스의 산소통'이라는 아름다운 별명까지 생겼다.

성도들도 나도 신바람이 나서 열심히 사역을 했다. 다시 청년들이 모여들었고, 자식들의 변화에 은혜 받은 부모님들까지 교회에 나오기 시작했다.

그러던 어느 날 도미니카 상원의원장 사무실에서 연락이 왔다.
"내일 오전 10시까지 국회로 와 주십시오."
약속 시간에 맞춰 차량까지 집으로 보내주겠다고 하는 걸 보니 중요한 일인 것 같았다. 나는 내심 지역발전에 기여한 공로로 상장이라도 주려나보다 생각했다.
다음날 국회에 도착했다. 회의장으로 들어가니 상원의원장 뿐만 아니라 상원회 리더들도 모두 모여 있었다. 내가 들어가자 우선 차를 한 잔 하라고 하더니 잠시 후에 전부 자리에서 일어나 기넘사진을 찍자고 했다. 나는 속으로 '보통은 상을 준 다음 기념사진을 찍지 않나? 오늘은 무슨 행사 길래 차만 마시고 사진을 찍는 거지?'라고 생각했다.

기념사진 찍기가 끝나자 다들 집으로 가셔도 된다고 했다. 순간 나는 내 귀를 의심했다

'사진 한 장만 찍고 집에 가라고?'

왠지 이상하고 이유가 궁금했지만 아는 사람이 없으니 물어 볼 수도 없어 일단 집으로 돌아왔다.

이튿날 아침 나는 평소에 안면이 있는 상원의원을 찾아가 어제 일에 대해 물었다. 그런데 상원의원이 말하는 사연이 참 재미있었다.

"선교사님, 사실은 제가 선교사님의 교회에 가봤습니다. 최근 로스 알카르소스에서 제일 많이 화제가 되는 곳이 가나안교회입니다. '거기 청년들은 특별하다, 한 눈에 구별 될 정도로 몸가짐이 단정하다.'라는 소문이 많이 들려 확인 차 가봤는데 정말 반듯한 청년들과 윤리가 있는 교회였습니다. 그래서 상원의원들 모임 때 가나안교회 이야기를 했습니다. 그런데 아무도 믿지 않았습니다. 특히 그 교회 청년들 중에 혼전 임신을 한 사람이 한명도 없었다고 했더니 대번에 거짓말이라고 했습니다. 나중에는 우리 의원들이 두 패로 나뉘어져 논쟁을 했습니다. '세상에 그런 교회가 있다. 세상에 그런 교회는 없다.' 그랬더니 의장님이 그게 정말이면 그 교회 목사님을 한 번 불러보라고 했습니다. 그래서 제가 목사님을 저희 모임 때 오시게 한 겁니다. 내 말이 거짓말이라고 생각한 상원의원들은 그런 교회 자체가 없다고 생각했다가 목사님

이 정말 나타나시니까 할 말이 없어진 겁니다. 그래서 증명으로 사진을 찍고 헤어진 겁니다."

어떻게 된 상황인지 설명을 들으니 납득은 갔지만, "상원의원들 사이에서 논쟁거리가 될 만큼 혼전임신청년이 없는 교회가 대단한 건가?"라는 생각에 고개가 갸웃거려졌다. 도미니카에 정착한지 20년이 넘어가던 시기임에도 나는 본래가 한국 사람이라 혼전임신은 옳은 일이 아니다라는 생각을 늘 갖고 있어, 이제야 상황이 바르게 돌아가는 거지 이전에 혼전임신이 난무했던 상태가 문제 상태라는 생각이 있었다. 그런데 그날 상황을 겪어보니 이 나라는 '혼전임신'이 당연한 나라였다. 워낙 많으니 그게 당연해진지 꽤 오래 된 것이었다. 그리고 이러한 도미니카 사회상황을 한 번 더 일깨워주는 일이 일어났다.

신문과 방송에 보도

도미니카에서 가장 권위 있는 신문인 리스틴 디아리오(Listin Diario)에서 우리교회를 취재해 갔다. 며칠 뒤 '로스 알카리소스를 변화시키는 교회'라는 특집 기사가 신문에 났고 그 일로 인해 우리 교회는 지역사회를 넘어 전 도미니카의 주목을 받는 교회가 되었다. 하나님은 가나안교회를 완벽하게 회복시키셨고, 이 일을 계기로 잃었던 명성을 더 크게 세워주셨다.

신문을 보지 못한 사람도 가나안 교회 이야기를 할 때면 '신문에도 나온 교회'라고 이야기를 했다.

그리고 TV에도 방영 됐는데, 우리 교회가 소개된 방송은 전국

방송이었다. 비록 TV와 라디오가 드문 나라지만 매스컴은 분명 영향력이 있었다. 방송 이후 도미니카 전체에 기독교에 대한 새로운 인식들이 퍼져나가기 시작했다.

"교회에 가면 청년들이 반듯해진다."

"교회에 가면 청년들이 똑똑해진다."

무엇보다 혼전임신율 제로라는 것이 이들에게는 마치 기적과 같은 일로 받아들여졌고, 다른 방송국에서 취재를 오기에 이르렀다. 맨 처음 방송을 했던 방송국에서 우리 교회 이야기가 화제가 되자 다시 한 번 앵콜 방송까지 하게 됐고, 도미니카 전역이 '가나안교회' 이야기로 들썩였다.

나는 갑작스러운 유명세에 두려움마저 느꼈다.

도미니카 정착 초기에 아무도 나의 존재를 모를 때는 편한 옷을 입고, 가끔은 길에다 휴지를 버린 적도 있다. 그런데 하나님의 성회 교단에 교회를 기부하게 된 후 지역 사람들이 점점 나를 알아보기 시작했다. 그때부터는 옷차림도 몸가짐도 매우 조심스러워졌다. 그 일을 겪으며 '평판'에는 책임이 따른다는 것을 알게 되었다. 특히 좋은 평판을 받을 때가 가장 조심스러워 할 때임을 나는 경험으로 알고 있었다.

'하나님, 하나님의 뜻을 구하며 나아갑니다. 아버지, 지금 도미니카 전역에 가나안교회가 알려졌습니다. 이제 누구하나 실수를 하면 그것은 가나안교회의 몰락으로 확대될 수도 있습니다. 소문의 본질이 그러하고, 매스컴이 벌이는 일들이 대부분 그러하기 때문입니다. 교회와 성도들 그리고 저 자신까지 온전히 주님께 의탁합니다. 우선 이것이 하나님의 뜻 가운데 일어나는 일인지 확실하게 알고 싶습니다. 만약 하나님의 뜻이 아닌 세상이 주는 혼란이라면 이제부터 모든 인터뷰를 거절하겠습니다. 그러나 하나님이 이 시기에 이 교회를 통해 이루실 일이 있으시다면 확실하게 알게 하셔서 기꺼이 순종하고 하나님의 이름을 높이게 하여 주시옵소서. 아버지 간절히 기도하오니 저희의 중심이 되어 주시옵소서.'

간절히 기도하는 가운데 나의 눈앞에 도미니카의 국기가 펼쳐지는 게 보였다. 그리고 오래전 안드레 벨로스 목사님과 대화를 나누는 내 모습이 생생하게 떠올랐다.

그때 나는 성경책 사이에 끼워놓은 도미니카 국기 그림을 목사님 앞에 펼쳐 놓으며 이렇게 말했다.

"목사님, 저는 도미니카의 국기에 새겨진 성경책을 발견하는 순간 하나님께서 이 나라를 사랑하시며, 이 나라를 위해 예비해 놓으신 축복이 있다고 강하게 확신했습니다.

보십시오! 도미니카 국기에 그려진 건 성모마리아의 모습이 아닌 성경책입니다.

목사님, 저는 이 나라에 도미니카에 큰 가능성과 비전이 있다고 믿습니다. 비록 작지만 전 세계에 선교사를 파송한 영국처럼, 이곳 도미니카도 반쪽짜리 섬나라지만 언젠가는 믿음의 대국이 되어 세계로 선교사를 배출하는 나라가 되는 번영을 이루게 될 것이라 믿습니다."

하나님 나에게 이제 때가 되었음을 알려주고 계셨다.

"여호와께서 여호수아에게 이르시되 내가 오늘부터 시작하여 너를 온 이스라엘의 목전에서 크게 하여 내가 모세와 함께 있었던 것 같이 너와 함께 있는 것을 그들이 알게 하리라."

여호수아 3장 7절 말씀이 입술의 고백으로 나왔다. 그리고 바로 그 순간 마음에 커다란 징과 같은 울림이 일어났다.

"그러므로 너는 이제, 가라!"

하나님의 명령이었다. 이제 로스 알카리소스를 떠나 도미니카의 중심으로 나아갈 때가 되었다는 하나님의 분명한 음성이었다.

3부

지시하신 땅을 번성케 하시다!

너를 온 이스라엘의 목전에 세우리라 / 기도군대 / 7.7.7 프로젝트 / 오직 기도 / 허리케인을 잡다 / 아이티 지진 / 너는, 이제 가라

너를 온 이스라엘의 목전에 세우리라

"여호와께서 여호수아에게 이르시되 내가 오늘부터 시작하여 너를 온 이스라엘의 목전에서 크게 하여 내가 모세와 함께 있었던 것 같이 너와 함께 있는 것을 그들이 알게 하리라."

여호수아 3장 7절 말씀을 새로운 사명으로 삼고 하나님이 하실 일을 기다리며 기도와 묵상을 했다. 성도들에게도 같은 비전과 사명을 갖게 하기 위해 설교를 준비하면서 스페인어로도 말씀을 읽었는데, 스페인어 성경에는 하나님의 의도가 조금 더 강력한 뉘앙스로 표현되어 있다.

"지금부터 내가 너를 모든 사람위에 반드시 세우리라!"는 말씀을 스페인어 성경에 있는 뉘앙스대로 뜻을 이해하면 유명한 연예기획자가 무명의 가수 지망생을 만나 "내가 너를 슈퍼스타로 만들어 줄게."라고 얘기하는 것과 같았다.

하나님께서 어떤 계획을 세우시고 나에게 이 말씀을 주셨는지 아직은 정확히 알 수 없었지만 도미니카에서 사역하는 내내 이 교회 안에서 도미니카를 이끌 리더가 나오기를 소망했으니 아무래도 그것과 같은 맥락일 것 같았다. 나는 하나님의 명령을 기다리며 곧 참가하게 될 세계한인선교사모임을 위해 기도를 했다.

사역초기에는 이 대회에 참석하는 것만으로 영광인 햇병아리 선교사였는데 어느새 임원자격으로 참가하게 되어 감회가 새로웠다. 이 대회는 매년 시카고 인근에 있는 휘튼칼리지에서 개최되는데 규모가 많이 커졌다는 소식을 듣게 됐다. 전 세계에 흩어져 있는 한인 선교사가 그 사이 그렇게 많이 늘어났다는 뜻인데 나 역시 선교사로서 뿌듯함을 느꼈다. 그리고 마침내 모임에 참석해보니 내 위로 10년 이상 높은 선배의 선교사님들부터 젊은 선교사들까지 정말 규모가 커져 있었다.

이번 모임에서는 대륙별 대표 선출이 진행되었는데, 전통적으로 대륙대표는 그 대륙에 도착한 시기와 사역 햇수를 따져 가장 선배인 선교사가 맡는 분위기였다. 그렇다면 내가 대륙별 대표로 뽑힐 확률은 아주 적었다. 왜냐하면 이미 나보다 10년차, 9년차 앞선 선배들이 즐비했기 때문이다.

그런데 그 순간 내 마음에 이번 대륙별 대표는 내가 해야 한다는 마음이 들었다. 시카고에 도착할 때까지 그런 생각을 단 한 번도 한적이 없었는데, 그 순간 성령님의 강한 이끄심으로 반드시 그렇게 되어야 한다는 마음이 들었다.

그래서 나는 이번 기회에 남미와 중미를 분리하자는 의견을 냈다. 왜냐하면 남미에는 나보다 10년 이상 연배가 높은 선배들이 많았고, 중미는 나와 비슷하거나 1년 정도 앞선 분이 가장 선배 선교사일 것 같았기 때문이다.

놀랍게도 제안이 즉시 받아들여져 이번 선출 때 중미와 남미를 분리해 대표를 뽑게 되었다. 남미 쪽에서는 전통대로 가장 연배가 높으신 선교사님이 대표가 되었다, 그리고 중미 쪽에는 나보다 1년 앞선 1987년 파송되신 김 선교사님이 가장 선배였다.

나는 그분께 기회가 된다면 내가 정말 잘 할 수 있을 것 같다고 말씀드렸다. 그러자 그분께서 "나는 올해 워싱턴 선교로 시간상으로도 부담이 되니 이번에는 최 선교사님이 하셨으면 좋겠습니다"라고 말씀하셨다. 위원회에서도 수락이 되어 내가 중미 대표에 임명되었다.

내 마음에 중미대표에 대한 강한 소망이 생긴지 1시간 만에 정말로 실현이 된 것이다.

나는 이토록 강한 하나님의 역사에 어떤 뜻이 있는지 궁금했다. 도미니카에 돌아와서도 하나님께서 원하시는 것이 무엇인지 어떤 방향과 비전을 주려 하시는지에 대해 간절히 기도하기 시작했다.

몇 개월 뒤, 우리교회에 도미니카 기독교 총연합회인 '꼬두에(Consejo Dominicano de Unidad Evangelica' 회장이 강사로 왔다. 그분 역시 리더십에 관심이 많은 분으로 그날 설교 가운데 한 나라에 영향력을 끼치기 위해서는 반드시 상위 리더 그룹에 들어가는 사람이 나와야 한다는 말씀을 하셨다. 그 말씀은 나 역시 우리 청년들에게 늘 비전으로 세워주던 설교였는데, 그날 설교를 듣는 내 마음에 이제 나부터 솔선하여 청년들에게 희망을 주어야 한다는 마음이 강하게 들었다.

설교를 마친 목사님에게 어떻게 하면 꼬두에에 들어 갈 수 있는지 물어보니 마침 임원을 뽑고 있다고 했다. 그러면서 꼬두에의 임원 구성에 대해 이야기해 주셨다.

"꼬두에의 리더는 회장, 부회장, 서기, 부서기, 회기, 부회기, 이사, 임원 16명으로 이루어져있습니다. 지금 이사직 후보를 뽑고 있으니 지원해 보시지요."

"지원 자격이 어떻게 됩니까?"

"제일 중요한 게 사역경력인데 베드로 선교사님이야 온 도미니카가 알아주는 일꾼이시니 걱정 없고, 혹시 선교단체 임원으로 활동하신 이력이 있으면 유리합니다."

나는 하나님의 절묘하신 예비하심에 감탄하며, 얼마 전 세계한 인선교사회 중미 회장에 선출되었다고 이야기를 했다. 그러자 그 분이 더욱 반기시며 후보 등록을 하자고 하셨다. 서류를 제출하니 입후보 자격이 되었고, 총회 일에 투표가 시작되었다. 후보들 명단이 공시되고 각 교단 선교단체장들 358명의 투표가 시작되었다. 선교단체장들의 얼굴을 살펴보니 안면이 있는 얼굴이 거의 없었다. 그런데 1차 개표 결과 놀랍게도 내가 결선에 오르게 됐다.

도미니카 현지 출신 목사님 한분과 나를 놓고 마지막 결선투표가 준비되었다. 그런데 한쪽에서 큰 소란이 일어났다. 나와 결선을 치르게 된 목사님이 외국인과 결선투표를 간다는 것에 기분이 상해 큰 소리를 치고 있었던 것이다. 잠시 후 소란이 진정되고 투표가 시작되었다.

"선교사님, 결선에서는 과반이상의 득표를 해야 임원이 됩니다. 가끔 기권이 많으면 승리를 해도 표수가 과반이 안 되어 탈락하는 경우가 있습니다. 혹시 안 되더라도 이번은 그냥 경험이라고 생각하세요."

내 곁에 있던 목사님 한분이 나에게 선거룰을 다시 알려주며 실망하지 말라고 위로를 해주셨다. 그러는 사이 개표가 완료되었는데 내가 과반수이상을 득표해 임원이 되었다. 나는 하나님이 만들어 놓으신 완벽한 트랙 위에 서있음을 인정하게 됐다.

"여호와께서 여호수아에게 이르시되 내가 오늘부터 시작하여 너를 온 이스라엘의 목전에서 크게 하여 내가 모세와 함께 있었던 것 같이 너와 함께 있는 것을 그들이 알게 하리라."

하나님이 나에게 여호수아 3장 7절의 말씀을 주신지 불과 수개월 만에 한인세계선교사 협회 중미회장과, 도미니카 기독교 총연합회 임원이 되게 하신 것이다.

나는 하나님께서 어떤 계획을 가지고 나를 이런 자리에 임하게 하시는지 궁금했고, 나에게 주어진 직위와 책임을 위해 기도하는 한편 그 모든 직위와 책임위에 그려놓으신 하나님의 그림을 알게 해달라고 기도했다.

하지만 응답이 없으셨다. 나는 포기하지 않고 매일 시간을 정해 하나님의 뜻을 알게 해달라고 기도했다.

그리고 2008년 7월,

시카고에서 열리는 세계선교대회에서 마침내 하나님의 계획하심을 알게 되었다.

선교대회 3일 동안 전 세계에서 모인 선교사들이 매일 밤마다 무릎과 눈물로 기도드리며 선교 소명을 다시 회복하는 선교집회로 진행되었다. 많은 유명한 목사님들이 강사로 서셨는데, 그 중 집회 첫째 날 저녁에 주강사로 서신 의정부 광명교회 최남수 목사님의 설교 메시지를 통해 하나님의 음성을 다시 한 번 또렷이 듣게 되는 체험을 하게 된 것이다.

"이제 이 시대의 선교사님들이 한 명, 두 명도 전도해야 하지만, 엘리아와 같이 국가의 운명을 바꾸고 재앙을 막는 선교사가 되어야 합니다. 한 나라의 운명을 바꾸는 일을 해야 합니다!"

목사님의 설교가 온 강당에 울려 퍼지는데 유독 내 마음에 강하게 와서 부딪혔다. 마치 커다란 북이 가슴에서 울리는 듯 가슴이 벅차게 뛰기 시작하며 뜨거워졌다. 그리고 지난 2007년 도미니카를 강타했던 허리케인의 모습이 내 마음에 펼쳐졌다.

노엘이라는 허리케인이 불어와 도미니카 전역을 뒤 흔들었다. 순식간에 몰아닥치는 폭풍에 놀란 사람들이 교회로 피신을 오는 모습이었다. 갑자기 쏟아지는 폭우와 천지를 뒤흔드는 바람에 맨발로 도망쳐 온 빈민들이었다. 대부분 움막 같은 집에서 사니 그래도 시멘트벽에 벽돌로 세운 교회가 안전하다고 생각하고 달려온 것이었다.

나는 하나님께 지금 이런 모습을 왜 생각나게 하셨는지 묻는 기도를 했다. 그런데 그 순간 "네가 막아라!"라는 음성이 들렸다. 나는 너무 놀라 설교 시간임에도 불구하고 바닥에 무릎을 꿇었다.

'주님 제가 그걸 어떻게 합니까?'

"너는 이제 전도 제자 훈련은 충분히 했다. 그러니 이제는 도미니카의 운명을 바꾸는 저주와 재앙을 막는 일을 해라."

너무나 구체적이고 확실한 말씀이셨다.

감히 '아멘'을 할 자신이 생기지 않았던 나는 지금이 설교시간인 것조차 잊고 기도했다. 그러는 사이 설교가 마쳐지고 기도시간이 되었고 나는 계속해서 기도했다.

'하나님, 지난 20년 간 지켜 본 결과 그것은 국가도 하지 못한 도미니카의 운명, 재앙과도 같은 것이었습니다. 그런데 제가 그걸 어찌 막겠습니까? 그 명령만으로 전 두렵습니다. 너무 두려워 아멘으로 화답을 드릴 수가 없습니다. 아버지, 제발 저의 능력과 저의 상황과 제 그릇을 헤아려 주세요!'

그러나 하나님은 나의 이런 기도에는 응답이 없으셨다. 기도를 인도하시는 목사님께서 말씀과 메시지를 선포하며 함께 기도를 하고 계셨다.

"엘리야와 같이 국가의 운명을 바꾸고 재앙을 막는 선교사가 되어야 합니다. 이제 우리가 할 일은 한 나라의 운명을 바꾸는 기도 입니다."

이제 내 마음에 더 이상의 음성은 없었지만 나는 하나님께서 목사님을 통해 단호히 말씀하고 계시다는 걸 느낄 수 있었다. 결국 나는 하나님의 뜻 가운데 설 것이며 모든 걸 주님께 맡길 테니 이 길 위에서 나의 손을 잡아 달라고 기도드렸다. 그리고 기도가 마쳐질 쯤 하나님께서 나의 마음에 다시 한 번 음성을 주셨다.

"너는 이제, 가라."

아... 이것 이었구나! 하나님이 나에게 주셨던 말씀이 떠올랐다.

"여호와께서 여호수아에게 이르시되 내가 오늘부터 시작하여 너를 온 이스라엘의 목전에서 크게 하여 내가 모세와 함께 있었던 것 같이 너와 함께 있는 것을 그들이 알게 하리라."(여호수아 3장 7절)

나는 이제 내 소명이 리더를 키우는 것이 아니라 리더가 되는 것에 있다는 것을 알게 되었다. 그리고 어쩌면 그것이야말로 이치에 맞는 것일 수도 있다는 묵상이 들었다.

순서의 하나님, 공의의 하나님은 내가 먼저 리더가 되어 리더의 삶을 경험하고, 그 인생의 경험을 바탕으로 리더를 육성하기를 원하시는 것이다. 해보지도 않은 걸 가르칠 수는 없다. 가르친다고 해도 그것은 거짓이다. 그 안에 참 진리와 교육이 있을 수 없다. 나는 이 모든 것이 오차 없는 하나님의 계획하심임을 인정하게 되었다. 이제 남은 건 그걸 감당할 힘과 능력을 구하는 일뿐이었다.

"하나님 그렇다면 나에게도 7,000명의 조력자를 붙여 주시옵소서. 하나님이 엘리아에게 바알에게 무릎 꿇지 않은 선지자 7,000명을 허락하셨던 것 거처럼 나에게도 기도의 사람들을 붙여 주시옵소서."

나는 집회의 남은 시간을 오직 이 기도로 보내고 마지막 날 최남수 목사님을 찾아갔다.

목사님이 인도하셨던 집회에서 받은 은혜와 소명을 나누고 이제 내가 허리케인에 맞서기 위한 기도프로젝트를 시작하려고 하는데 도미니카에 오셔서 집회를 해주셨으면 좋겠다고 말씀드렸다. 목사님께서는 기꺼이 그렇게 하겠다고 약속해 주셨다.

도미니카로 돌아온 내 머릿속에는 허리케인이란 낱말과 7,000이라는 숫자뿐이었다. 나는 하나님께 허리케인과 싸우려면 중보기도팀 정도가 아니라 기도군대가 필요하니 우선 우리 성도들의 믿음을 성장 시켜주시고, 더 많은 기도의 용사들이 교회 안에 생기게 해달라고 기도했다.

prayer 기도군대

시카고대회 기간 동안 국가의 재앙을 막고 나라의 운명을 바꾸라는 메시지를 확신하게 된 나는 도미니카에 도착한 후 구체적인 절차를 위해 기도했다. 그 기도 가운데 우선 교계를 연합 시켜야겠다는 결심을 하게 됐고 그날부터 도미니카 기독교계의 리더들을 만

나기 시작했다. 나의 이런 뜻을 알게 된 친구 목사님 한 분이 로렌소 모타킹(Lorenzo Motaking) 목사님을 만나라고 조언해주었다.

"도미니카 안에서 그분만큼 폭넓은 인맥과 교제를 유지하는 목사님은 드물다네. 그러니 꼭 만나보게."

나는 그분의 사무실로 전화해서 비서에게 로렌소사무총장님과의 면담을 신청했다. 언제나 많은 사역으로 분주함에도 불구하고 다행히 시간을 내주어 사무실로 찾아갔다. 모타킹 사무총장님을 만나게 된 나는 우리교회 주일 예배에 설교자로 초청 드리고 싶다는 뜻을 이야기했다. 목사님은 기꺼이 허락하셨고, 주일 설교를 해 주셨다. 나는 목사님께서 설교를 마치시면 그때 차를 나누면서 국가를 위한 기도회를 만들자는 비전을 나눌 생각으로 설교 시간동안 기도를 했다.

'하나님 오늘 저의 이야기에 목사님께서 귀를 기울여 주게 하시고, 긴밀한 협력을 할 수 있도록 마음에 친근감과 유대감을 허락해주세요.'

그런데 주일 설교 도중 목사님께서 이런 말씀을 하셨다.

"나는 이 교회의 담임목사님인 베드로 초이 목사님과 친구가 되고 싶습니다."

나는 하나님께서 역사하고 계시다는 확신이 들었다. 설교가 끝난 후 나는 망설임 없이 국가 재앙을 막기 위한 기도회를 만들고자 하는 비전을 이야기했다.

"정말 좋은 계획입니다. 저도 뜻을 함께 하겠습니다."

하나님께서는 이날의 만남을 계기로 로렌소 목사님을 통해 목회자 네트워크의 회장으로 활동 중인 조오지(Jorge) 목사님과 라디오 방속국을 운영하시며 C.C.C. 대표와 도미니카교회협의회에서 활동 중인 브라울리오 포르테(Braulio Porte) 목사님을 만나게 하셨다.

우리는 함께 만나 국가 기도회에 대해 이야기를 하였다. 전체적으론 좋은 비전이라고 동감했지만 7,000명의 기도자를 모으는 일은 사실상 어려울 것이라는 의견이 지배적이었다. 나는 한국의 새벽기도를 예로 들며 절대 어려운 일이 아니라고 말했다.

"한국에는 매일 새벽마다 수천 명이 모여 기도하는 교회가 여럿 있습니다. 청년들은 물론 장년, 노인 분들, 아이들까지 모두 나와 기도합니다. 우리도 그렇게 될 수 있습니다."

"정말입니까? 그게 가능합니까? 그럼 우리 한국 교회부터 방문해 봅시다."

내 이야기를 들은 목사님들은 너나 할 것 없이 한국을 방문하고 싶어 했다.

'과연 새벽에 수 천 명이 모여 기도하는 것이 가능할까?' 하는 의구심이 반, 정말 그런 일이 가능하다면 보고 배워서 우리도 한번 해보자는 기대가 반이었다. 어떤 이유든 한국을 방문하는 쪽으로 마음이 모아졌는데 여행 경비가 문제였다.

도미니카의 GNP를 감안 하면 한국행 왕복 비행기 값만 해도 큰 부담이었다. 그런데 그때 나의 마음에 우선 무엇이든 실행을 해야 결과가 생긴다는 생각이 들었다.

"각자 비행기 값만 부담하십시오. 한국에서의 경비는 제가 모두 지원하겠습니다. 우리 모두 리더의 마음으로 국가를 사랑하라는 하나님의 말씀에 순종하기 위해 지금 이 일을 계획하고 있습니다. 그러므로 우리의 열정은 물론 재정도 기꺼이 내놓을 수 있어야 한다고 생각 합니다. 저는 기꺼이 그렇게 하겠습니다. 목사님들도 오늘 돌아가셔서 생각하시고 마음에 결심이 들면 제게 연락해 주십시오."

그렇게 헤어지고 며칠이 지났는데 아무 연락도 오지 않았다. 나는 하나님의 뜻이 있다면 이루어 질 것이라는 확신을 갖고 매일 새벽과 낮 시간을 정해 기도를 했다. 그리고 며칠 뒤 로렌소 목사님으로부터 연락이 왔다.

"목사님 어떻게 알았는지 제 주변의 목사님들도 한국 교회를 가보고 싶다고 연락을 해옵니다. 몇 명까지 가능한가요?"

"네, 제가 알아보고 연락드리겠습니다."

비행기 값을 지불하고서라도 한국 교회를 가겠다고 나서는 목사님들이 생각보다 많다는 건 그만큼 이 비전에 가능성이 생겼다는 것이다. 그러나 한국에서 지내는 모든 경비를 내가 지원하기로 했으니 무턱대고 많은 인원을 인솔할 순 없었다. 나는 내가 지원할 수 있는 최대 인원을 9명으로 잡고 로렌소 목사님께 연락을 했다.

"최대 9명까지 가능할 것 같습니다."

"네 알겠습니다. 그런데 어떤 기준으로 사람을 선발해야 할지 모르겠군요."

"제가 먼저 한국에 들어가겠습니다. 그리고 가능한 일정을 알려 드리겠습니다. 그 일정에 맞춰 시간을 낼 수 있는 분들을 조건으로 하면 좀 추려지지 않을까요? 그 다음은 하나님께 맡기면 가능해 질 거라고 생각합니다."

"알겠습니다. 그럼 한국에서 뵙겠습니다."

일정들을 위한 사전준비를 위해 한국에 도착한 나는 우리를 맞이해줄 한국 교회를 찾았다. 그런데 조금은 갑작스러운 방문이라 교회들마다 미리 계획해 놓은 일정들이 많아 우리를 맞이할 수 없다는 답이 왔다. 목사님들이 모처럼 큰 결심을 했는데 이대로 무산시킬 수는 없었다. 나는 다시 한 번 교회들에 연락해 그렇다면 예배 참관이라도 할 수 있는지 물었다. 그런데 그것도 생각보다 쉽지 않았다.

여러 날 기도 끝에 명성교회에서 예배 참관이 가능하다는 연락이 왔다. 할렐루야!

나는 하나님께서 인도해주심을 이것으로 다시 한 번 확인했다. 그 많은 교회 중 딱 명성교회라니. 명성교회라면 우리나라에 새벽기도의 산실과도 같은 곳이 아닌가! 비록 내 주머니에 재정은 넉넉지 않았지만 나는 믿음으로 이 계획을 실행 시켰다.

3월 초순 일행들이 도착했다.

신청 인원이 많아 걱정했는데 날짜가 정해지면서 스케줄상 빠지는 인원이 생겨났고 한국에 도착한 인원은 총 5명이었다. 아내와 나를 포함하니 총 7명이 동행하게 됐고 목사님들은 하나님께서 우리의 인원을 완벽한 숫자 7로 맞추어 주셨다고 이야기하며 이번 참관 기간 동안 하나님께서 보여주실 은혜와 역사를 기대했다.

처음 도착해서는 장신대 세계선교센타 숙소에 짐을 풀었다. 명성교회와 가까운데 위치해있고 경치도 좋았다. 필요한 경비는 갈보리교회에서 제공해주었다. 신학교 동기목사인 상계동제자교회 유충국 목사님은 교회 봉고차를 한 대 빌려주셨다. 내가 직접 운전해 목사님들을 태우고 명성교회로 달려가 예배를 드렸고, 이튿날 새벽 목사님들을 깨워 다시 봉고를 달려 명성교회에 도착했다. 예배당 문이 열리자 성전을 가득 메운 성도님들의 모습이 보였다.

중고등부 아이들까지 빼곡히 앉아 있는 모습을 본 목사님들은 그 광경 자체에 압도당하고, 큰 은혜를 받았다. 한 목사님은 "아니 지금 한국에 무슨 재난이 있길래 이렇게들 모여 기도합니까?"라고 묻기도 했다. 나는 지금 한국은 아주 안전한 상태이며 이것은 특별한 광경이 아니라 늘 일어나는 일상이라고 말씀드렸다.

"한국 전쟁 후, 단 50년 만에 한국을 재건한 힘이 바로 이것이었군요!"

한 목사님이 이렇게 말씀 하자 나머지 다섯 명의 목사님도 고개를 끄덕였다. 나는 그 자리에서 목사님들에게 우리도 기도로 도미니카를 일으킬 수 있으니 우리가 연합하여 국가를 위해 기도하는 구국 모임을 만들자고 이야기했다. 목사님들은 나의 말에 조금 놀라며 과연 도미니카 사람들이 이렇게 모일 수 있을지 모르겠다고 말했다.

그날 오후 우리의 방문을 알게 된 의정부광명교회 최남수목사께서 감사하게도 숙소를 롯데호텔로 옮겨 주셨다. 낮 동안 서울을 잠시 둘러보고 호텔로 돌아와 잠을 잤다.

그리고 다음날 아침 우리 7명의 마음에 성령님께서 동시에 임재 하셨다. 동그랗게 둘러 앉아 식사를 기다리고 있는데, 우리 7명의 마음에 구국기도모임에 대한 비전이 세워진 것이다.

우리는 누가 먼저랄 것도 없이 서로의 얼굴을 쳐다봤다.

"방금, 들었어?"

"베드로, 베드로도 들었어요?"

"네, 국가 기도모임!"

더 이상의 의논도, 지체도 필요 없었다. 우리는 그 자리에 즉시 나라를 위한 기도모임을 조직할 계획을 짰다.

'기도로 국가의 재앙을 막자!'라는 목표를 세우고, 나라를 위해 기도로 싸우는 것이니 그 모임의 이름을 '기도군대'로 정했다.

"도미니카에 도착하면 정식 단체로 등록합니다."

"단체 명칭이 정해졌으니 로고부터 만듭시다."

7명이 머리를 맞대고 로고를 완성했다.

도미니카에 돌아 온 우리는 다시 한번 모여 단체 등록을 마치고 기도회를 열었다.

"하나님, 지금은 단 7명이지만 저희를 시작으로 7천 명의 기도군대를 세워 주시옵소서!

엘리야처럼 이 나라를 위해 재앙과 맞서는 비전을 세웠습니다. 우리와 함께 나아갈 7천명의 기도 군사를 허락해주시옵소서!"

그렇게 마침내 도미니카에 국가의 재앙에 맞서기도 할 기도 군대가 조직 되었다.

도미니카로 돌아오는 비행기 안에서 우리의 화제는 단연 새벽기도였다. 그 새벽에 하나가 되어 뜨겁게 기도하는 것을 보고 다들 놀란 것이다. 도미니카는 모든 중요한 행사는 밤에 하는 풍습이 있고, 또 열대지방이라 낮에는 활동을 많이 하지 않는다. 그러다 보니 많은 사람들이 야행성으로 지낸다. 그런 일상에 익숙했던 도미니카 리더들의 눈에 이른 새벽부터 자가용, 교회버스에서 사람들이 끝도 없이 내려 예배당에 모이는 광경이 펼쳐지니 얼마나 놀라웠겠는가.

우리는 이 여세를 몰아 '기도 군대'를 정식 단체로 등록했다. 그리고 7명의 목사들이 정기적으로 모여 7천 명의 기도군대를 모을 방법을 찾았다. 나는 기도하는 가운데 떠오른 아이디어를 제시했다.

"우선은 여기 있는 우리가 한 사람당 10명씩을 모아 그룹을 만들어 봅시다. 그 다음 그 10명의 리더에게 다시 열 명을 모으게 하면 어떨까요?"

"그러면 다음 모임 때 70명, 그 다음 모임 때 700명 이상이 되겠군요!"

"네, 그렇게 차근차근 시작하는 게 좋을 것 같습니다. 그럼 우리 각자가 동원할 수 있는 한 가장 영향력이 있는 기독교인들을 모아 봅시다."

"좋습니다! 우리 각자 꼭 열 명씩을 모아 우선 70명을 만듭시다!"

만장일치로 첫 번째 기도회 인원수가 정해졌다. 나는 얼른 시간과 장소를 확정 시켰다.

"날짜는 4월 25일 장소는 호텔 리나, 필요한 경비는 제가 모두 댈 테니 여러분은 반드시 열 명을 채우는 데 주력해주십시오!"

내가 그렇게 말하자 한 목사님께서 베드로 목사님은 한국에서 큰 부자냐고 물었다.

"저는 부자가 아니지만 부자 아버지가 계십니다."

그러자 다들 그럼 정말 모든 경비를 공짜로 알고 사람을 모으겠다고 했다. 나는 걱정 말라고 대답했다. 목사님들과 헤어져 집으로 온 나는 재정을 마련하기 위해 다시 기도를 시작했다.

'하나님, 목사님들의 마음에 이 기도회에 대한 사명과 10명의 명단만이 꽉 차게 해주세요. 모든 재정과 진행은 저에게 맡겨주시고, 제가 능히 해낼 수 있도록 해주세요. 새로운 모임이 세워질 때 첫 번째 모임이 가장 중요함을 경험으로 알게 되었습니다. 한 명도 빠짐없이 목표를 달성하여 70명이 된다면 이 모임의 미래는 밝습니다. 그러나 7명 중 누구하나라도 목표를 달성하지 못한다면 그는 매우 큰 실의에 빠지게 될 것입니다. 그들이 오직 리더들을 모으는데 집중할 수 있도록 재정과 같은 문제는 저를 사용하여 주세요!'

약속한 4월 25일, 77명의 인원이 정말 완벽하게 채워졌다.

우리는 지금모인 77명을 초대 리더로 정하고 이제 리더의 입장에서 각각 10명씩 각 교단의 리더 목사님을 모셔오자는 계획을 세웠다. 두 번째 프로젝트가 선포된 것이다.

77명이 각 열 명씩 목사님을 모시고 오면 777명의 목사로 이루어진 기도 군대가 조직되는 것이다. 사명을 받은 그들이 피워

올릴 기도의 불꽃이 강력할 것이라는 기대에 모두 고무되었고, 7월 1일 산도도밍고 자치대학(uasd.edu.do)의 강당에서 다음 모임을 갖는 것으로 결정하고 그날이 속히 오기를 소망하며 뜨겁게 기도를 했다.

기도를 마친 목사님들이 돌아가시고 나는 혼자 남아 호텔 측과 오늘 행사비를 정산하게 되었다. 그런데 영수증을 받아보니 분명 500만 원쯤 청구되었어야 하는데 비용이 150만으로 줄어 있었다. 혹시 계산이 잘못된 건 아닌지 호텔 측에 물어 봤더니 지배인이 대답 대신 "가나안교회 목사님 맞으시죠?"라고 물었다. 내가 그렇다고 했더니 "방송에서 가나안 교회를 보도하는 것을 보았습니다. 우리 지역사회에 그렇게 좋은 교회가 있다는게 너무 기쁜 일입니다. 앞으로도 우리 지역사회를 잘 이끌어 주시길 바랍니다, 모임이 필요하다면 언제든 우리 호텔을 이용해 주십시오. 그때도 오늘처럼 저희가 해드릴 수 있는 한 최대로 도와 드리겠습니다."라고 이야기했다. 하나님께서 매니저의 마음을 움직여 재정을 도우시고, 이 모임을 응원해주시고 계시다는 확신이 들었다.

모임이 선포 된 후에는 오직 기도 밖에 방법이 없다는 생각이 들었다. 그래서 최대한 대외 행사 스케줄을 줄이고 모든 시간을 기도에 바쳤다.

그런데 일주일 쯤 지났을까? 갑자기 교회에 전화가 빗발쳤다. 전화를 받아보니 이번에 777명의 리더가 모인다고 들었는데 자신도 그 모임에 낄 수 없냐는 목사님들의 전화였다.

지난 4월 25일에 도미니카의 리더 77인이 모여 기도회를 가졌고, 이제 7월 1일에 그들을 주 측으로 모이는 777명의 2차 기도회가 있다는 소문이 일주일 사이에 도미니카 전역에 쫙 퍼졌고, 목사님들 사이에서 이번 7월 1일 모임에 초청되지 못하면 도미니카 내의 리더가 못 된다는 인식이 생긴 것이다. 5월에서 7월이 되는 두 달 동안 정말 하루에 수 십 통씩 전화를 받았고, 그건 나머지 76명의 리더들도 마찬가지였다. 마침내 7월 1일이 되었고 그 자리에는 무려 1,500명이 모이는 역사가 일어났다.

그리고 또 하나의 역사가 일어났다. 기독교계 밖에서도 이 기도회가 화제가 된 것이다.

"도니미카 기독교계를 대표하는 777명의 리더들이 기도회를 한다."는 소문이 기독교계를 넘어 도미니카 전역에 퍼졌고 행사 당일에는 1,500명의 기독교인 외에 취재진과 구경꾼까지 더해졌다.

"하나님께서는 엘리야로 하여금 국가의 대재앙과 맞서게 하셨습니다. 우리는 이 순간 모두 엘리야가 되어야 합니다. 그리고 동시에 엘리야를 위해 기도를 했던 7,000명의 선교사가 되어야 합니다. 자, 우리 모두 국가를 위해 기도합시다. 마약, 음란, 재앙, 이 모든 것은 영적인 전쟁에 속하는 것입니다. 하나님을 믿는 우리가 먼저 이 사실을 깨닫고 기도로 맞서야 합니다. 깨어납시다! 하나님 안에서 우리는 이 모든 문제와 맞서 승리 할 수 있습니다."

"허리케인을 막는다! 죄는 물러가라!"
77인의 리더들이 미리 준비한 도미니카 안에서 사라져야 하는 죄 리스트를 읽고 그 모든 게 하나님의 권능으로 사라지고 뿌리 뽑히게 될 것임을 선포했다. 그 자리에 모인 모두 합심하여 뜨겁게 기도했다. 그리고 이제 다가오는 8월 22일에는 여기 새롭게 모인 700명이 각 10명씩을 초청해 7,000명의 기도의 용사를 모으기로 결의했다.

7월 1일 집회가 매스컴에 대대적으로 보도 됐다. 머리기사는 모두 허리케인에 초점이 맞춰져 있었다.

"도미니카의 기도군대가 허리케인을 잡는다!"

"기도군대여 반드시 승리하여 도미니카에 평안을!"

국민들 사이에는 도미니카의 기도군대가 허리케인을 잡는다, 못 잡는 다를 놓고 내기가 일어났다.

그런데 기도회가 있었던 7월에 허리케인 안나, 빌이 도미니카를 비켜갔다. 이렇게 되니 매스컴은 물론 국민들까지 반신반의하는 가운데, 기도 군대를 지지하는 분위기가 형성됐다.

나는 외부의 소리를 최대한 차단하고 8월 22일 집회 준비에 총력을 기울였다. 장소를 찾아보니 도미니카 안에 7,000명의 모임을 수용 할 장소가 생각보다 많지 않았다. 여러 장소를 헤맨 끝에 떼오크루스라는 복싱경기장을 섭외했다. 관중석이 3층으로 지어져 있어서 많은 인원을 수용할 수 있는 구조라 적합했다. 다행히 장소는 찾았지만 이전에 이런 규모의 모임이 없었던 터라 막상 준비를 하려고 하니 집회 규모에 맞는 장비나 시설을 구하기가 어려웠다.

매일 시간을 따로 내어 기도하랴, 집회준비를 하랴 눈코 뜰 새 없이 바쁜데 갑자기 방송국에서 연락이 왔다.

"사바도 코포랑(Sabado Corporan)에 목사님을 모시고 싶어 전화를 드렸습니다."

사바도 코포랑쇼?

나는 잠시 내 귀를 의심했다. 이 쇼는 도미니카는 물론 미국까지 방송이 되는 최고의 TV쇼였다. 매주 토요일 12시부터 저녁7시까지 진행되는 생방송 쇼인데 '사바드'란 토요일이란 뜻이고 '코포랑'은 진행자의 이름으로 우리나라 식으로 말하면 '토요일 코포랑쇼' 정도인데, 한국에서 1980년대에 인기가 많았던 '토요일 토요일은 즐거워' 같은 음악 버라이어티 프로그램이다.

성인을 대상으로 하는 쇼이고, 쇼가 진행되는 내내 비키니를 입은 반라의 미녀들이 춤을 추며 분위를 화려하게 한다. 그런데 이 쇼에서 나를 초대하다니 참으로 황당한 일이었다. 그래서 왜 나를 초대하려 하냐고 했더니 역시 '허리케인을 막는 기도'에 대해 이야기를 듣고 싶다고 했다. 마음에 잠시 갈등이 왔지만 곧 섭외에 응하겠다고 했다. 우리의 기도회를 두고 많은 소문과 예측들이 도는 것 같은데 이 기회에 방송을 통해 우리의 비전과 계획을 제대로 선포하는 것이 낫겠다고 판단한 것이다.

나는 기도군대를 만든 최초의 목사님 여섯 분들에게 전화를 걸어 사바도 코포랑 쇼에 초대를 받았으니 출연을 준비하라고 했다. 그러자 목사님들이 전부 도대체 돈을 얼마나 들였길래 그 쇼의 출연권을 따냈냐고 물었다. 그래서 그쪽에서 섭외가 온 거라고 했더니 전부 그럴 리가 없다고 했다.

목사님들의 설명을 들으니 사바도 코포랑쇼는 내가 알고 있는 것보다 훨씬 인기가 많고, 영향력이 큰 쇼였다. 도미니카 사람들은 물론 미국에 거주하는 남미계통 사람들이 전부 시청하는 프로로 시청자 수를 헤아릴 수 없다고 했다. 그래서 이 프로그램에 단 몇 분이라도 출연하려면 연예인도 수 만 달러의 돈을 지불해야 섭외가 될 수 있다고 했다.

7월 중순으로 출연 날짜가 잡혔다.

코포랑쇼 최초로 목사님 여럿이 출연자석에 주르륵 앉았다. 12시가 되어 방송이 시작되었다. 진행자가 인사를 하고 우리를 소개했다. 그리고는 프로그램과 자신을 위해 기도를 해달라는 뜻밖의 말을 했다. 공중파 쇼 방송에서 기도부탁이라니 이례적인 일이었는데, 얘기를 들어보니 진행자가 암에 걸린 상태였다.

나는 진행자와 코포랑쇼를 위해 기도를 했다.

"하나님, 이렇게 영향력이 많은 코포랑이 하나님 복음의 나팔수가 된다면 많은 남미의 사람들이 구원을 받게 될 것입니다. 코포랑에게 복음과 치유를 주시고 이 방송과 방송을 보는 모든 사람이 마음에 하나님을 영접하게 하소서."

기도를 마치자 코포랑이 나에게 목사님이 이 기도군대의 대장이냐고 물었다. 그렇다고 대답했더니, 도미니카를 위한 기도군대의 대장이 동양분이라니 의외라고 했다. 나는 하나님 안에서 우리는 모두 동일한 지위와 가능성을 갖는다고 대답했다. 그러자 코포랑이 이제 본격적인 얘기를 해보자며 정말 허리케인이 안 오겠냐고 물었다. 나는 "매년 7월 허리케인이 도미니카를 강타했지만 이미 두 개의 허리케인이 도미니카를 피해 갔으며 하나님의 역사가 시작되었습니다." 라고 말했다.

그러자 코포랑이 고개를 끄덕이며 사실은 나의 어머니가 크리스천이다. 어머니는 날 위해 늘 기도 하신다. 나는 그것을 알면서도 아직 교회에 가지 않았다 그래서 그것이 늘 마음의 짐이라고 고백해왔다. 그러면서 나와 기도군대에 대한 질문을 계속 해나갔다. 본래 5분간 출연하고 나오는 것이었는데, 1시간 20분을 무대에 머물며 예정된 가수가 나오면 이야기를 멈추고, 노래가 끝나면 대화를 이어가기를 계속했다.

나는 하나님의 역사하심을 느꼈고 기도군대의 비전을 마음껏 선포했다. 엘리야와 7,000명의 선지자들의 이야기도 하고, 하나님께서 반드시 허리케인을 물리쳐 주실 것이니 모두가 합심하여 기도해야 한다고 이야기했다. 그리고 이 이야기는 도미니카 전 지역은 물론 미국 전역으로 방송되었다.

8월 22일 행사를 2주 앞둔 8월 첫 주, 국회 광장에서 기도회를 위해 300명이 집결했다. 기도회 이전부터 '결혼법 개헌'에 대한 시위가 간헐적으로 일어나고 있었는데, 이번에는 기독교인들이 집중적으로 모여 국회에 의사를 표명한 것이다.

개헌을 요구한 내용은 '교회 결혼의 합법화'였다.

도미니카에서 결혼을 하려면 방법이 두 가지가 있다. 하나는 성당결혼이고, 하나는 기관결혼이다. 성당결혼은 성당에서 결혼식을 한 후 결혼증서에 가톨릭 신부의 사인을 받는 것으로 절차가 간단한데 반해, 기관결혼은 결혼식을 마친 신랑신부가 증인한 명씩을 데리고 판사 앞에서 선서를 해야 결혼이 인정됐다.

문제는 이 두 가지 절차 외에 '교회'에서 결혼을 할 경우 그것이 법적으로 인정되지 않는다는 점이었다. 나라에서 인정하는 종교기관이 오직 가톨릭으로 법에 정해진 탓이었다. 과거에는 이것을 문제 삼는 사람이 많지 않았는데 도미니카 내 기독교 성도들의 숫자가 늘어나면서 이것이 역차별로 인식되었고 8월 첫 주를 기점으로 도미니카 내 기독교인들이 하나가 되어 정부에 강력한 성명을 낸 것이다.

기도군대 리더들이 긴급 소집되어 이 사안에 대해 기도와 논의를 시작했다. 우리는 우선 이러한 시민들의 결집 뒤에 정치적 배후가 있는지를 확인했다. 최근 기독교 성도들의 세력이 커지면서 이것을 정치로 이용하려는 세력들이 종종 있었기 때문이다. 면밀하게 조사한 결과 성도들의 자발적인 집결이며 시대의 흐름이라는 것을 알게 되었고, 기도로 지원할 것을 결의했다.

우리 그룹 안에도 로스쿨 출신의 목사님들이 여러분 계셔서 그분들로 팀을 꾸려 법 발의를 준비시켰다. 비록 당시에 헌법재판소장이 가톨릭신자라 '교회 결혼의 합법화'라는 이 안건이 통과할 확률은 희박했지만 우선 발의를 추진한 후 도미니카 국가 요직에 기독교 영성을 가진 인재들이 등용되게 해달라는 기도를 병행하기로 의견을 모았다.

그런데 뜻밖에도 하원에서는 통과가 되었다는 연락이 왔다. 시도는 했으나 모든 상황이 낙관적이지 않음을 알고 있었던 우리 모두가 놀랐다. 그래서 어떻게 된 사실인지 알아보니 당시 법안이 발의 된 시점이 국회 예산안을 통과 시킬 예민한 시기라 비교적 관대한 기준으로 안건들이 승인을 얻은 것이다.

안건이 반려될 경우 그 안건과 관련된 단체들이 반발을 일으키고 정부 예산에 대한 신랄할 비판으로 공격해 올 것을 예상한 행보였다. 그런 정치적 상황까지는 모르고 발의를 했는데 하나님께서는 그 상황마저 우리에게 유리하게 작용하도록 해 주신 것이다. 우리는 상원을 통과하기까지 남은 1년을 두고 합심하여 기도할 것을 약속하고, 2주 뒤로 다가온 8월 22일 집회를 위해 뜨겁게 기도하기 시작했다.

　그리고 2009년 8월 22일, 7,000명을 약속했던 그날이 되었다. 나는 아침 일찍 복싱경기장으로 달려가 아무도 없는 빈곳에서 준비 기도를 하고, 대회를 위해 초청한 최남수 목사님과 리더들이 오기를 기다려 다시 합심기도를 했다. 코포랑쇼가 방영된 후 다른 매스컴에서도 몇 번 더 인터뷰 요청이 와 방송을 탔고, 방송이 나간 후 이 모임에 오고 싶다면 시간과 장소를 묻는 전화도 많이 왔다.

　"제 생각엔 7천 명보다 훨씬 많이 모일 것 같습니다."

　"네, 저도 만 명 이상은 모일 것 같아서 순서지를 1만2천부 준비했습니다."

　누가 시키지도 않았는데 각자 만 명 정도를 예상하고 집회 준비를 했다는 걸 알게 됐다. 정전이 될 것을 대비해 발전기도 여러 대 대여하고, 3층까지 불을 밝힐 수 있도록 시설 준비도 다 해놓았다.

　나는 무대 뒤에서 오늘 할 설교와 집회의 은혜를 위해 뜨겁게 기도했다. 그리고 시간이 되어 단상에 올랐는데, 겨우 한층만 사람이 차있었다. 이층까지는 꽉 차야 7천명인데 1층이라면 3천명쯤 모인 것 같았다.

　'새로운 태풍이 올 거라는 소식도 있었는데, 인원이 너무 적구나... 오늘 7천 명이 모이고, 엘리아가 갈멜산에서 영적 싸움을 이겼듯 우리도 승리하자고 외치려고 했는데... 아...'

　마음에 말 할 수 없는 낙심이 찾아왔다. 멀리서 오셔서 힘을 보태주신 최남수 목사님께도 죄송한 마음이 들었다. 다행히 기도회가 뜨거웠음에도 불구하고 내 마음은 온통 실패했다는 생각으로 얼룩졌다.

집회 끝까지 마음을 회복하지 못하고, 함께 식사하자는 목사님들의 제의도 사양하고 집으로 돌아왔다. 성전에 엎으려 기도하는 와중에도 낙심한 마음이 회복되지 않아 힘들어 하고 있는데 전화벨이 울렸다. 전화를 받으니 평소 잘 알고 지내던 상원의원이었다.

"목사님! 오늘 구국기도회에 3,000명이 모였다는데 정말입니까?"

"네... 그 정도 모였습니다."

"정말 대단합니다. 기도군대가 정말 대단한 일을 하셨습니다. 국가와 민족을 위해 국민 3,000명이 집결 되었다니요. 이건 정말 엄청난 일입니다."

상원의원은 아주 고무되어 앞으로 필요한 지원이 있으면 언제든 말하라는 당부를 하고 전화를 끊었다. 그리고 바로 전화벨이 울렸다.

"여보세요?"

"목사님 도미니카 신문의 기자입니다. 오늘 집회에 3,000명이 모였다는 게 정말입니까?"

"네, 그 정도 모였습니다."

"목사님! 그 정도라니요. 정말 굉장합니다. 인터뷰 언제 가능하신가요?"

전화로 이메일로 감탄과 격려가 계속 전달되었다. 나는 하나님께서 나를 격려하신다는 것을 느낄 수 있었다. 리더 목사님들에게 연락해 내일 모여서 오늘 집회에 인원이 다 채워지지 않은 이유를 파악하고, 다음 집회 계획을 세우자고 연락드렸다.

외부의 반응은 긍정적이었지만 우리 안에서는 7,000명에 대한 확신이 워낙 강했던 터라 다들 실망한 기색이 역력했다.

"제 생각엔 날씨가 너무 더워서 사람들이 안 온 것 같습니다."

"베드로 목사님 복싱장을 빌리실 때 할인을 받으셨죠? 혹시 그것 때문에 에어컨을 안 넣어 준거 아닐까요?"

할인을 받은 건 맞지만 그것 때문에 에어컨을 안 틀어 준 게 아니라 에어컨이 고장 난 상태라 틀 수 없었다. 그날 에어컨을 틀려면 수리비를 부담하라고 했는데 그게 2만 달러였다. 그런 설명을 하던 나는 슬슬 부아가 났다. 이 상황을 영적으로도 보고, 긍정적으로 원인을 파악해 다음 집회는 성공시키자고 모인 건데, 다들 인간적인 원인과 남 탓에 집중하고 있으니 답답해진 것이다.

"목사님들! 예수님께서 언제 에어컨 틀고 집회 하셨습니까? 사도 바울도 평생에 한번을 에어컨시스템 있는 데서 전도 한 적 없습니다. 우리 성경대로 합시다. 다른 사도들이 했듯 기도의 제물이 됩시다. 각자 기도시간 그대로 지키시고, 앞으로 40일 간 오후 3시에 기도합시다. 언제 어디에 있든 그 시간엔 기도합시다."

"목사님 그 시간은 하루 중 제일 더운 시간입니다."

"압니다. 그러니까 그 시간에 하자는 겁니다. 제물은 바쳐지는 겁니다. 그 정도 고통은 감내해야 기적을 볼 수 있다고 생각합니다."

다시 한 번 강하게 이야기 하자 더 이상 반발하는 사람은 없었다. 그러나 목사님 중 다섯 분 정도는 대번에 표정이 안 좋게 바뀌며 가보겠다며 돌아갔다.

　나머지 목사님들도 돌아간 후 다시 혼자가 된 나는 하나님 앞에 무릎을 꿇었다.

　"하나님, 오후 3시 예배와 더불어 저는 금식을 하겠습니다. 아버지 7,000명의 기도군대를 허락해 주십시오. 그리고 지금 상륙하는 허리케인을 막아 주십시오. 먼지처럼 흩어 사라지게 하시고 맑은 하늘을 보며 하나님의 은총을 인정하게 하소서! 아버지 나부터 기도의 제물이 되겠습니다. 제발 우리의 기도를 받아주소서!"

 오직 기도

　우리 내부에서는 아직 7,000명의 군대에 대한 갈급함이 있어 아직 기뻐할 순 없었지만, 8월 22일 3,000명의 기독교인이 국가와 민족을 위해 기도했던 그 집회만으로도 도미니카 내에서 기독교의 위상이 많이 올라갔다. 많은 국민들이 기도 군대를 지지했다. 우리는 회의를 소집해 국민들이 우리를 지지하는데 그치지 않고 기도에 동참시킬 수 있는 방법을 찾았다. 긴 회의 끝에 '기도방송' 편성을 요청하자는 아이디어가 나왔지만 이전에 의견 충돌을 일으킨 다섯 분은 찬성도 반대도 하지 않고 시종일관 불편한 표정으로만 자리를 지키다 가셨다.

　기도군대의 인지도와 영향력이 향상되고 국민들의 기대가 커져갈 수록 내 마음에 부담감도 커졌다. 금식하며 하루 세 번 시간을 정해 반드시 기도를 했다. 특히 3시 기도는 내가 선포했지만 정말 힘든 기도시간이었다. 가장 더운 시간임은 물론 하루 중 가장 중심에 있는 시간이니 밖에서 스케줄을 진행 하다가도 중간에 들어와 기도하고 다시 나가야했다. 하지만 포기 할 수 없었다. 이것이 실패하는 순간 나는 사기꾼 종교지도자가 되는 것이며, 지난 20년간의 사역이 물거품이 되는 것이다.

9월19일에 큰 딸이 미국 보스턴에서 결혼식을 올릴 때에도 아내와 나 모두 허리케인 기도로 다른 겨를이 없어서 정말 겨우 참석만 했다. 가는 차안에서도 계속해서 허리케인의 경로를 주시하고 있었다.

후렛이라는 허리케인이었는데 도미니카를 향해 오다가 인근 바다에서 24시간 째 멈춰있는 상태라고 했다. 나는 그대로 멈출 것을 기도했다. 그런데 곁에서 내 기도를 듣던 아내가 "멈출 것이 아니라, '허리케인아 빠져라!' 라고 기도하셔야죠!"라고 외쳤다.

우리는 합심하여 허리케인이 빠져나가길 기도했다.

할렐루야!

드디어 허리케인이 방향을 우회하여 버뮤다까지 올라가 버뮤다 앞에서 좌회전하여 서쪽 미국 아틀랜타로 흘러갔다.

결혼식 일정을 마무리하고 돌아오는 길부터 또 다시 허리케인 기도에 전념했다. 금식기도 일주일 만에 몸무게가 10파운드가 빠졌다. 낮 기온 40도의 상황에서 몸부림치며 기도하니 뇌압이 올라가 눈에 있는 실핏줄들이 터지기 시작했다. 눈을 감아도 아프고, 뜨면 더 괴로웠다. 밤이 되면 잠이 깬 상태도 아니고 잠든 상태도 아닌 채로 일어나 침대 곁을 서성이다 푹 쓰러져 아내를 여러 번 놀라게 했다. 하지만 이런 육체적 고통은 문제도 되지 않았다. 이 기도로 7,000명이 허락되고 그들과 기도할 수 있다면 허리케인쯤은 능히 물리 칠 수 있는데 이 과정만큼은 반드시 견뎌야 한다는 생각이 들었다.

집회를 일주일 쯤 앞둔 어느 날 나는 결국 기도하던 상태 그대로 고꾸라진 채 잠시 의식을 잃었다. 얼마나 그렇게 엎드려 정신을 잃었었을까 기도 할 때는 한 낮이었는데 돌아보니 예배당이 어둑어둑해져 있었다. 기운이 없어 가만히 엎드려 있는데 마음에 서글픔이 차올랐다.

'아... 나는 무엇이 두려워 이토록 고통스러워하는 것인가, 하나님의 뜻임을 정말 마음깊이 확신한다면 이런 두려움은 없어야 하는 것이 아닌가. 결국 이것이 내 믿음의 바닥인가... 나는 겨우 이정도 믿음으로 대재앙과 맞설 결심을 하고 감히 엘리야를 따르겠다고 선포한 것인가.'

내 자신이 너무 초라해 한 없이 땅으로 꺼지는 기분이 들었다. 한참을 한참을 그렇게 땅으로 꺼지며 바닥에 팽개쳐진 느낌에 갇혀 있으니 마치 감옥에 버려진 것 같은 기분이 들었다.

그런데 그때 나의 마음에 다니엘이 갇혔던 사자굴이 떠올랐다. 그리고 문득 이런 생각이 들었다.

'그래... 다니엘은 사자 굴에 갇혔었지... 제 아무리 다니엘이라도 그 순간에 두려움 정도는 느끼지 않았을까... 그가 사람이라면... 사람이라면 누구나... 그래 두려워 할 수 있다.'

내 입에서 "그래 두려워 할 수 있다."라는 위로가 나왔다.

마치 하나님이 나를 향해 해주시는 말씀 같았다. 나는 몸을 일으켜 무릎을 꿇고 하나님 앞에 엎드렸고 하나님께서는 나에게 다니엘을 묵상하게 하셨다.

다니엘에게도 포로시절과 같은 암흑기가 있었다. 하지만 기꺼이 견뎠고 왕이 네 번씩 바뀌는 동안 그는 탑 리더의 자리에 있었다. 다니엘은 어떤 경우에도 하나님을 증거 하는 것을 포기하지 않았다. 그래서 다니엘을 만난 사람은 그게 누구든 마침내 하나님을 인정하게 됐다. 느부갓네살 왕도 다니엘 앞에 무릎 꿇고 "네가 믿는 하나님"이라고 고백하고, 다리오 왕은 새벽에 다니엘을 불러 "너의 하나님이 너를 건지지 않겠냐."라고 했다. 그러자 다니엘이 "왕이여 걱정하지 마옵소서."라고 이야기 한다. 결국 다니엘이 살아 나오고 그것을 본 다리오 왕은 다니엘을 모함하는 사람들은 저들과 같이 사자 굴에 집어넣어 버리겠다고 선포한다.

살면서 하나님을 증거하면 어려움이 오지만, 심지어 하나님을 믿는 것만으로 핍박을 받게 되는 수도 있지만, 하나님을 믿는 사람에게 오는 어려움은 성장할 수 있는 기회이다.

다니엘도 두려웠을 것이다. 그러나 기도로 견뎠다. 다니엘도 사람인데 사자 굴에 갔을 때 왜 겁이 안 났고 스트레스가 없었겠는가. 그러나 끝까지 기도했고, 결국 하나님과 사람 모두에게 인정받는 리더가 된다.

'그래, 오직 기도뿐이다. 앞으로 더한 실패와 어려움이 와도 절대 기도만큼은 포기하지 않겠다.'

기도를 마치고 목사님 한 분, 한 분께 전화를 걸어 절대 포기하지 말자고 우린 할 수 있다고 격려를 했다.

"이번에는 반드시 성공할 수 있도록 최선을 다해 기도하겠습니다. 믿고 다시 한 번 힘 내 주십시오. 모든 비용, 모든 책임은 제가 지겠습니다. 에어컨 대신 에어컨처럼 시원한 날씨를 달라고 기도하고 있습니다. 반드시 그렇게 해주실 것입니다."

이전부터 마음이 상해 있던 다섯 분에게도 전화를 걸었다. 그 순간 하나님께서 그분들의 마음을 녹여주셔서 다시 단결할 수 있게 됐다.

허리케인을 잡다

마침내 10월 10일이 되었다. 이전과 같은 장소 떼오크루스라 복싱경기장에서 다시 한 번 7,000명을 목표로 기도회가 시작되는 것이다. 복싱경기장으로 떠나기 위해 준비를 하고 있는데 아내가 상기된 표정으로 내게 다가오니 "목사님! 보슬비가 와요!"라고 이야기 했다. 나가보니 정말 보슬비가 내리고 있었다. 바람까지 슬슬 불어 한국의 어느 가을날 같은 날씨였다. 동시에 지난 20년 간 도미니카에는 단 한 번도 없었던 날씨였다.

도미니카에 비가 내리면 백발백중 스콜 형태다. 순식간에 퍼붓고, 약한 비라고 해도 한국의 거센 소나기 이상 퍼붓는데 오늘은 보슬비가 내리고 있는 것이다. 오늘까지 최선을 다했지만 강사용 에어컨 두 대 밖에 준비를 못해 마음에 걱정이 있었는데 비와 함께 말끔하게 씻겨 내려갔다.

경기장으로 출발하기 위해 교회 밖으로 나와 하늘을 보니 적당한 구름이 드리워져 해를 막아주고 있었다, 빗방울도 시원하고, 바람도 많아 전혀 덥지 않았다. 하나님께서 온 도미니카에 에어컨을 틀어 주신 듯 했다. 비단 나만의 느낌이 아니었다. 설교자로 초청된 이필재 목사님과 최남수 목사님을 모시고 대회장소로 가는 동안에도 "자동차 안이 시원해 마치 에어컨을 틀은 것 같다.", "보슬비가 지열을 식혀주는 역할을 하고 때마침 시원한 바람까지 더해지니 지역 전체에 에어컨을 가동한 효과가 일어난 것 같다."라는 대화가 계속 오고갔다.

강단 뒤편으로 가는 길에 경기장을 살피니 1층이 거의 다 차있었다. 집회가 시작 될 때까지 기도를 드리고 강단으로 나섰다.

'아... 할렐루야!'

2층까지 꽉 메운 사람들이 저마다 하늘을 향해 손을 들고 준비

기도하고 있었다. 마침내 7,000명의 기도군사가 모인 듯 했다. 이필재 목사님, 최남수 목사님과 나는 한마음이 되어 뜨겁게 집회를 했다.

"도미니카의 미래는 오직 하나님의 손에 달려 있습니다! 그리고 그것은 2천 년 전에 이미 예비된 하나님의 계획하심입니다. 여러분 정면의 국기를 봐주십시오! 여기 이 나라 도미니카의 국기 한 복판에 성경책이 펼쳐져 있습니다. 저는 국기에 새겨진 성경책을 발견하는 순간 하나님께서 이 나라를 사랑하시며, 이 나라를 위해 예비해 놓으신 축복이 있다고 강하게 확신했습니다. 이 나라 도미니카에는 가능성과 비전이 있다고 믿습니다. 비록 작지만 전 세계에 선교사를 파송한 영국처럼, 이곳 도미니카도 반쪽짜리 섬나라지만 언젠가는 믿음의 대국이 되어 세계로 선교사를 배출하는 나라가 되는 번영을 이루게 될 것이라 믿습니다."

우레와 같은 함성과 아멘 소리가 들려왔다.

"하나님은 절대 이 나라를 허리케인에 내어주지 않으실 겁니다. 이제 기도함으로 도미니카의 모든 환경이 바뀔 것입니다. 허리케인은 도미니카의 운명이 아닙니다. 싸워 물리쳐 이길 재앙에 지나지 않습니다. 우리가 기도를 포기하지 않는 한 우리는 절대 패배하지 않습니다. 여러분 우리 엘리야와 함께 기도한 7,000명의 기도용사가 됩시다. 하나님 우리에게 기회를 주셨습니다. 오늘 '안나'라는 허리케인이 도미니카에 도착한다는 예보를 모두 보셨을 줄로 압니다. 이것이 하나님께서 우리에게 주신 기회입니다. 우리는 오직 기도로 허리케인을 물리칠 것입니다. 오직 기도로 반드시 승리하게 될 것입니다!"

뜨거운 은혜 가운데 집회가 마쳐졌다.

집회가 끝날 쯤에는 2층이 넘쳐 3층까지 사람들로 북적였고, 7천명 이상이 모인 것으로 집계되었다.

과거 빌리 그레이엄 목사님이 오셨을 때 이후 이런 규모의 집회는 처음이라고 했다. 더군다나 오늘은 세계적으로 유명한 부흥사도 없는 상태에서 오직 기도하자고 모인 인원이니 정말 놀라운 결과였다. 그 자리에 모인 모두 우리가 기독교인이라는 것에 자부심을 느끼고 하나님 살아계심을 찬양했다.

집회를 마치고 집으로 돌아와 인터넷을 검색했다.

태풍이 진로를 바꾸어 아직 도미니카에 당도하지 않았다. 하지만 토요일인 오늘 밤과 주일아침이 고비라고 했다. 토요일 밤 태풍이 도미니카 바다를 건너 육지로 진입하면 주일 아침에 허리케인이 불게 될 거라고 했다.

이튿날 아침 새벽기도를 위해 4시 반에 깼다. 가만히 앉아 밖의 소리에 귀를 기울이니 고요했다. 어쩌면 태풍의 눈일지도 모른다는 생각이 들었다. 이게 만약 태풍의 눈이라면 잠시 후 또 한 번 무시무시한 허리케인의 재앙이 도미니카에 일어날 것이다. 나는 바깥으로 나가 날씨를 확인하는 대신 예정된 시간이니 기도를 드리는 게 맞다고 생각하고 늘 그랬듯이 시간에 맞추어 새벽기도를 드렸다. 그리고 그 기도가 길어져 주일 예배시간까지 연결 되었다.

주일 예배를 위해 들어오는 성도들의 표정은 모두 평안했고 언제나의 주일처럼 예배를 드렸다. 예배와 모든 순서를 마친 나는 사무실로 올라와 태풍의 경로를 확인했다.

"하나님, 감사합니다!"

태풍이 도미니카 앞 바다까지 왔다가, 도미니카 영토를 지날

쯤 세력이 죽어 도미니카를 지나친 다음 다시 그 세력이 살아났음을 확인 할 수 있었다.

우리의 기도가 허리케인을 물리친 것이다!

며칠 뒤 또 하나의 허리케인이 다시 도미니카를 향해 접근하고 있다는 소식이 들렸다. 방송을 통해, 각 교회별 연락망을 통해 그 시간에 합심하여 기도가 이루어졌고, 그 헤리케인도 결국 도미니카를 비켜갔다.

그 뒤로도 헨리(Henry), 아이다(Ida) 등의 허리케인이 일어났지만 도미니카로 오다가 중미 쪽 온두라스로 빠져갔다. 아이다라는 허리케인은 유카탄 쪽으로 빠져갔다

결국 2009년도가 끝날 때까지 도미니카 어느 지역에도 허리케인 피해가 일어나지 않았다. 이제 도미니카 안의 모든 그리스도인이 나라를 위한 기도는 특권이고 영광이라는 마음을 갖게 되었다. 교회마다 가정마다 기도의 불꽃이 타오르게 되었다.

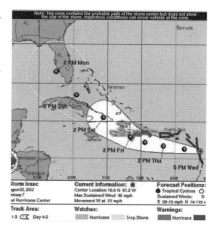

그런데 세상의 시각이라는 것이 참 아이러니했다.

정말 허리케인이 멈추고 도미니카에 피해가 없자 2010년에도 무사해야 이번 일이 우연이 아니라 기도로 인한 것임을 인정하겠다는 분위기가 일반 사람들 사이에서 회자화 되기 시작한 것이다. 이제는 2009년도에 허리케인이 비켜간 것이 우연이다 아니다를 놓고 내기하는 분위기가 되었다.

나는 리더들을 모아놓고 그런 일에 절대 동요되어서는 안 된다고 이야기를 하고, 지금처럼 합심하여 기도를 하자고 했다.

그런데 리더 중 한 목사님이 이상한 제안을 했다.

7천 명의 기도 용사로 만족하지 말고 7만, 70만, 700만으로 확대하자고 했다. 그렇게만 된다면 도미니카인구 1000만 명중 70프로가 기독교를 지지하게 되는 것이고 그것이 곧 민족 복음화가 아니겠냐고 했다.

그런데 그분의 설명을 가만히 들어보니 표면상으로는 민족 복음화였지만, 그 내면엔 그렇게 세력을 만들어 정치적 힘을 갖고 싶어 하는 의도가 있었다. 결정적인 것은 기도군사 한 사람 앞에 매월 10페소의 회비를 걷자는 발언이었다. 그분은 7천명일 때, 7만 명일 때 각 10페소면 한 달에 얼마의 수입이 들어오는지까지 계산을 마친 상태였다.

나는 그 제안을 단호하게 막았다. 그러자 그분이 아주 강하게 반발을 했다. 이미 마음에 욕심이 들어간 탓이었다. 내가 기도군대 대장권한으로 그 제안은 불가하다고 결론을 내렸음에도 불구하고 이후에도 다른 리더 목사님들을 설득하며 계속해서 문제를 일으켰다.

나는 어떤 경우에도 기도로 모이는 인원들에게 정기적 회비를 걷을 수 없다는 내용을 기도군대 안에 법칙으로 세우고, 그분을 징계했다. 다행히 그분은 1년 후 회개하고 복직했지만 어떤 지위에 있는 누구라도 권력과 물욕 앞에서는 시험에 들 수 있다는 것을 다시 한 번 일깨워 준 사례가 되었다.

우리는 기도군대 모임을 자발적인 기도모임으로 정의하고 리더들만큼은 정기적으로 모여 기도하기로 했다. 하지만 구심점이 있어야 하므로 내가 대장직을 계속 맡고 모임이 있을 때마다 식사를 제공하기로 했다. 나는 3년간 이 모임의 식비를 사비로 냈다. 그리고 사비와 한국교회 후원을 합쳐 한국으로 3번의 전도여행을 다녀올 수 있게 했다.

처음엔 이 모임을 유지시키려는 나의 의지에 부합한다는 의미로 나오시던 목사님들이 기도하는 가운데, 섬김을 받는 가운데 점점 변하기 시작했다.

내가 강요하지 않았는데도 나의 이야기는 되도록 존중했으며, 중요한 문제가 생기면 꼭 나의 조언을 구하기 시작했다. 그리고 3년이 지나니 누가 요구하지 않았는데도 식사 후 자발적으로 식비를 걷어 나에게 주셨다. 물론 내가 계속 사는 건 문제가 아니었지만 그분들에게 이 모임이 투자할 가치가 있는 모임으로 여겨졌다는 걸 확인하게 되는 순간이었다.

그런 기간들을 거쳐 언제든 소집하면 즉시 모이는 강력한 기도 군대가 완비되었다. 이미 허리케인을 이긴 경험도 있는 이 군대는 이후 아이티 지진 때도 아주 큰 중보의 힘을 발휘하였고, 이후 국가와 민족을 위한 모든 문제에 적극적으로 나서며 기도의 힘을 발휘하여 도미니카가 인정하는 영적군대가 되었다.

아이티 지진

2009년에 도미니카 허리케인 본부에서 예상한 허리케인은 '아나, 빌, 클로뎃. 다니, 에리카, 프레드, 그레이스, 헨리, 아이다, 호아

킨, 케이크, 래리, 민디, 니콜라스, 오데트, 피터, 로즈, 샘, 테레사, 빅터, 완다'로 총 21개였는데 아홉 번째인 '아이다' 이후의 허리케인은 모두 소멸되었다.

그런데 2010년 1월 20일, 아이티에 무시무시한 규모의 지진이 일어났다.

도미니카와 아이티는 남북한이 나뉘어 있듯 한 땅덩어리에 있다. 그러나 이 역시 도미니카에는 영향을 끼치지 못했다. 그러자 2010년에도 허리케인이 물러가야 기도군대가 능력이 있는 걸로 인정하겠다는 일부 사람들의 생각이 바뀌었다. 도미니카가 하나님의 특별한 보호를 받고 있다는 것을 아이티 지진을 계기로 인정하게 된 것이다.

아이티 지진은 우리 기도군대에게 특별히 애석한 사건이었다.

본래 지난 11월 1일에 아이티를 방문해 기도집회를 열 계획을 갖고 있었다. 아이티 기준으로 11월 1일은 '망자의 날'로 아이티인들이 섬기는 귀신들을 위해 기도하는 날이었다. 우리는 그날에 맞춰 아이티를 방문해 이웃나라 아이티의 복음화를 위해 기도할 계획이었다. 그러나 이런저런 일정들로 날짜를 맞추지 못하였고, 내년 6월에 방문하자고 계획을 수정했는데 방문을 5개월 앞둔 1월에 지진이 일어난 것이다.

아이티의 상황은 감히 상상할 수 없을 만큼 처참했다. 각처에서 지원금이 모여드는데 그것을 수용하고 분배할 네트워크마저 무너져 도미니카로 후원금이 왔다. 우리 역시 그 후원금의 일부를 수령하게 되었고 그것을 전달할 목적으로 아이티를 방문하게 됐다.

나는 이 사태를 목격하며 또 하나의 사명을 발견했다.

선교와 구호 그 과정에서 선교사들과 기독교인들이 반드시 분별해 갖고 있어야 하는 의식을 발견한 것이다.

'그래, 선교의 본질은 복음을 전하는 것이다 간혹 구제, 구호에 포커스를 맞추고 그것으로 치우치는 경우가 종종 있었는데 그건 교회가 아니어도 할 수 있다. 우리는 어떤 경우에도 복음을 중심에 두어야 한다. 구호가 주가 되는 순간 우린 정체성을 잃게 된다. 구호가 기준이 된다면 열 교회가 힘을 합쳐도 대기업들의 기부를 따라갈 수 없다. 그러나 우리에겐 돈으로 살 수 없는 능력이 있다. 복음을 바탕으로 한 정의의 리더십이 바로 그것이다. 우리는 그것에 포커스를 맞추고 사역을 해야 한다. 선교 헌금은 언제나 한정적이다. 그러나 그것이 우리의 한계가 될 수 없다. 초대교회부터 지금까지 선교헌금이 언제나 풍족했던 적은 없다. 한정된 선교헌금을 가지고 효과적으로 복음을 전하는 것이 해결 방법이고, 바로 그 효과를 높이는 것이 리더십을 갖는 것이다!'

실제로 당시 아이티에는 많은 금액의 지원금이 몰려들고 있었다.

헐리웃스타 안젤리나 졸리는 개인적으로 1백만 달러를 기부했다. 실제로 열 교회가 모은 금액보다 큰 금액을 그녀 한 사람이 감당한 것이다. 그러나 그 지원금이 아이티에 도달하지 못한 채 우회적인 통로에 걸려 있었다. 당시 아이티에 그것을 감당할 '리더'가 없었기 때문이다.

나는 비록 한시적이지만 그 리더의 역할을 감당하기 위해 한국교회 두 곳에서 보내온 지원금을 들고 아이티에 갔고, 아이티 수도에 교회 두 곳을 건축할 계획을 세웠다. 우리가 아이티에 장기간 상주 할 수 없으니 정기적으로 방문을 하기로 하고 현지 목사님을 찾아 그분께 비용을 나눠서 지원할 테니 교회를 건축하자고 이야기를 했다.

그러나 매번 방문을 할 때마다 아무것도 진전되어 있지 않았다. 주는 족족 돈을 사용해 버린 것이다. 도대체 돈을 어디에 썼냐고 물어보면 '시장을 봤다'는 대답뿐이었다.

한국에서는 건축 상황을 담은 사진을 첨부해 선교보고를 해달라고 연락이 오는데 아무 진전이 없으니 당황스러운 상황이었다. 그렇다고 아이티 목사님을 탓하자니 당장 끼니가 시급한 그쪽 형편도 이해가 갔다. 이 일로 내가 고민하니 우리 교인들이 나섰다.

"목사님 저희 교회에 건축 일을 하는 사람을 중심으로 팀을 짜겠습니다. 돈을 주면 다른 곳에 써버리는 게 문제이니 건축 자재를 사서 전달해주고, 기초 공사를 돕겠습니다."

교회에서 아이티까지 가려면 먼저 도미니카 국경까지 4시간이 걸린다. 도미니카 국경에서 아이티로 가는 비무장지대를 통과하는 건 30분 거리인데 실제로 아이티 국경을 통과하려면 4시간에서 5시간 이상 시간이 소요됐다. 입국세관심사를 하는 과정에서 갖가지 트집을 잡아 여간해서는 통관을 안 해주기 때문이었다. 나와 성도들은 기도로 결단하고 자재를 구입해 빌린 트럭에 싣고 아이티를 향해 달려갔다. 그런데 국경에서 잡히고 말았다.

"건축 자재를 가지고 나가시려면 세금을 내셔야 합니다."

"지금 아이티의 상황을 아시지 않습니까. 이 자재들은 교회를 지을 자재들입니다."

"면세로 가지고 나가시려면 정부 허가서나, NGO 추천서를 갖고 오셔야 합니다."

우리가 그럼 정부 허가서를 알아보고 오겠다고 했더니 그 직원이 우리를 잡았다. 그리고는 작은 목소리로 "우리는 월급이 없습니다. 세금을 받아먹고 삽니다. 세금을 주십시오."라고 말했다. 그래서 법정세금 26%를 주겠다고 했더니 76%를 요구했다.

우리 자매 한명이 나섰다. 그 사람과 한참 얘기하더니 50%로 흥정했으니 그 돈을 주자고 했다. 왠지 불법인 것 같아서 주지 않으려다가 믿을 만한 자매이니 돈을 내줬고 국경통과 승인을 받았다.

아이티로 가는 길에 자매에게 어떤 이유로 그런 결정을 했냐고 물으니 NGO 추천서를 받는 데에만 5천 달러에서 7천 달러가 들고, 저 사람들이 정말 월급을 받지 못하고 세금으로 사는 게 맞으니 구제도 하고, 돈도 아낄 수 있어 그렇게 했다고 말했다. 듣고 보니 자매의 말이 옳았다. 그렇게 자매의 지혜 덕분에 어려운 고비를 넘기고 아이티에 도착했다.

그런데 목사님 첫마디가 "돈은 어디 있고, 이건 다 뭡니까?"였다.

"목사님, 아이티에는 자재도 없을 것 같고 해서 저희가 일부러 구해 온 것입니다."

내가 상황을 설명했지만 그분은 막무가내로 돈을 달라고 했다. 그렇게 힘들게 갔는데 현지 목사님들은 반가워하지를 않고 왜 돈 아닌 물건을 갖고 왔냐고 불만스러워한 것이다.

"목사님, 일단 모일 건물이 있어야 예배도 드리고, 피난도 하고, 아이들 공부도 하지 않겠습니까? 그리고 근거 없이 돈이 새

나가면 결국 지원금이 중단됩니다. 잠시는 힘드시겠지만 이게 가장 좋은 방법이라는 걸 알게 되실 겁니다."

그러나 목사님은 우리가 원하는 건 돈이라는 말만 남기고 가버리셨다.

우리 교회 팀들은 그곳에서 약 1주일간 노숙을 하며 교회를 지었다. 나는 1주일을 다 못 있고 3일만 시간이 되어서 다시 도미니카로 갔다 약속된 일정을 마치고 아이티로 갔더니 교인들의 마음이 많이 상해 있었다.

"저희들한테 계속 돈을 달라고 했어요."

"식사도 저희가 싸간 음식으로 모두 해결 했는데 저희에게 화만 내요."

나는 마음을 다친 우리 교인들에게 예수님도 이 땅에 오셨을 때 자기 백성에게 영접을 받지 못하셨던 것을 이야기하고, 이게 바로 예수님이 가셨던 길이라고 설명했다. 그 말을 들은 교인들은 예수님의 마음이 얼마나 아팠을지 이제 알겠다며 조금 더 견디겠다는 대견한 대답을 했다.

나머지 교회를 하나 더 짓는 동안에도 상황은 비슷했다. 별로 내켜 하지 않는 목사님을 붙들고 우리가 교회를 지어 드리겠다고 사정을 하고 장티푸스가 창궐하는 그곳에서 노숙을 하며 교회를 지었다. 다행히 하나님의 은혜로 모두 무사히 사역을 마치고 도미니카로 돌아왔다.

두 달 뒤, 원래 집회가 예정되어 있던 날짜에 리더 목사님들과 아이티를 방문했다. 상황은 더 나빠져 있었다. 교도소가 무너지고, 동사무소가 붕괴되었다. 온 국민이 모두 무적자 상태가 되어 마치 동물의 세계처럼 먹을 것과 필요한 것을 서로 뺏고 뺏기며 아비규환을 이루고 있었다. 아이티의 경찰력으로는 치안을 잡을 수 없는 상태였고, UN도 치안을 잡지 못했다. 결국 미군이 와서 치안을 잡았다.

우리는 아이티 교회 지도자들을 초청하여 지난해에 계획했던 '6월 국가 기도회'를 하자고 했다. 그러나 워낙 심한 지진이 일어난 뒤라 많은 사람들을 안전하게 소집할 장소를 구하기가 어려웠다. 수소문 끝에 마침 성막교회가 5천명이 모일 수 있는 큰 예배당을 건축 중이었는데 다행히 이번 지진에 큰 피해를 보지 않아 그곳에서 집회를 열 수 있다는 소식을 듣게 되었다. 우리는 성막교회 담임목사님인 바타이제(Bataille) 목사님을 만나 동의를 구하고 기도대회를 열었다.

빈민과 범죄자가 뒤섞여 버린 위험한 도시 한 복판에 엎드려 기도를 시작했다.

나와 아내는 이 기도회를 위해 한국에서 오신 이필재목사님을 모시고 아침 7시 비행기편으로 아이티에 도착했다. 우리 교회 찬양팀과 전도팀은 하루 전날 육로를 통해 음향 자재들을 갖고 출발한 터라 이미 도착해 있었다. 기도회가 시작되어 있었고 우리도 곧장 합류했다. 아침 6시에 시작된 예배는 오후 3시까지 9시간 동안 계속 됐다. 단 1분의 지체도 없이 뜨겁게 찬양하고 통곡하며 오직 기도에 마음을 다했다. 한 마음 한 목소리가 되어 하나님께 아이티에 복음과 재건의 기회를 달라고 부르짖었다. 그러자 아이티인들이 점점 우리를 따라 기도하기 시작했고, 아이티의 경찰청장이 우리를 찾아와 무릎을 꿇고 울며 제발 아이티가 미신과 죄성을 벗고 회생할 수 있게 기도해 달라고 부탁했다.

내가 아이티를 처음 방문했던 1990년에는 아이티가 도미니카보다 훨씬 잘 사는 나라였다. 과거엔 더욱 번성해서 6.25때는 아이티가 한국을 지원한 이력도 있다. 그러나 이제 아이티에 남은 건 미신을 숭배했던 무지에 대한 통탄과 처참하게 무너진 영토뿐이었다.

우리 리더들은 하나님 앞에 바로 세워진 리더십의 절실함에 대해 다시 한 번 깨닫게 되었고, 아이티를 위해 간절히 기도하고 도미니카로 돌아왔다. 아이티는 우리에게 힘들고 마음 아픈 경험이었지만 동시에 우리의 사명을 다시 한 번 생각하게 되는 소중한 계기가 되었다.

리더들은 누가 시키지 않아도 도미니카 사회를 위해 한 번 더 기도하는 마음과 자세를 갖게 되었고 그런 기도 중에 헌법재판소장에 그리스도인이 오르는 이례적인 일이 일어났다. 기독교의 위상이 다시 한 번 높아졌다. 그리고 얼마 후 '교회 결혼 합법화' 법안이 통과 되었다. 도미니카의 리더십과 도미니카의 중심에 기독교의 영향력이 발휘된 첫 번째 공식적 성과였다.

그리고 2012년에는 오랫동안 우리의 숙원이었던 '국가를 위한 기도방송'이 정규채널로 편성이 되었다.

2009년 구국 기도회를 통해 국가의 재앙을 기도로 막을 수 있음을 확신한 우리는 좀 더 많은 국민들이 국가를 위해 함께 기도할 수 있도록 방송국을 찾아가 1시간 분량의 기도방송을 편성해 줄 것을 꾸준히 요청했다.

"국가 정책을 비판하는 데만 힘과 전파를 쓰지 말고 대안도 주는 방송국이 되어야 합니다. 저희가 그 대안이 될 수 있으니 매일 한 시간씩 기도방송을 할 수 있게 해 주십시오."

그러나 구국기도회의 성과에도 불구하고 오랫동안 뿌리박혀 온 가톨릭 세력과 보수 단체의 반대로 실현되지 못했다.

하지만 포기하지 않고 끝까지 기도한 결과 2012년 9월부터 대선이 끝나고 새 정부가 들어서면서 방송국에서 우리의 오랜 요청을 받아들여 시사와 뉴스를 방송하는 채널에 1시간 짜리 기도 프로그램을 편성했다. 이제 도미니카 국민 누구나 매주 월요일부터 금요일 오전 11시부터 12시까지 나라와 민족을 위한 기도방송을 보고 들을 수 있게 된 것이다. 이 모든 성과를 통해 더 많은 사람들이 하나님 안에서 도미니카가 변화하고 있음을 인정하게 되었다.

 너는, 이제 가라

2013년 1월 1일, 하나님 나에게 새로운 말씀을 주셨다.

새해 첫 기도를 드리던 중 늘 암송하던 126편 5절에서 6절이 아닌 시편 126편 1절부터 3절 말씀을 새롭게 암송하게 된 것이다.

"여호와께서 시온의 포로를 돌리실 때에 우리가 꿈꾸는 것 같았도다 그 때에 우리 입에는 웃음이 가득하고 우리 혀에는 찬양이 찼었도다 열방 중에서 말하기를 여호와께서 저희를 위하여 대사를 행하셨다 하였도다 여호와께서 우리를 위하여 대사를 행하셨으니 우리는 기쁘도다."

말씀을 묵상하며 기도하는 가운데 내 마음에 잔잔한 음성이 울렸다.

'하나님께서 우리에게 꿈만 같은 일을 행하시지 않겠느냐, 우리 일에 웃음이 넘치고 찬양이 넘치는 날이 곧 올 것이다. 그리고 그날 눈물로 뿌린 씨를 기쁨으로 거두시리라.'

그날부터 매일 그 말씀을 붙들고 기도하던 중 불과 한 달 뒤인 2월 도미니카 기독교 총연합회의 부총재직에 오르게 되었다. 이번 선거는 전에 없이 치열하게 치러졌는데, 부회장 후보가 무려 열 명이나 나왔다.

모두 도미니카 안에서는 내로라하는 목사님들이셨다. 변호사 출신부터 의사 출신까지 세상의 기준으로 보아도 학식과 능력이 대단한 분들이었다. 후보 등록을 할 때까지만 해도 새해 첫날 하나님이 나에게 웃을 일을 행하신다는 그 기도를 떠올렸는데, 열 분의 후보와 나란히 서니 내가 때를 잘못 잡았구나 하는 생각이 들었다. 투표를 하기 전 기호를 무작위로 정하는데, 내가 1번이 되었다. 후보가 많은 상황이니 아무래도 유리했다. 투표가 시작됐고 결선에 오르게 됐다. 그런데 결선 상대가 아주 막강했다.

전년도에 부회장이었던 사라라는 여성 목사님이셨는데, 임원회에 여성을 대표할 여성위원이 한 명은 있어야 한다는 분위기가 지배적이라 그분에 대한 지지가 매우 컸다.

첫 번째 개표를 했는데 기권이 많아 양쪽 다 과반이 되지 않았다. 두 번째도 같은 이유로 결렬되었고 세 번째 투표를 하게 됐다.

먼저 사라 목사님이 89표였다. 359명중 89표인 걸 보니 이번에도 기권이 많은 것 같았다 이번에도 결렬이 되면 문제가 되는 상황이었다. 그런데 내 앞으로 195표가 나왔다. 359명중 195표로 과반이라는 조건을 만족시키는 동시에 100표 이상 표차로 압도적인 지지였다. 협회가 생긴 이래 외국인 출신이 부총재 자리에 오른 건 최초였다.

그리고 뒤이어 또 한 번 놀라운 인도하심을 경험하게 되었는데 비용과 절차가 복잡해 절반은 포기하고 있었던 시민권을 취득하게 된 일이다. 나와 아내는 2012년에 시민권을 신청했다. 이제 아이들도 장성하여 하나님의 특별하신 보살핌으로 좋은 배우자와 좋은 직장을 얻어 삶의 안정을 찾았고 아내와는 이곳에서 마지막 날까지 사역을 할 결심을 하는 수순을 자연스럽게 밟게 된 것이다.

그런데 시민권을 신청한 후 1년이 가도록 소식이 없었다. 주변에서는 한 사람당 5,000달러를 내면 시민권이 빨리 나온다고 일러주었지만 만 달러라는 돈도 없거니와 하나님의 뜻이 아니라면 다시 어디로든 갈 수 있다고 생각하고 응답이 오기만을 기다리고 있었다.

그러던 중 동네에 젊은 커플이 이사를 왔는데 딱 우리 딸아이 또래였다. 멀리 있는 딸 생각도 나고 해서 가깝게 지내게 되었는데, 하루는 이런저런 얘기를 하다 시민권 이야기가 나왔다.

"신청한지 일 년이나 되었는데 아직 소식이 없다구요? 그건 뭔가 잘 못 된 것 같은데요? 제가 알아봐 드릴까요?"

알고 보니 그 집 젊은 새댁이 내무부 법무관 실에서 시민권을 담당하는 일을 하고 있다는 것이었다. 하나님의 예비하심을 수없이 경험하면서도 그때마다 매번 놀라게 되는 건 정말 어쩔 수가 없다. 우리는 보관하고 있던 신청서류 복사본을 그 새댁에게 주었고 바로 그해 8월 15일 선서식에 참석하라는 연락을 받게 되었다.

8월 16일은 도미니카공화국의 광복절로 정부통령과 국회의원 및 모든 선출직에서 당선된 사람들이 선서식과 함께 임기를 시작한다. 이번에 새로 시민이 된 사람들의 선서식은 이 나라 광복절 하루 전인 8월 15일에 이루어졌다.

선서식 당일 아내와 함께 선서할 순서를 기다리고 있는데 한 남자가 내 이름을 불렀다. 누군가 보았더니 과거 한국 대사관 이임식 행사에 초대 되었을 적에 대사님께서 알아두면 좋은 인연이 될 거라고 말씀하시며 각별하게 소개를 해주신 신문기자 친구였다. 그는 쿠바 출신 도미니카인으로 외국인이라는 공통점이 있어 가깝게 지냈었다. 그러다 서로 일이 바빠져 한 동안 연락을 못했는데 이렇게 만나게 된 것이다.

"베드로, 그동안 매스컴을 통해서 소식 많이 듣고 있었어."

"그래, 나도 네가 도미니카 중앙지 사회부장이 되었다는 소식 얼마 전에 들었어. 정말 축하해."

간단한 인사말을 하고 시민권 선서를 했다.

그런데 다음날 도미니카 중앙지 일면 톱기사에 내가 실리게 되었다. 쿠바인 친구가 시민권 선서식 기사를 쓰면서 내가 선서하는 모습을 자료 사진으로 쓴 것이다. 그리고 그 밑에 헤드라인으로 이런 내용을 썼다.

'이제 이들은 대통령과 부통령을 뺀 모든 선출직, 임명직, 모든 책임자 자리에 오를 수 있다.'

그런데 그 문장을 읽는 순간 마음에 강한 도전이 왔다.

'대통령과 부통령을 뺀 모든 선출직, 임명직, 모든 책임자?!'

그것은 내 능력만 된다면 이제 기독교계를 넘어 도미니카의 리더 역할을 할 수 있다는 걸 의미했다. 동시에 우리 기도군대가 오랫동안 힘을 모아왔던 기도제목이 떠올랐다.

'도미니카 국가 요직에 기독교 영성을 가진 인재들이 등용되어 이 나라를 하나님의 뜻대로
이끌게 하소서.'

내가 시민권을 취득했다는 소식이 알려지자 기독교리더들이 모였다.

많은 분들의 의견이 이제 이 나라의 리더십에 하나님의 영성을 가진 사람이 등용될 때가 되었고, 그 첫 번째 주자로 나를 추천하고 싶다고 했다.

리더들은 우선 2016년에 있는 하원의원 선거부터 도전해 보자고 했다. 후원단체가 빠르게 조직됐고 미국까지 네트워크가 생겨 규모가 커졌다. 나는 기도해보자는 말로 대답을 했다. 그게 최선의 대답이자 내가 정할 수 있는 범위임을 알고 있기 때문이다.

리더들과의 모임을 마치고 교회로 돌아와 하나님께 영광을 돌리는 기도를 드렸다. 생각할수록 놀라운 일이었다.

25년 전 짐 가방들을 들고 도미니카에 도착했던 날이 떠올랐다. 내 마음엔 하나님께서 가라 하셨으므로 그 곳에 내 삶이 있을 것이라는 막연한 믿음뿐이었다.

나는 하나님께 그 막연한 믿음을 다시 달라고 기도드렸다. 앞도 보이지 않고 물러설 곳도 없던 시절 그냥 '하늘에 계시는 하나님이 여기 서있는 나를 아시니 절대로 버리지 아니하실 것이다.' 라고만 생각했던 그 믿음을 달라고 기도했다. 기도를 할수록 내 마음에 '하나님이 이루실 꿈 같이 위대한 일'에 대한 기대와 도전이 뜨거워졌다.

내 마음에 다시 한 번 다니엘이 그려졌다. 다니엘이 느부갓네살 왕과 다리오 왕에게 하나님을 전할 수 있었던 건 그가 리더와 총리의 자리에 올랐기 때문이다. 다니엘이 일반인에 머물렀다면 평생에 궁전 담벼락만 구경하는 것이 다였을 것이다. 일반인들은 왕과 대화를 할 수가 없다. 이제 믿는 우리는 왕을 대면할 수 있는 자리로 갈 수 있어야 한다.

리더의 자리는 발언의 기회를 보장한다. 높은 자리에 오를수록 많은 것에 영향을 끼칠 수 있다.

만약 이 나라의 대통령이 기독교인이라면 지금 당장이라도 국가 기도의 날을 정할 수 있을 것이다.

만약 내가 하나님의 뜻 가운데 법안을 발의할 수 있는 의원직에 오른다면 나는 가장 먼저 국가 기도의 날을 발의할 것이다. 전국가적으로 기도의 날을 국경일로 만들어 그날만큼은 오직 성경대로 전 국민이 베옷을 입고 금식하며 기도하는 날로 정하고 싶다.

리더가 무엇을 바라보고 있느냐가 국가의 운명을 결정한다.

리더가 하나님을 바라보고 있다면 그 국가는 결코 잘못될 수 없다. 이 사실은 성경에도 증명되어 있다. 믿음이 좋은 왕이 통치할 때 국가는 태평성대였으며, 왕이 시험에 들었을 때 국민이 흉년과 시련을 겪었다.

지금 내가 꿈꾸는 비전은 비단 도미니카만을 위한 비전이 아니다. 믿는 우리들은 누구든 리더가 되어야 한다 하나님을 위한 리더가 되어 우리가 속한 공동체, 국가를 하나님의 뜻대로 이끌 소명이 있다. 이것은 사마리아와 땅 끝까지 복음을 전하라는 그리스도인 지상 최대 명령과도 상통한다.

우리는 모두 하나님께서 우리에게 주시는 음성에 귀 기울여야 한다. 어느 때이든 언제든 반드시 하나님은 우리 개인 개인들을 부르신다. 그리고 반드시 이렇게 말씀 하실 것이다.

"너는 이제, 가라!"

그것이 섬김의 자리든, 통치의 자리든, 시련의 자리든 중요하지 않다.

우리의 시선으로 볼 수 있는 건 아주 짧고 유한한 거리기 때문이다.

모든 길은 새롭다. 하지만 두려워 할 필요는 없다.

우리에게 가라하시는 분인 하나님이 바로 그 길과, 그 길을 가는 동안 만나게 되는 천지만물을 창조하셨으므로, 우리는 오직 믿음으로 거침없이 달리면 된다.

장애가 될 것도 넘어질 것도, 오르막도, 내리막도 어떤 장애물이든지 완벽한 때에 치우시고, 새로 길을 만드시는 하나님을 신뢰하므로... 앞으로도 내가 천국에 도착하는 그날까지 영영 기다릴 것은 오직 하나님의 명령 '너는 이제, 가라!'-오직 그 음성에 순종하는 것뿐이다.

지시하는 곳에서 제물이 되게 하옵소서...

지난 25년 동안 주님의 지시하심에 따라 여기까지 왔습니다.

맨 처음 도미니카 땅을 밟던 순간부터 처음교회를 시작할 때에도 두 번째, 세 번째, 네 번째, 다섯 번째 교회나 학교를 시작할 때에도 주님께서는 늘 새로운 도전을 명령하셨습니다. 제 안엔 사람의 마음이 주는 두려움과 하나님께서 주신 용기가 늘 함께 있었습니다.

힘들 때도 많았습니다. 전기가 부족해 밤이면 늘 칠흑인 도미니카에서 별하나 없는 먹먹한 밤하늘을 바라보며 많은 눈물을 가슴에 담기도 했습니다. 많이 아프기도 했습니다. 간이 나빠져서 얼마 살지 못할 것 같다는 생각에 체념했던 적도 있었습니다. 갑상선암이 발견되어 양쪽을 모두 제거하는 수술을 받은 후 투병하는 시간들도 있었습니다. 그러나... 어렵고 힘든 순간마다 주님은 아주 가까이에서 저를 만져주셨습니다. 그분의 한량없는 은혜와 사랑을 받았습니다.

2014년2월24일에는 도미니카 기독교 연합회에서 공로패를 주었습니다.

이 패는 도미니카 교회를 위해 크게 기여한 지도자들의 공로를 인정하고 기념하기 위해 2년마다 수여하는 의미 있는 상인데, 대부분 평생을 사역하면서 이 나
라 사회와 교계에 크게 기여한
후 은퇴한 분들에게 수상됩니
다.

금년에 수상자는 총 세 명이
었습니다. 지난 50년 동안 매
년 1월1일 전체 기독교인들이 모여서 신년 예배를 드리는 큰 사
역을 이끌어 오신 에스끼엘 모리나 로사리로 목사님, 60년 전 이
나라 최초로 라디오와 TV 방송을 통해 설교방송을 시작하므로
문화선교의 장을 여신 쏘니 까로 목사님 그리고 세 번째로 도미
니카 기도군대를 일으켜 국가의 재앙을 막은 공로를 공식적으로
인정받아 제가 받게 되었습니다.

이제 또다시 새로운 도전을 하라고 말씀 하시는 것 같습니다.

여전히 하나님 앞에 무릎을 꿇으면 끊임없이 도전해오는 악한
세력에 대항하여 민족의 재앙을 막고 하나님의 복을 받아 국가의
운명을 바꾸는 일에 도전하라는 주님의 명령을 받습니다.

비록 힘들고 결코 쉽지 않은 일이라도 주님께서 원하시는 일이
라면 오직 순종의 마음으로 달려가려고 합니다.

주님나라가 이 땅에 임하시고 주님의 뜻이 이 땅에 이루어지는
이 영광스러운 일에 사용되는 삶과 사역이 되기를 기도합니다.

함께 동역해 주십시오!

도미니카에서 베드로 초이- 최광규

1989년 도미니카 도착 때

한도학교

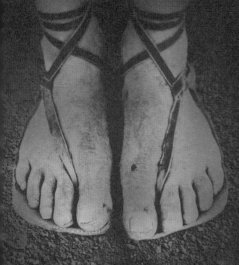

JOHNNIE MOORE

**은혜를 설명하는 것은 도움이 된다.
그러나 은혜를 베풀면 만사가 달라진다**

「더럽혀진 하나님」에서, 조니 무어는 은혜를 풍성하게 설명한다.
그의 맛깔스런 표현과 톡톡튀는 일화들은 독자가 은혜를 경험하는데 도움이 된다. 그는 예수님께서는 은혜의 주가 되신다고 말한다.
그렇지만 그는 성경만 가지고 예수님이 어쩌고 저쩌고 하는 식으로 제시하는 대신, 현 대중 문화 속에 녹아들어가 있는 예수님에 관해서 얘기한다.
"예수님은 바람빠진 풍선같은 지구 행성에 공기나 채워주러 오신 것이 아니다. 그분은 원자 폭탄 처럼 투하되신 것이며, 그분의 나타나심은 일종의 도발이었다."
예수님은 머리끝에서 발가락 사이사이까지 더럽혀졌다.
지저분한 세상을 대청소하는 그분의 사명을 완수하느라고… 그분에게는 땀냄새와 먼지 냄새가 진동했다. 그분의 손톱 밑은 꼬질꼬질 때가 묻었고, 양손은 굳은 살이 배겼다.

왜? 그분은 너무 자비로우셔서 우리가 그분 계신 높은 곳까지 낑낑거리며 올라가는 것을 차마 기다리지 못하셨다. 그분이 우리에게로 내려 오셔서 우리를 하나님 계신 곳으로 다시 돌아오게 하셨다. 이 책은 그 이야기를 다시 들려 준다. 그래서 우리는 은혜 받은 자로서, 은혜를 쥐야하는 자란 것을 상기하게 한다.

예수님은 당신에게 그 질펀한 도랑창에서 함께 만나자고 초청하신다.

지금, 이 시대에 꼭 필요한 메세지!

더럽혀진 하나님

왜, 그분은 더럽혀져야 했는가 …

지은이 조니 무어(Johnnie Moore)박사는 (학생수가 92,000명이 넘는 세계에서 가장 큰 대학교 중 하나인) 미국 리버티대학교의 부총장이며, 사회 인류학을 가르치고 있고, 저술가이며, 상담가이고, 목사이다. 이스라엘과 인도의 현지에서 세계 종교에 대하여 교수하고 있으며, 북아메리카에서 가장 큰 규모의 기독교 대학생 주별 모임(10,000명 이상)을 주관하면서 그들의 세대에 차별화된 영향력을 미치고 있다. 그리고 모험정신을 가지고 20개국 이상의 나라에서 선교사로서 그리고 인도주의자로서 활약하고 있다. 그의 첫 번째 책 Honestly: Really Living What We Say We Believe에 대하여 더글라스 그레스함은 "나의 양아버지였던 C. S. 루이스도 이 책을 보고 기뻐서 박수를 쳤을 것이라 확신한다."라고 말했다.

《《책 소개 동영상》》

조니 무어 지음 | 신국판

나침반출판사는
구원의 복음과 진리의 말씀을 전하며
성도의 믿음 성장과 삶을, 가정을, 증거를,
그리고 비전과 교회생활을
함께 하고 싶습니다.
우리는 그리스도 예수안에서 형제요, 자매입니다.

"하나님은 모든 사람이 구원을 받으며
진리를 아는 데 이르기를 원하시느니라."
(디모데전서 2장 4절)

모든 것 위에 계신 하나님

지은이 | 최광규 선교사
발행인 | 김용호
발행처 | 나침반출판사

1판 발행 | 2014년 5월 5일

등 록 | 1980년 3월 18일 / 제 2-32호
주 소 | 157-861 서울 강서구 염창동 240-21
　　　　블루나인 비즈니스센터 B동 1607호
전 화 | 본　사(02)2279-6321
　　　　영업부(031)932-3205
팩 스 | 본　사(02)2275-6003
　　　　영업부(031)932-3207

홈페이지 | www.nabook.net
이 메 일 | nabook@korea.com
　　　　　nabook@nabook.net

ISBN　978-89-318-1477-4
책번호 가-9040

값은 뒷표지에 있습니다.